UTE NERGE | Ein Regenbogen zu den Sternen

W0084418

»Berührt hat mich das Kinder-Hospiz Sternenbrücke in Hamburg. Die Gründerin Ute Nerge, eine ehemalige Kinderkrankenschwester, hat eine Oase für todkranke Kinder und ihre Familien geschaffen. Hand in Hand mit den Betroffenen begleitet sie die Familien liebevoll bis zum Ende ihres schweren Weges. Vor dieser auch immer wieder sehr emotionalen Leistung habe ich einen unglaublichen Respekt.«

Ursula von der Leyen
im Rahmen einer Preisverleihung

© Andreas Heineke

Andreas Heineke, 1967 in Hamburg geboren, ist Journalist, Buch- und TV-Autor und arbeitet seit 2003 für die TV-Sendung »Johannes B. Kerner«, in der Ute Nerge 2006 zu Gast war. Nach vielen Besuchen und Interviews in der Sternenbrücke schrieb er gemeinsam mit Ute Nerge dieses Buch. Andreas Heineke lebt mit seiner Familie bei Hamburg.

UTE NERGE

Ein Regenbogen zu den Sternen

Aus dem Wunsche zu helfen
wird das Kinder-Hospiz Sternenbrücke in Hamburg

MIX
Papier aus verantwor-
tungsvollen Quellen
FSC® C014496
FSC
www.fsc.org

Verlagsgruppe Randomhouse FSC-DEU-0100
Das für dieses Buch verwendete
FSC®-zertifizierte Papier *Munken Premium Cream*
liefert Arctic Paper Munkedals AB, Schweden.

BRIGITTE-Buch im Diana Verlag
Copyright © 2011 by Diana Verlag, München,
in der Verlagsgruppe Random House GmbH
Redaktion | Claudia Krader
Satz | Leingärtner, Nabburg
Druck und Bindung | GGP Media GmbH, Pößneck
Printed in Germany 2011

ISBN: 978-3-453-29116-4

www.diana-verlag.de

Für Thorben

Inhalt

Die frühen Lehrjahre

Ich betrachtete mich in dem Spiegel in unserem Schwesternzimmer. Wie ich dort stand, mit meinem Häubchen, in mühsamer Arbeit aus einem großen Tuch gefaltet, in meinem hellblauen Schwesternkittel, der weißen Schürze und mit dem Blick einer Jugendlichen, die plötzlich erwachsen sein sollte.

Erwachsen? Mit siebzehn Jahren?

Meine bevorstehenden Aufgaben ließen nichts anderes zu. All die Gedanken und Pläne, die mir in den letzten Wochen durch den Kopf gegangen waren, würde ich jetzt verwirklichen. Ich konnte es kaum abwarten. Aber was verlangte mein neuer Lebensabschnitt von mir? Würde er so sein, wie ich ihn mir immer vorgestellt hatte? War ich wirklich schon so erwachsen, wie man es von mir erwartete? Unsicherheit überkam mich. Würde man mich auf der Station ernst nehmen? Würden Eltern mich akzeptieren? Wichtiger noch: Würden die Kinder der jungen Frau an der Startlinie des Berufslebens Vertrauen schenken?

Ich wollte meine ganze Kraft zum Wohle der Kinder einsetzen, sie umsorgen, an ihrem Bettchen sitzen, Geschichten vorlesen, ihnen die nötigen Medikamente geben, sie waschen und pflegen, sie beruhigen. Ich wollte ihnen erklären, was sie tun mussten, damit sie schnell wieder gesund wurden und ihre Eltern sie nach Hause holen konnten. Ja, ich wollte alles dafür tun, Kinder wieder gesund zu pflegen. Es war schon schlimm genug, wenn Kinder ins Krankenhaus mussten. In meiner Obhut sollten sie es gut haben.

Zuerst aber ging es darum, dem strengen Blick der Oberschwester zu genügen. Auch von außen musste sichtbar sein, welcher Berufung wir nachkamen. Es glich einer kleinen Prüfung für uns junge Schwestern, denn keine wollte etwas falsch machen. Unendlich viele Hürden gab es für uns zu nehmen.

Einmal in der Woche bekamen wir aus der Nähstube unsere fünf Kittel, fünf Schürzen und die Tücher, aus denen wir unsere Häubchen falteten. Das Häubchen musste exakt geknickt werden, damit es am Ende wie ein symmetrischer Kasten aussah. Wenn sie repariert werden mussten, brachten wir sie in die Nähstube. Eine Nähstube gab es 1975 noch in jedem Krankenhaus, genauso wie Milchküchen in Kinderkliniken, in denen die Milch für die Säuglinge oder besondere Diäten vorbereitet wurden.

Ich hatte meine Häubchen schon fertig gefaltet im Schrank und musste jedes vor dem Aufsetzen nur kontrollieren, ob es nicht aus der Form geraten war. Später einmal würden Falten die Rückseite des Häubchens zieren, als sichtbares Zeichen für eine fertig ausgebildete Kinderkrankenschwester. Bis dahin sollte es aber noch drei Jahre dauern.

Ich spürte ständig den strengen Blick der Oberschwester auf mir ruhen und wurde oft von Kopf bis Fuß gemustert. Besonders skeptisch war sie jedes Mal bei meinen langen Haaren, die ich mühsam unter die Haube steckte, sodass keine Strähne mehr herausschaute. Von meinem ersten Lehrgehalt würde ich sie mir abschneiden lassen. Mit hochgezogenen Augenbrauen kontrollierte die Oberschwester die Länge meines Kittels und ließ sich den Inhalt meiner Taschen zeigen. Hatte ich alles dabei, was damals zur Grundausstattung einer jeden Kinderkrankenschwester und Schwesterschülerin gehörte? War die Pulsuhr an ihrem Platz? Hatte ich einen Kugelschreiber dabei? Die Nagelschere?

Der Oberschwester entging nichts – das hatte sich längst herumgesprochen. Man konnte sicher sein, dass sie jede Unachtsamkeit entdecken und die Schuldige vor allen anderen Schwestern zur Rede stellen würde. Das waren peinliche Momente, wie ich in meinen ersten Monaten erfahren musste. Jede von uns wurde stichprobenartig inspiziert, und wir alle gaben unser Bestes, nicht in Ungnade zu fallen.

Ich wollte sauber und korrekt aussehen. Stolz trug ich die kleine Brosche mit dem roten Kreuz und meinem Namensschild mit der Aufschrift »Schwesterschülerin Ute«. Nach dem Examen würde die kleine gegen eine große Brosche getauscht werden. Erst dann würde ich auch äußerlich sichtbar eine »Vollschwester« sein.

Das war ganz anders als bei meinen Freunden, die andere Berufe gewählt hatten. Wir trugen unsere Berufsbezeichnung und sogar unseren Namen sichtbar auf unserer Kleidung.

Ich jedenfalls war glücklich in meiner Tracht, wie man unsere Berufskleidung damals nannte. Wie sehr ich doch an diesem Platz sein wollte! Wie wohl ich mich trotz aller Strenge vom ersten Moment an zwischen all den Kindern und in dem noch fremden Umfeld fühlte!

Wir Schülerinnen nahmen unsere Aufgaben unendlich ernst und wollten zeigen, dass wir mit Verantwortung umgehen konnten und dass die Kinder es bei uns gut haben würden. Wir wollten schnell erwachsen werden, denn die kommenden Aufgaben führten uns oft auf einen steinigen und schweren Weg und forderten eine Menge Disziplin und Haltung ein. Der Umgang mit schweren Krankheiten und Verletzungen, das Erleben von Kummer und Leid brachten uns oft an Grenzen, die es zu überwinden galt und die uns an uns selbst zweifeln ließen.

So weit ich zurückblicken kann, war ich Kindern immer sehr zugetan und um ihr Wohl besorgt. Also freute ich mich auf all die Aufgaben, die es zu bewältigen gab.

Vor über dreißig Jahren unterschied sich das Berufsbild einer Kinderkrankenschwester deutlich von dem heutigen. Man stelle sich nur vor, heute säße eine Kinderkrankenschwester abends am Kinderbett und läse eine Geschichte vor! So wünschenswert das auch heute noch wäre, ist es leider undenkbar geworden. Heute geht es fast ausschließlich um knapp bemessene Versorgungszeit. Damals ging es um Pflege, Zuwendung und Betreuung. Die Besuchszeiten waren streng reglementiert, manchmal auf zweimal die Woche zwei Stunden. In der restlichen Zeit waren die Schwestern und Schwesternschülerinnen die Betreuungspersonen. Wir nahmen die Kinder in den Arm, trösteten sie und machten ihnen Mut.

Ich tat all das vom ersten Tag an mit großer Freude. Wie gerne habe ich die Kinder gepflegt, ihre unendlich vielen Fragen beantwortet, mit ihnen gespielt und sie zum Lachen gebracht, sie am Abend zugedeckt und ihnen gesagt, dass sie bald wieder gesund sein würden. Bei unseren täglichen Wegen zur Apotheke, in die Nähstube oder ins Labor nahmen wir die Kinder mit, die laufen konnten. Wir gingen über den Hof, damit sie etwas frische Luft bekamen, oder hielten einen Moment an dem kleinen Spielplatz, nur um mit den Kindern schaukeln zu können. Es war eine gute Möglichkeit, auch zu sehr stillen, verschlossenen oder ängstlichen Kindern Zugang zu bekommen.

Bis heute steht für mich bei meiner Arbeit das Kind im Mittelpunkt. So schaue ich stets, wenn ich ein Kinderzimmer betrete, zuerst in das Gesicht des Kindes und nicht auf den Monitor, um zu sehen, wie es ihm geht. Ich habe gelernt, das Kind insgesamt zu erfassen und zu beurteilen. Das Unterrichtsfach dazu hieß damals »Krankenbeobachtung«. Monitore und andere Medizintechnik gab es in diesem Umfang wie heute noch nicht. Unser medizinisches Wissen, unser Einfühlungsvermögen und eine gute Beobachtungsgabe waren unsere wichtigsten Ratgeber.

Ich wohnte wie alle Schwesternschülerinnen in meiner Lehrzeit im Schwesternwohnheim, direkt über den Stationen. Das war nicht verpflichtend so. Ich hatte ein schönes Zuhause, war behütet aufgewachsen, aber es war mein Wunsch, dort zu wohnen. Ein weiterer Schritt in die Selbstständigkeit.

Meine Eltern konnten das verstehen und akzeptieren. Im ersten Lehrjahr teilte ich mir mit einer Schülerin das Zimmer. Nicht mehr meine Eltern hatten nun die Aufsicht über mich und trugen die Verantwortung, sondern die Oberin. Denn ich war erst siebzehn Jahre alt und würde erst mit einundzwanzig volljährig sein.

Die Oberin gab die Regeln vor und achtete darauf, dass sie eingehalten wurden. Sie hatte ihr Zimmer auf dem gleichen Flur – und sie hörte alles. Um 22 Uhr hatten wir zu Hause zu sein, geschlafen wurde bei nicht verschlossener Tür, und bevor das Licht ausgemacht wurde, kontrollierte die Oberin, ob wir auch alle im Bett lagen. Da spürten wir, wie erwachsen wir in Wahrheit waren.

Gegessen wurde gemeinsam an einem langen Tisch im Speisesaal, an dem wir eine strenge Sitzordnung einzuhalten hatten. Wir Schülerinnen im ersten Lehrjahr nahmen ganz am Ende des Tisches Platz. An der Stirnseite des Tisches saß die Oberin, dann kamen die Examensschülerinnen, gefolgt vom Mittelkurs und am Ende die Jüngsten und die Praktikanten. Die Schüsseln mit dem Essen wurden von der Oberin nach hinten weitergereicht, sodass wir immer zuletzt an der Reihe waren. Wenn die Schülerinnen aus dem zweiten und dritten Lehrjahr zu hungrig waren, blieb für uns kaum etwas übrig – beschwert hat sich darüber niemand.

Für die bis zu hundert Schülerinnen gab es nur ein Telefon in einem Fernsehsaal mit nur einem Fernseher. Das Telefon war natürlich ständig besetzt. Dabei gab es so viel aus meinem Krankenhausalltag zu erzählen. Uns allen ging es so, und jede von uns wollte mit ihren Verwandten und Freunden sprechen.

Ich habe diesem besonderen Ort Krankenhaus immer großen Respekt gezollt. Wie faszinierend es doch ist, wenn ein Patient in ein Krankenhaus eingeliefert wird und nach wenigen Tagen oder Wochen die Station wieder als gesunder Mensch verlassen kann! Deswegen hatte ich immer große Achtung vor den Ärzten und dem Pflegepersonal, die in der Lage waren, Menschen auf diese Weise zu helfen. Das Krankenhaus war für mich ein Ort, an dem Ärzte in großer Verantwortung handelten, Schwestern und Pfleger fürsorglich und mit hoher Kompetenz pflegten.

Nie wäre mir damals der Gedanke gekommen, dass es auch in der Medizin Grenzen gibt. Tod und unheilbare Krankheiten spielten in meinem jungen Leben noch keine Rolle. Zwar war kurz vor Ausbildungsbeginn meine Großmutter gestorben, doch sie hatte ihr Leben gelebt und starb im hohen Alter. Das entsprach dem Lauf des Lebens.

Erst während meiner Lehrzeit merkte ich, dass man über verstorbene Patienten nicht sprach. Man mied das Thema lieber, brachte die Menschen im Lastenaufzug von der Station, damit sie nicht im gleichen Fahrstuhl wie Besucher befördert wurden. Kein Außenstehender sollte davon etwas bemerken. Der normale Tagesablauf auf der Kinderstation durfte keinesfalls gestört werden.

Als Schwesternschülerin hätte ich mich niemals getraut, diese Vorgänge zu hinterfragen. Zu sehr war ich damit beschäftigt, sie zu erlernen und zu einem Teil der Kinderstation zu werden. Bis zu jenem Tag, als ich selbst mit dem Lebensende konfrontiert wurde.

In der Klosterburg

Es war bereits in meinem ersten Lehrjahr, als meine Welt für eine lange Zeit ins Wanken geriet. Ich hatte gerade erst angefangen, einige Krankheitsbilder zu verstehen, Verletzungen anzusehen und den Anblick auszuhalten. Ich lernte den Umgang mit Blut und anderen Körpersekreten. Ich sah ein Kind, das sich mit der Kufe eines Schlittens den Unterschenkel massiv verletzt hatte, sah gebrochene Nasen, Arme und Hände. Kinder mit offenen Brüchen bewegten mich sehr. Ich konnte ihre Angst und die vielen Tränen so gut verstehen, und ich bewunderte die Ärzte zutiefst, die hier halfen.

Unter Anleitung der Vollschwestern lernte ich, Berührungsängste abzubauen und mit Verletzungen umzugehen. Nur Verbrennungen und Verbrühungen waren und sind bis heute für mich schwer anzusehen. Die Schmerzen und das Leid betroffener Kinder berühren mich besonders. Zu meiner Lehrzeit wurden die Brandblasen teilweise noch mit einer kleinen Bürste und warmem Wasser abgetragen. Ich brachte das oft nur schwer übers Herz. Die Schmerztherapie für Kinder war damals noch nicht so weit wie heute, doch am Ende hatte die schmerzhafte Behandlung Erfolg. Die Haut konnte heilen, so gut es eben ging, je nach Schweregrad der Verbrennung. Meistens waren es sogenannte »Latzverbrühungen«, mit denen Kleinkinder zu uns kamen. Es gab damals noch keine Sicherheitsvorkehrungen wie Gitter oder versenkbare Bedienelemente an den Herden. Die Kinder zogen die Töpfe vom Herd und hatten vom Hals abwärts schwere Hautdefekte. Ein Mädchen trug ein Sommerkleid aus Nylon, die Stofffasern waren geschmolzen und klebten in der verbrühten Wunde. Die Ärzte mussten das Nylon Stück für Stück aus der Wunde entfernen.

Diese Erlebnisse verfolgten mich bis in meine Träume. Ich hatte unendliches Mitleid mit diesen Kindern. Der Tag in der Klosterburg aber, der verfolgte mich länger als alles andere.

Es war an einem Vormittag. Alles war so wie immer. Ich pflegte die mir zugeteilten Kinder, wusch sie, maß Fieber, half beim Blutabnehmen, teilte Frühstück aus, brachte die Kinder zu Untersuchungen, beruhigte und tröstete sie oder übernahm Laufwege innerhalb der Klinik.

Auf dem Gang kam die Stationsschwester auf mich zu und bat mich, Schutzkittel und Handschuhe anzuziehen, um mir dann ein kleines Bündel in den Arm zu legen: »Bringen Sie es bitte in die Klosterburg.«

Mir wurde ein Schlüssel in die Hand gedrückt. Sprachlos sah ich auf das in Tücher gehüllte kleine Wesen in meinen Armen. Es war ein Baby. Ängstlich und überfordert stand ich dort auf dem Gang des Krankenhauses und konnte mich für einen Moment kaum rühren.

Es war das erste Mal, dass ich ein totes Kind auf dem Arm trug. Einem toten Menschen so nahe zu sein – nie fühlte ich mich hilfloser. Warum musste es zugedeckt sein? Es sah aus, als ob es schlief. Friedlich. Still. Warum waren die Händchen nicht gefaltet? Bei meiner Großmutter war es so gewesen.

Wo waren seine Eltern? Was sollte ich tun, wenn ich weinen musste – durfte ich das überhaupt?

Ich wartete auf eine Vollschwester, die mich begleiten würde. Stattdessen wurde mir leise erklärt, was ich zu tun hatte, und mir wurde bewusst, dass ich keine Hilfe bekam, sondern diesen Weg alleine gehen sollte. Behutsam drückte ich das kleine Bündel an mich und ging zögernd und voller Unsicherheit von der Station.

Die Klosterburg war die Leichenhalle des Krankenhauses. Sie gehörte zu dem Teil des Gebäudes, über den niemals jemand offen sprach. Auch ich hatte, wie viele der Schwesternschülerinnen, die Klosterburg noch nie zuvor betreten. Sie war durch ihre Lage auf der Rückseite des Krankenhauses für Patienten und Mitarbeiter nicht einsehbar. Es schien fast, als gehöre sie nicht dazu.

Mit dem Baby in den Armen durchschritt ich den großen Innenhof des Krankenhauses und kam auf einen kleinen, bewachsenen Feldweg. Nichts deutete darauf hin, dass dort häufig Menschen entlanggingen. Auf dem schmalen Pfad wucherte das Unkraut über die Steine. Man hätte ihn übersehen können, und das sollte man wahrscheinlich auch.

Ein paar Stufen führten hinunter zur Klosterburg, und so stand ich schließlich vor einer alten Tür mit eisernen Beschlägen. Sie war verschlossen. Mit dem mir mitgegebenen Schlüssel öffnete ich das Schloss und drückte gegen die Tür. Das Quietschen der alten, großen Tür habe ich noch heute im Ohr. Ich schauderte und betrat zögernd die Räume.

Es war kalt. Die Wände waren weiß gestrichen, an der gegenüberliegenden Wand war ein Tisch. An einer der Längswände befanden sich überall kleine Türen, die man öffnen konnte. Mich fröstelte es bei der Vorstellung, was sich hinter den Türchen befinden mochte. Ich fror, fühlte mich inmitten dieses Raumes grenzenlos überfordert und alleingelassen. Wie gerne hätte ich jemanden gehabt, dem ich hätte Fragen stellen, mit dem ich hätte sprechen können!

Ich sah das tote Baby in meinem Arm an und begann mich umzuschauen. Mein Blick blieb im angrenzenden Raum hängen. An den Wänden hingen lange weiße Schürzen und Handschuhe, die wohl bis über die Ellenbogen reichten. Neben den Schürzen standen Gummistiefel, und an der Wand hingen Schläuche. Alles war sauber, klinisch weiß. In der Mitte befand sich eine große steinerne Wanne. Es roch nach Desinfektionsmitteln.

Niemand hatte mich auf diesen Anblick vorbereitet. Ich war nicht in der Lage, mich hinzusetzen und zu hinterfragen, warum ich diesen Raum kaum ertragen konnte, warum mich diese Angst überkam. Wie sollte eine so junge Frau diese Reife besitzen? Da war nichts, was mir in diesem Moment die Angst nahm, Halt gab.

Da bemerkte ich an der weißen Wand ein schwarzes Holzkreuz. Es war der einzige Dekorationsgegenstand. Nüchtern hing es dort, und für einen Moment konnte ich meinen Blick davon nicht abwenden. Ich weiß nicht mehr genau, was ich zuerst dachte. Aber eine Frage wie: Gibt es ein Leben nach dem Tod?, stellte ich mir nicht. Dafür aber schossen mir andere Gedanken durch den Kopf: Warum? Warum ein Baby? Warum ein Kind auf die Welt bringen, um es kurz danach wieder zu verlieren? Worin liegt da der Sinn? Und wenn es Gott gibt: Warum lässt er das zu? Es sind Kinder! Warum?

Es ging in diesen Minuten nicht um Glaube oder Nicht-Glaube. Es ging nur darum, genug Stärke aufzubringen, um das Unerträgliche zu ertragen.

Auf den weißen Klappen an den Schubladen gab es Namensschilder, aber sie waren nicht beschriftet. Ich konnte also nicht sehen, ob sich da drinnen ein Kind befand. Zu meinem Unglück öffnete ich als Erstes eine belegte Schublade. Ein Mädchen lag dort. Später erfuhr ich, das sie sieben Jahre alt und vor zwei Tagen an Leukämie gestorben war. Sie lag nackt auf der Bahre. Ich schloss die Tür leise wieder und öffnete die nächste für das Baby auf meinem Arm, das ich so eng wie möglich an mich gedrückt hielt. Es sollte es besser haben, es sollte dort nicht nackt liegen und frieren.

Damals konnte ich meinem Gefühl noch keinen Namen geben. Heute weiß ich: Ich wollte Würde.

Ich ließ ihm sein Hemdchen und die Windeln an, bevor ich es auf die Bahre legte. Das geschah irgendwie mechanisch. Doch dann konnte ich meine Tränen nicht mehr zurückhalten. Ich weinte und weinte. Es war einer der schlimmsten Momente meines Lebens.

Mit verweintem Gesicht begegnete ich auf meinem Rückweg einem Arzt. Als er bemerkte, woher ich kam, sagte er sehr leise: »Wer von da kommt, hat immer einen schweren Weg hinter sich.«

Doch ich musste noch einmal zurück, um dem Baby auch das Hemdchen und die Windel auszuziehen, da es sonst auf der kalten Metallbahre festfrieren könnte. Das wusste ich vorher nicht, und allein der Gedanke war mir unerträglich.

Alles in mir weinte. Als ich das Hemdchen auszog, sprach ich mit dem Kind: »Es tut mir leid, ich darf nicht.« Vorsichtig faltete ich die kleinen Händchen, so weit es noch ging, und dann schloss ich leise die Tür. Nie wieder habe ich mich so alleine gefühlt.

Ich habe mich danach in meinem Leben noch häufiger gefragt, ob das damals der Normalfall gewesen war. Ob es normal war, junge Schwesternschülerinnen plötzlich und unvorbereitet in diese schwierige Situation zu bringen? Ob das wie selbstverständlich zu unserer Ausbildung gehörte? Warum hat niemand vorher mit uns darüber gesprochen? Und warum tat das auch nachher niemand?

Wenige Stunden später erfuhr ich, dass ein zweites Kind gestorben war. Es war das Geschwisterkind. Das Zwillingskind des Kindes, das ich gerade in die Klosterburg gebracht hatte. Es lebte nur wenige Stunden länger. Auch dieses Baby kam direkt aus der Entbindungsklinik zu uns in die Kinderklinik und starb kurz darauf. Beide Kinder waren zu früh geboren worden, und alle Bemühungen um sie waren vergebens. So stand ich innerhalb eines Tages ein zweites Mal in der Klosterburg. Diesmal war ich nicht alleine. Eine Schwester begleitete mich. Wir legten das Baby in eine zweite Schublade neben sein Zwillingsbrüderchen. Ich ahnte nicht, dass ich am selben Abend ein drittes Mal in die Klosterburg hinuntergehen würde.

Ich war mitten in der Fütterungsrunde, wie wir es nannten. Eine Schwester war bei mir und leitete mich an, die Babys zu versorgen. Ich hatte die Bilder des Tages noch im Kopf, als die Oberschwester wieder zu mir kam und sagte: »Würden Sie den Vater der Zwillinge begleiten, damit er sich verabschieden kann? Er hat seine Kinder noch nicht gesehen. Eine Vollschwester kommt mit Ihnen.«

Ich sollte mit der Schwester vorgehen, der Vater sprach noch mit dem Arzt. Ich war froh, eine Schwester zur Begleitung zu haben. Wir öffneten die Schubladen und nahmen die beiden Babys heraus. Für den Vater sollten wir den Zwillingen ein Hemdchen anziehen. Es war kalt.

Auf dem Tisch unter dem Kreuz lagen die beiden Neugeborenen vor mir, und ich blieb bei ihnen stehen, als der Vater den Raum betrat. Ich hatte verinnerlicht, dass man ein Baby nie alleine irgendwo liegen lassen sollte. Zu tief war meine

Sorgfaltspflicht schon in mir verwurzelt. Die ausgebildete Schwester hielt sich im Hintergrund, ich bemerkte sie kaum; zu sehr hatte mich diese Atmosphäre gefangen genommen.

Der Vater schaute direkt auf den Tisch, als er den Raum betrat. Er hatte keine andere Möglichkeit, als direkt auf seine beiden toten Kinder zu blicken. Kein Moment des tiefen Durchatmens war ihm vergönnt. Der Anblick überwältigte ihn. Er weinte bitterlich. »O mein Gott«, kam ihm leise über seine Lippen.

Ich stand vor diesem fremden Mann und wusste, dass er Trost brauchte. Noch nie zuvor hatte ich mich so klein und hilflos gefühlt und wusste nicht, was ich sagen sollte. Ich wusste auch nicht, ob es überhaupt richtig war, etwas zu sagen. Dann tat ich das, was ich auch heute noch in diesen schweren Momenten tue: Ich nahm den Vater in den Arm. In all meiner Unsicherheit weinte ich mit ihm und sagte immer nur: »Es tut mir so leid.«

Die Schwester, die mitgekommen war, stand bei uns und streichelte uns beide still über den Arm. Diese Geste tat so gut. Ich habe sie mir bis heute bewahrt. Zeigt es doch, wie hilfreich es ist, da zu sein, mitzutragen, wenn Worte fehlen. Bis heute denke ich an diese Schwester, die dieser Situation ein wenig Würde und Menschlichkeit gegeben und das Gefühl des Alleinseins genommen hat.

Das Erlebnis in der Klosterburg war ein tiefer Einschnitt in meiner Lehrzeit, und es veränderte mich. Ich war mir plötzlich nicht mehr sicher, ob ich tatsächlich die richtige Berufswahl getroffen hatte. Über den Tod hatte ich mir keine Gedanken gemacht – er überforderte mich. Er überforderte jeden auf der Station, und ich hatte nicht erwartet, dass er mir auf diese unwürdige Art und Weise begegnen würde.

Ich hatte unzählige Fragen – nur hatte ich niemanden, dem ich sie hätte stellen können. Der Oberschwester? Dazu fehlte mir der Mut. Ein Austausch, ein paar beruhigende Worte, eine Vorbereitung auf das, was ich zu sehen bekam, wäre mir eine Hilfe gewesen. Ich spielte das erste Mal mit dem Gedanken, meine Lehre zu beenden. Es gäbe sicher andere Möglichkeiten, mit Kindern zu arbeiten und ihnen zu helfen. Zu sehr hatte mich dieses Erlebnis bewegt.

Ich fand heraus, dass es meinen jungen Kolleginnen ebenso erging, dass auch sie Angst vor diesem Ort hatten. Der Geruch, die gekachelten Wände, die Kälte – nicht nur ich fürchtete mich davor, ein weiteres Mal dort hinunterzugehen. Doch dieses weitere Mal kam, und auch diesmal war ich nicht allein.

Zusammen mit einer Kollegin brachte ich eine Siebenjährige auf einer Trage dort hinunter, eingehüllt in ein weißes Tuch. Der Ort gewann dadurch nicht an Würde und Wärme, aber das Gefühl von Einsamkeit und Trostlosigkeit war nicht mehr ganz so groß. Wir konnten uns austauschen und sprachen darüber, was geschehen war.

Ich werde niemals die Stille auf der Station vergessen, wenn ein Kind im Sterben lag. Die Türen wurden geschlossen gehalten, man sprach wenig. Oft wurden die Kinder in den letzten Stunden ihres Lebens in einen abgelegenen Raum gebracht.

Die Begleitung fand in der Abgeschiedenheit statt. Das ist bis heute in einzelnen Krankenhäusern so geblieben. Fast immer sind die Eltern dabei und auch eine Pflegekraft, bei Erwachsenen manchmal auch niemand. Der Tod wird ausgegrenzt. Obwohl er Teil unseres Lebens ist.

Ich wurde schon an einem sehr frühen Punkt meiner Ausbildung mit solchen Situationen konfrontiert, und auch später empfand ich jedes Mal den Umgang mit dem Tod wenig würdevoll. Aber trotz meiner einschneidenden Erlebnisse in der Klosterburg brach ich meine Lehre nicht ab. Das Wohl der Kinder, die Arbeit mit ihnen, die Hilfe, die ich leisten konnte, das alles bedeutete mir so viel. Ich konnte nur etwas ändern, wenn ich blieb und mir Wissen und Kenntnisse aneignete.

Noch wusste ich nicht genau, was das sein könnte. Die Hierarchien erschienen mir undurchschaubar und fremd. Ich wusste nur, dass ich bis zu meinem Examen an diesem Ort bleiben wollte, was ich dann auch tat.

Nach dem Examen arbeitete man damals in der Regel noch ein bis zwei Jahre am Lehrkrankenhaus, denn für eine frisch examinierte Kinderkrankenschwester war es gut, wenn sie in ihrem vertrauten Umfeld blieb, um langsam Verantwortung zu übernehmen und dann selbst zu tragen. Aber die Kinderklinik wurde geschlossen, und aus meinen geplanten zwei Jahren wurden nur zwei Wochen.

Damals sah ich das als einen Wink des Schicksals, denn ich wollte ursprünglich Hebamme werden, und so bewarb ich mich um einen Ausbildungsplatz. Die Ausbildung in der damals einzigen Hebammenschule in Hamburg würde nach meinem Examen nur noch zwei statt drei Jahre dauern, da ich nun schon eine Fachausbildung abgeschlossen hatte. Doch die Schule war überlaufen, und ich kam auf die Warteliste.

Mir blieb nichts anderes übrig, als mich woanders zu bewerben. Um weitere Kenntnisse zu erlangen, die mir vielleicht später als Hebamme hilfreich sein könnten, bewarb ich mich auf einer Entbindungsstation und wurde in einem Kreiskrankenhaus in Niedersachsen angestellt.

Auf der Entbindungsstation

E s war am 1. Februar 1978. Was für ein Tag, als ich das erste Mal mein Häubchen mit den Falten aufsetzte und als examinierte Kinderkrankenschwester eine Entbindungsstation betrat! Ich musste an die Tage zurückdenken, in denen ich mit meiner Ausbildung begann, mein Kastenhäubchen aufsetzte und mich fragte, wie es sein würde, wenn ich selbst ausgelernt hatte.

Und dann? 1978? Die Zeiten hatten sich geändert, die Haube trug man inzwischen nur noch freiwillig, der Stil hatte sich gelockert. Ich entschied mich zunächst für die Haube, denn ich sollte nun mit Erwachsenen arbeiten. Wieder eine neue Aufgabe, der ich mich stellen wollte, und mit meinen gerade mal zwanzig Jahren gab mir das Häubchen Halt. Schmunzelnd denke ich heute noch daran zurück.

Die Mütter der neugeborenen Kinder waren meine Patientinnen. Nun konnte ich zeigen, was ich gelernt hatte, sie unterstützen und ihnen helfen. Ich war stolz und glücklich über meinen neuen Arbeitsplatz, und ich musste an den Tag meiner Abschlussprüfung denken. Ein Tag, der nicht lange zurücklag.

Wir Schwesternschülerinnen mussten uns in einem großen

Raum versammeln. Es war damals gerade neu eingeführt worden, dass die Schwesternschülerinnen nicht mehr einzeln mündlich geprüft wurden, sondern als ganze Gruppe. Das praktische und das schriftliche Examen lagen schon hinter uns. Artig saßen wir nebeneinander auf den Stühlen im Prüfungsraum und rutschten von einem Platz auf den anderen und von einem Prüfer zum nächsten. Von der Anatomie zur Chirurgie und weiter zur Gynäkologie und so weiter. Vier Stunden lang beantworteten wir die Fragen der Prüfer aus der Gesundheitsbehörde und der Ärzte aus unserem Haus. Dann durften wir in den großen Nebenraum gehen, um auf die Bekanntgabe der Prüfungsergebnisse zu warten. Drei Jahre hatten wir den Raum als Fernsehzimmer und Aufenthaltsraum genutzt – nie zuvor betraten wir ihn in so angespannter Stimmung. Wir redeten alle durcheinander, tauschten uns aus. Bei welchen Fragen war man sich sicher? Welche waren am schwersten zu beantworten gewesen? Welcher Prüfer machte einen besonders strengen Eindruck? Die Stimmung war zum Zerreißen gespannt.

Durch eine Glastür konnten wir das Gremium beobachten. Sie diskutierten und entschieden, wer es geschafft hatte und wer durchgefallen war. Es blieb uns nichts anderes übrig, als abzuwarten.

Wir waren jung und ausgelassen. In kleinen Gruppen standen wir beieinander und scherzten. Unser Lachen hatte etwas Befreiendes, doch es hielt nur so lange an, bis die Prüferin der Gesundheitsbehörde mit strengem Blick den Raum betrat. »Ich wüsste nicht, warum auch nur eine von Ihnen einen Grund zum Lachen hätte.« Es war von einem auf den anderen Moment totenstill im Raum. Niemand lachte mehr, niemand wagte auch nur zu atmen. Angst breitete sich aus. Waren wir so schlecht?

Wir hatten jedoch alle bestanden, dank einer wunderbaren, warmherzigen, aber auch strengen Unterrichtsschwester, die uns drei Jahre lang begleitet und unterrichtet hatte. Jahre, in denen sich auch in den Krankenhäusern viel veränderte.

Eine der Neuerungen war das sogenannte Rooming-in, doch dafür galten auf der Entbindungsstation noch strenge Regeln. Die Neugeborenen wurden abends um 22 Uhr das letzte Mal zu den Müttern zum Stillen gebracht und dann im gemeinschaftlichen Kinderzimmer schlafen gelegt. Meine Entbindungsstation war direkt daneben, lag auf dem gleichen Flur. Immer wenn im Kinderzimmer Hilfe benötigt wurde, sprang ich gerne ein.

Die Mütter durften die Babys nur tagsüber in ihrem Zimmer behalten, es wurde sorgfältig darauf geachtet, wer das Zimmer betrat. Die Sorge vor Ansteckungen war groß. Geschwisterkinder durften auf der Station gar nicht zur Mutter, und den Vätern wurde das Kind nur durch eine Glasscheibe gezeigt. Da standen die Väter aufgeregt nebeneinander, und wir Schwestern schoben den Vorhang beiseite und hielten das Neugeborene an die Scheibe. »Kaspertheater« nannten wir die Prozedur scherzhaft.

Mein von mir sehr geschätzter neuer Chefarzt war offen für den neuen Geist, der durch die Gesellschaft wehte. Deswegen wurden die Dinge dort bereits weniger streng gehandhabt. Die Entbindungsstation, auf der ich arbeitete, lag direkt neben dem Kreißsaal. Die Wege waren kurz, und ich verbrachte so viel Zeit wie möglich dort.

Dieser Ort ist für mich schon immer etwas ganz Besonderes gewesen. Die Sekunden, in denen ein neuer kleiner Erdenbürger geboren wird, sind für mich unglaublich ergreifend. Der Beginn eines neuen Lebens besitzt eine unbeschreibliche Magie. Wenn alles funktioniert, wenn ein Kind bereit ist, seinen ersten Atemzug zu tun, wenn dieser unglaublich glückliche Moment die Eltern ergreift, sie vor Glück weinen und zugleich lächeln lässt, wenn alle Schmerzen vergessen sind und sie das Gefühl von tiefer Demut und Dankbarkeit für dieses Leben verspüren, dann ist das ein Gefühl, das es an keinem anderen Platz der Welt gibt. Nirgendwo liegen Schmerz und Freude so dicht nebeneinander. Das sind die Sekunden, in denen wir auf das Wesentliche reduziert werden.

Schwangere Frauen faszinieren mich unglaublich. Die Freude auf ein Kind, die Eltern ausstrahlen, diese unbändige Freude, sie ist einfach nur richtig und angemessen.

Das Wunder des Lebens packte mich bei meiner Arbeit oft so intensiv, dass ich selbst Tränen vergoss. Mein Chef sagte einmal scherzhaft, Schwester Ute müsse man nach einer Geburt immer mit Selterswasser auffüllen. Er hatte großes Verständnis für meine Leidenschaft. Er wusste, ich wollte Hebamme werden, und unterstützte meinen Wunsch. Ich durfte so oft wie möglich mithelfen und bei Geburten dabei sein.

Damals wurden die Neugeborenen noch von den Schwestern gebadet und erst dann der Mutter gegeben. Das änderte sich in den nächsten Jahren. Inzwischen ist es auch völlig selbstverständlich, dass Väter bei den Geburten dabei sind; damals war das selten der Fall. Alles konzentrierte sich auf die Mutter. Doch ganz allmählich wurden auch die Väter bei der Geburt eingebunden. Es war schön mitanzusehen, wie liebevoll die Väter sich kümmerten, wie das Wort Familie schon beim Start ins Leben Raum bekam. Sie taten mir jedoch leid, wenn sie sich hilflos fühlten, weil sie ihre Frauen so leiden sehen mussten und selbst kaum etwas tun konnten.

Eines Tages versorgte ich im Nachtdienst ein neugeborenes Kind. Mit aufmerksamem Blick betrachtete ich das Kind beim Baden und Messen. Wie war die Hautfarbe? Die Atmung? Die Bewegung? Die Körpertemperatur? War etwas auffällig, wurde sofort der Kinderarzt gerufen. Beim Ansehen der Hände fiel mir eine Vierfingerfurche auf. Besorgt suchte ich nach anderen Merkmalen, denn das konnte ein Hinweis auf das Down-Syndrom sein, auf Trisomie 21. Als Kinderkrankenschwester hatte ich gelernt, auf Krankheitszeichen zu achten, und erkannte, dass mit dem Kind etwas nicht in Ordnung war.

Ich fühlte mich als Zwanzigjährige mit meiner geringen Berufserfahrung unsicher und holte sofort den Chefarzt, der die Mutter vorher entbunden hatte. Er teilte meine Sorge und schickte nach dem Kinderarzt. Leider bestätigte sich unser Verdacht. Es war das erste Mal, dass mein Wissen in so besonderer Weise zum Tragen kam. Das machte mich stolz und traurig zugleich. Dieses kleine Wesen würde ein anderes Leben führen müssen.

Meine Freude an der Arbeit blieb meinem Chefarzt nicht verborgen, und so bot er mir eine interne Weiterbildung an, um auf Dauer im Kreißsaal arbeiten zu können. Ich fühlte mich sehr geehrt, doch ich wollte eine Hebammenausbildung machen. Damit könnte ich überall arbeiten, nicht nur in diesem einen Krankenhaus. Ich wollte, dass am Ende ein Examen steht. Es schien mir sehr verlockend, fest im Kreißsaal zu arbeiten, doch ich war in meinem jungen Leben bisher gut damit gefahren, immer auf einer soliden Basis aufzubauen. Die Weiterbildung auf der Station entsprach einfach nicht meinen Vorstellungen.

Zeit verging, doch die Hebammenschule meldete sich nicht. Die Warteliste war lang. Ich arrangierte mich mit meinen Aufgaben auf der Station und gewann an Erfahrung und Sicherheit. Ich wohnte in einer eigenen kleinen Wohnung im Schwesternwohnheim, und mit meinem Gesparten vom Lehrlingsgehalt kaufte ich mir mein erstes Auto. Einen VW-Käfer. Er besaß alle Eigenarten, die dieses Auto ausmachten. Im Sommer war die Heizung in Hochform, und im Winter gefroren die Scheiben von innen.

Ich verbrachte meine Freizeit oft in Lüneburg, meine Freundin wohnte dort. Mit der Zeit baute ich mir dort einen Freundeskreis auf. Doch in diesem ersten Arbeitsjahr wurden Fahrten dorthin durch den strengen Winter mit sehr viel Schnee fast unmöglich gemacht.

Unsere Station war zu der Zeit überfüllt. Es herrschte Fahrverbot, und ungewöhnlich viele schwangere Frauen kamen früh zu uns. Sie alle hatten Angst, es nicht rechtzeitig in den Kreißsaal zu schaffen, wenn die Wehen anfingen. Bundeswehrsoldaten schliefen im Krankenhaus, denn immer, wenn ein Krankenwagen gerufen wurde, mussten sie mit Räumfahrzeugen vornewegfahren, um den Weg frei zu machen. Wir hörten von Herzinfarktpatienten, die es nicht mehr rechtzeitig schafften, und es gab Entbindungen im Krankenwagen, weil der nur im Schritttempo vorankam. Viele der Krankenschwestern, die auf dem Land wohnten, konnten nicht zum Dienst kommen, da die Straßen unpassierbar waren. Wir arbeiteten mit halber Besetzung und viele Tage hintereinander durch.

Es waren anstrengende und arbeitsreiche Wochen, in denen alle in der Klinik großen Einsatz zeigen mussten, um die Versorgung der Patienten mit viel weniger Personal aufrechtzuerhalten.

Da die Hebammenschule mir noch immer keinen Ausbildungsplatz anbieten konnte, bewarb ich mich in den umliegenden Kinderkliniken und bekam eine Zusage auf einer Säuglingsstation in Lüneburg. So war ich näher bei meinen Freunden.

Neue Erfahrungen sammeln

Also zog ich 1979 nach Lüneburg und begann auf der Säuglingsstation zu arbeiten. Zwei Jahre lang pflegte ich kranke Kinder im Alter bis zu drei Jahren. Ein Erlebnis, das ich bis heute nicht vergessen habe, war die Einweisung eines dreijährigen Mädchens unter dem Verdacht des Missbrauchs. Dieses kleine, von Angst und Leid gezeichnete Gesicht wird mir immer in Erinnerung bleiben. Kein Mann, kein Arzt durfte das Zimmer betreten. Sofort bekam sie Angst und schrie entsetzlich. Sie zu wickeln war kaum möglich. Wieder einmal erkannte ich meine Grenzen. Erkannte, dass es Erlebnisse gibt, die ich nicht professionell annehmen und mit denen ich nicht so umgehen konnte, wie ich es müsste. Es stand mir nicht zu, das Vorgefallene zu bewerten, und doch tat ich es. Ich war zutiefst erschüttert.

Die Abläufe in einem Krankenhaus auf dem Land oder in der Kleinstadt sind anders als in Großstädten. Das Krankenhaus in Lüneburg hatte einen großen Einzugsbereich. Wenn es in der Aufnahme klingelte, mussten wir uns zusätzlich um die Notfälle kümmern. Heute ist vieles anders organisiert, damals aber unterlagen Arbeitsabläufe anderen Gesetzen.

Auf den Stationen arbeiteten nachts erfahrene Stationshilfen, die keine medizinische Ausbildung hatten. Sie passten auf die Kinder auf, wickelten und fütterten sie, maßen Temperatur, Blutzucker und Blutdruck, legten die Wäsche zusammen oder bereiteten alles für den nächsten Morgen vor. Viele von ihnen hatten sich ein beachtliches medizinisches Wissen angeeignet. Durch ihren jahrzehntelangen Dienst auf Kinderstationen konnten selbst junge Kinderkrankenschwestern etwas von ihnen lernen. Medizinische Pflegemaßnahmen durfte jedoch nur das examinierte Personal verrichten, also Kinderkrankenschwestern und -pfleger. Darin bestand besonders in den Nachtdiensten eine der größten Herausforderungen. Es gab drei Stationen, und als Hauptnachtwache war man die einzige examinierte Fachkraft außerhalb der Intensivstation. War eine Infusion leer, wurde man angepiept, hatte ein Kind Schmerzen, wurde man angepiept, gab es irgendwo einen Notruf, wurde man angepiept. Der Fahrstuhl war tabu. Undenkbar, dass die Hauptnachtwache womöglich über Stunden in einem Fahrstuhl feststeckte. Also lief man die ganze Nacht über die drei Stockwerke von Station zu Station.

In einer dieser hektischen Nächte klingelte die Notglocke. Ein Elternpaar kam zu uns, sie hatten einen Jungen auf dem Arm, der einen Kopfverband trug. Ich brachte die Familie zu einem der drei kleinen Zimmer, die auch über einen Außeneingang verfügten und als Aufnahmezimmer diente. Damals behandelte man noch ansteckende Krankheiten wie Windpocken in den Kinderkrankenhäusern. Diese Kinder mussten natürlich von den anderen getrennt gehalten werden. Wir Schwestern mussten nach der Behandlung für zehn Minuten vor die Tür und uns »durchlüften« lassen, um hinterher kein anderes Kind anzustecken. Egal bei welchem Wetter, auch bei Schnee und Regen. Wir hatten deswegen häufig Erkältungen.

Diese drei Räume dienten für alle Notfälle zur Aufnahme, und in einen von ihnen brachte ich also die Familie mit ihrem Jungen. Sie waren mit einem Taxi gekommen. »Was ist mit Ihrem Jungen geschehen?«, fragte ich.

»Er ist von einem Hund gebissen worden«, war die beunruhigende Antwort.

Ich rief den Arzt. Ein Hundebiss auf dem Land war nichts Ungewöhnliches. Ich stellte die üblichen Fragen, während wir warteten. »Kennen Sie den Hund? Was war das für ein Hund? Ist er gegen Tollwut geimpft?«

Die Eltern antworteten, während ich vorsichtig den Verband abnahm. Mit Erschrecken sah ich dann, dass der Kopf geradezu skalpiert war. Hinten konnte ich im Nacken noch ein paar Locken sehen, ansonsten blickte ich auf die blanke Schädeldecke. Als der Arzt kam, war er ebenso entsetzt. Der Junge zeigte keinen Schmerz. Er saß vollkommen ruhig auf der Liege und wartete, was mit ihm geschehen würde. Ich fragte die Eltern, warum sie denn keinen Krankenwagen geholt hätten, sondern mit dem Taxi gekommen waren.

»Wir wussten nicht, wer das bezahlen würde. Unsere Nachbarn haben ein Taxiunternehmen, der Mann hat uns hergefahren.«

Die Fahrt hatte mindestens eine Stunde gedauert. Viel zu lange bei einer solchen Verletzung. Der Hund, der das Kind gebissen hatte, war ein Bernhardiner gewesen und den Eltern nicht bekannt. Sie wussten nichts über seine Impfungen. Wir benachrichtigten die Polizei und baten herauszufinden, wie es sich damit verhielt.

Im Laufschritt liefen wir mit dem Jungen zum Röntgen, um eine knöcherne Schädelverletzung auszuschließen, und anschließend in den OP. Die Chirurgen waren informiert und vorbereitet, die große Wunde schnellstmöglich zu schließen. Dem Jungen ging es langsam schlechter. Er hatte Schmerzen. Nach der Operation wurde der Junge vorsichtshalber auf die Infektionsstation gelegt, bis geklärt war, ob eine Tollwut-Infektionsgefahr bestand oder nicht. Nach dieser hektischen und besonderen Nacht zu Hause angekommen, legte ich mich erschöpft schlafen, bis es laut an der Tür klopfte.

»Ute, du musst sofort aufstehen.«

Sechs Nächte lagen noch vor mir. Jede Stunde Schlaf war kostbar.

»Wir müssen alle geimpft werden. Du musst kommen. Der Hund hatte Tollwut.«

Das Medikament wurde aus Hamburg mit dem Hubschrauber eingeflogen. Jeder, der mit dem Kind in Berührung gekommen war, sollte sich melden. Aus einer diffusen Angst heraus meldeten sich immer mehr Personen. Sogar das Reinigungspersonal, das nur morgens den Raum ausgewischt hatte, wollte sich impfen lassen. Die Angst war groß.

Als es dann hieß, wir müssten den Impfstoff selbst bezahlen, wollten sich schon nicht mehr ganz so viele impfen lassen. Ich aber musste es, denn ich hatte engen Kontakt zu dem Jungen gehabt. Falls er infiziert war, könnte ich mich angesteckt haben. So kam ich zu der seltenen Ehre, eine der wenigen zu sein, die in ihrem Impfpass einen Tollwut-Impfeintrag hat. Der Junge wurde isoliert und ebenfalls sofort geimpft.

Wir alle haben uns danach tagelang auf der Station mit dem Fall beschäftigt. Was bedeutete Tollwut bei einem Menschen eigentlich? Damals noch ohne Internet, führte uns der Weg in die Krankenhausbibliothek. Was wir lasen, hätten wir lieber nicht gewusst. Tollwut kann beim Menschen zum Tode führen.

Tiere und Menschen lebten auf dem Lande eng zusammen. Dieses Zusammenleben führte oft zu Begegnungen, die die Menschen ins Krankenhaus brachten. Zunächst wurden alle Patienten als Notfall aufgenommen und nach der Erstversorgung weiter in eine Spezialklinik verlegt. Hundebisse, Huftritte, Nasenbeinbrüche, vom Pferd abgebissene Finger, Unfälle mit einer Mistgabel oder mit einem Trecker – die Bandbreite der Verletzungen war groß. Ein Bauer übersah beim Wenden mit dem Trecker seinen Sohn, der hinter ihm stand. Der Junge hatte großes Glück, denn er fiel in eine tiefe Regenpfütze, die vom Wasser bereits ausgewaschen und aufgeweicht war. Er erlitt erhebliche Prellungen und einen Beinbruch, hat aber wie durch ein Wunder überlebt. Doch auch in Lüneburg musste ich erleben, wie Kinder starben.

Die Aufgabe zeichnet sich ab

Im Jahr 1979 bedeutete die Diagnose Mukoviszidose den frühen Tod. Heute ist diese schwere Lungenkrankheit sehr viel besser therapierbar, doch damals leider noch nicht.

Klaus, ein kleiner zarter Junge, der wiederholt zu uns auf die Station kam, litt unter dieser Erkrankung. Wir nannten ihn Kläuschen und lernten ihn im Lauf der Zeit sehr gut kennen. Von Aufenthalt zu Aufenthalt sahen wir, wie sich sein Zustand verschlechterte. Er hatte durch den Sauerstoffmangel, der mit dieser Krankheit einhergeht, blaue Händchen und Füßchen und fror ständig.

Für uns alle sichtbar wurde dieses Kind immer weniger, und uns blieb nur, ihm sein Dasein mit Krankengymnastik, Infusionen und besonderer Lagerung so erträglich und würdevoll wie möglich zu gestalten. Wir hatten ihn so sehr ins Herz geschlossen, dass es uns wehtat zu sehen, wie er kraftlos versuchte zu husten und wie ihm das Luftholen immer schwerer wurde. Durch Abklopfen versuchten wir den Schleim besser zu lösen. Aber das gelang uns zum Schluss kaum noch.

Eine der anderen Schwestern war meine engste Freundin, und mit ihr gemeinsam hatte ich an dem Tag Dienst, an dem

Kläuschen starb. Wir versuchten ihn auf eine Weise zu begleiten, die für uns stimmig war.

Die Ärztin tat für Klaus, was in ihrer Macht stand. Sie verabreichte Medikamente, damit er in den letzten Stunden seines Lebens schmerzfrei war. Wir – die beiden Schwestern auf der Station – haben alles gemacht, was uns möglich und aus unserer Sicht hilfreich war. Da sein, seine Hand halten, ihn streicheln, in den Arm nehmen.

Es ist ein unendlich langer, schmerzvoller Prozess, einen solchen Weg zu gehen. Im Dabeisein, im Begleiten habe ich damals begriffen, worin meine Aufgabe in solchen Situationen besteht. Ich musste für diesen schweren Weg ein Umfeld schaffen, das würdevoll ist. Alles, was das Kind sich wünscht, sollten wir ihm ermöglichen können. Wir müssen es begleiten, seine Ängste und seine Trauer mittragen. Schmerzfreiheit ist dabei die Voraussetzung für alles andere.

Kläuschen war das erste Kind, das ich gut kannte und das ich auf seinem Weg begleitete. Ich spürte den großen Unterschied zu meinem Erlebnis in der Klosterburg. Ein Kind zu verlieren, das man lange kennt, geht ungleich näher. Meine Freundin und ich trugen sehr schwer in diesen Stunden. Aber wir sind auch dankbar, dass wir Klaus begleiten durften und für ihn da sein konnten. Selbst heute, so viele Jahre danach, habe ich sein kleines Gesicht immer noch vor Augen.

Er war damals etwa acht Jahre alt. Sein Zimmer war das vorletzte auf dem Flur, und nebenan lag ein Junge mit einer seltenen Hauterkrankung. Man wusste, dass diese Krankheit zum Tode führt. Er hieß Matthias. Die Kinder mit seinem Krankheitsbild haben einen schweren Leidensweg. Ihre Haut löst sich am ganzen Körper einfach auf.

Stundenlang wurde Matthias täglich mit Salben und Binden versorgt. Die Schmerztherapie war leider noch nicht so weit wie heute. Blasen traten auf, Hautareale wucherten, andere lösten sich auf. Narben bildeten sich, die die Bewegung einschränkten. Sein Leben bestand darin, das Leid zu ertragen, die Isolation wegen der hohen Infektionsgefahr zu akzeptieren und eine Lage im Bett zu finden, die keine zusätzlichen Schmerzen bereitete. Er war ein Kind, bei dem ich mit meinen eigenen Grenzen konfrontiert wurde. Jedes Mal, wenn ich zu Matthias ins Zimmer ging, musste ich tief Luft holen.

Die Familie hatte drei Kinder, und sie alle litten an dieser Erkrankung. Bei Matthias war sie bereits fortgeschritten, bei den Geschwisterkindern wartete man auf die ersten Symptome. Sie besuchten Matthias, wann immer es ging. Eines Morgens hörte ich ein Geschwisterkind zum anderen sagen: »Irgendwann werde ich so daliegen, und du musst mir helfen.« Das hat mich zutiefst berührt. Was für ein Leid musste diese Familie ertragen?

Diese Kinder wollten sich gegenseitig begleiten. Sie sprachen darüber. Wer half ihnen zu Hause, diesen Weg zu gehen?

Ich habe es nie erfahren. Ich weiß nicht, wie sie es gemacht haben. Ich habe nach Matthias' Tod den Kontakt zu der Familie leider verloren. Doch ich werde diese Kinder und diese Worte niemals vergessen.

Matthias und Kläuschen begegneten sich manchmal auf der Station und freundeten sich an. Hin und wieder schoben wir die Betten von den beiden so zusammen, dass sie sich unterhalten konnten. Die Zimmer lagen nebeneinander, und die Türen standen häufig offen.

Doch dann starb Klaus. Nachts verstorbene Kinder brachten wir in das EEG-Zimmer. Dort öffneten wir das Fenster und warteten auf die Angehörigen.

Am Morgen nach Klaus' Tod gingen wir ins Zimmer von

Matthias, um ihn zu pflegen. Als wir die Tür öffneten, rief er schon: »Klaus? Guten Morgen! Klaus?« Doch es kam keine Antwort, und Matthias rief wieder: »Klaus? Klaus? Guten Morgen!«

Wir standen auf dem Gang und guckten uns an. Irgendwann meinte ich: »Wer spricht mit ihm? Wer sagt ihm, dass Klaus tot ist?«

»Du kannst dem todkranken Jungen doch nicht sagen, dass Klaus gestorben ist«, antwortete eine der anderen Schwestern.

In diesem Moment wusste ich, was zu tun ist. Matthias hatte ein Anrecht auf die Antwort. »Sie waren Freunde. Darum sollten wir es ihm sagen«, entgegnete ich.

Wir Schwestern waren mit dieser Situation eigentlich überfordert. Niemand hatte jemals mit einem todkranken Kind über ein anderes Kind gesprochen, das gerade gestorben war. Wie sollte man die richtigen Worte finden? Was konnte man in dem Jungen anrichten, wenn man etwas falsch machte? Natürlich – die einfachere Möglichkeit war zu schweigen. Ich wusste von einer Schwester, dass sie am Morgen schon bei Matthias gewesen war, und fragte sie, was sie ihm denn gesagt hatte.

»Klaus sei gerade zu einer Untersuchung.«

»Aber so geht das nicht. Wie lange können wir das aufrechterhalten?«

Auf diesem Flur vor Matthias' Zimmer habe ich das erste Mal darüber nachgedacht, wie man mit einem Kind über den Tod eines anderen Kindes spricht. Ich wusste, dass der Weg falsch war, der damals in dieser Situation gewählt wurde. Es war nicht die Wahrheit. Ich hatte noch nie ein Kind belogen, und ich würde es auch niemals tun. Ich würde Matthias nicht anlügen, das wusste ich. Ich war auch immer dagegen gewesen, einem Kind eine bevorstehende Operation zu verheimlichen, nur damit es besser schläft. Es war für mich einfach eine Grundregel, die Kinder nicht zu belügen.

Später musste ich mich oft den Eltern anpassen, wenn sie mit ihrem Kind nicht ehrlich über Situationen sprechen wollten. Ich habe immer versucht, sie zur Wahrheit zu bewegen. Das liegt an den Werten, die ich selbst lebe. Vertrauen, Ehrlichkeit und Aufrichtigkeit sind für mich die wichtigsten.

All diese Gedanken gingen mir damals durch den Kopf. Die Schwester, die schon am Morgen bei ihm gewesen war, fasste sich ein Herz und ging zu Matthias. Sie sprach ruhig und liebevoll mit ihm. Er weinte, doch dann sagte er: »Klaus und ich, wir sehen uns bald wieder.«

Das Pflegeteam auf meiner Kinderstation bestand aus Kollegen, die sich viele Gedanken machten. Wir sprachen ständig miteinander, überlegten gemeinsam, wie besondere Situationen zu bewältigen waren. Neue Gedanken bekamen Raum. Möglichkeiten wurden gesucht. Alle arbeiteten mit viel Freude und Einsatz. Ein wunderbares Team, gemeinsam mit Ärzten an der Seite, die immer ansprechbar waren und unsere Sorgen teilten. Einen der Ärzte schätzte ich besonders. Sein Umgang mit Kindern und Eltern beeindruckte mich sehr. Es war unser Oberarzt. Heute, im Ruhestand, ist er einer der vier Kinderärzte, die in der Sternenbrücke tätig sind – ehrenamtlich.

Dieser Tag damals war nicht nur einer meiner bewegendsten und sicher auch lehrreichsten in Lüneburg, es war auch einer meiner letzten dort.

Hohen Ansprüchen gerecht werden

In der Zwischenzeit hatte ich geheiratet. Mein Mann, ein gelernter Industriekaufmann, arbeitete in derselben Firma in Hamburg wie mein Vater. Nachdem er sechs Jahre lang über die Autobahn gependelt war und uns dadurch viel gemeinsame Freizeit verloren ging, beschlossen wir, nach Hamburg zu ziehen.

Ich suchte mir eine neue Aufgabe und fand sie schließlich im OP eines Hamburger Klinikums. Nur, es war in einem Augen-OP und somit in einem Bereich, der vollkommen neu für mich war. Diese Arbeit sollte mir in den nächsten Jahren alles abverlangen. Alles, was ich bis dahin über das Auge wusste, hatte ich mir in meiner Ausbildung angeeignet. Ich kannte mein neues Arbeitsgebiet hauptsächlich aus Anatomiebüchern und bemerkte schnell, dass sich mir unter dem Mikroskop eine völlig neue Welt erschloss. Ich musste viel lernen und hart arbeiten, um die Anatomie des Auges zu verstehen.

Doch das spezialisierte Arbeiten war nur eine Seite meiner neuen Aufgabe. Ich hatte es plötzlich mit ganz anderen Patienten zu tun, hauptsächlich mit Erwachsenen. Die Operationen fanden meistens in lokaler Betäubung statt. Unsere

Patienten waren während der OP in der Regel ansprechbar. Da ihre Gesichter sorgfältig mit Tüchern abgedeckt waren, verließen sie sich ausschließlich auf ihr Gehör. Alles, was im OP gesagt wurde, nahmen Sie aufmerksam wahr. Alle Eindrücke wurden über das Gehör wahrgenommen, jede Kleinigkeit registriert. Das bedeutete, dass der Patient jede Regung, jedes Klirren, jede Äußerung sofort auf sich bezog und so schnell den Eindruck gewinnen konnte, dass etwas nicht in Ordnung sei. Auch mit diesen Vorgängen musste ich lernen umzugehen. Die meiste Zeit wurde also aus Rücksicht auf den Patienten im OP geschwiegen, dadurch war es eine sehr stille Arbeit. Weder der Arzt noch die Oberschwester oder ich sagten irgendetwas. Manchmal ging eine Operation über mehrere Stunden, und wir sprachen in dieser Zeit kaum ein Wort. Nicht einmal der Operateur sagte etwas. Nie sagte er, welches Instrument er benötigte – ich musste das vom Zusehen erkennen. Dazu brauchte ich das Wissen über die Instrumente und die Reihenfolge der Abläufe bei verschiedenen Augen-OPs. Ich eignete es mir an.

Bei den Instrumenten handelte sich teilweise um winzig kleine Werkzeuge. Die OPs fanden fast ausschließlich unter dem Mikroskop statt, und immer, wenn der Arzt etwas brauchte, streckte er nur die Hand in meine Richtung. Die Fäden waren mit dem bloßen Auge kaum sichtbar und waren nur ein Drittel so dick wie ein Frauenhaar. Bei Operationen in Vollnarkose hatte ich es etwas leichter, dann gab es die Möglichkeit für Fragen und Erklärungen.

Ich musste auch feststellen, dass unter dem Mikroskop die Details im Auge völlig anders aussahen als in Büchern. Ich lernte also, sie zu unterscheiden. Viele Wochen stand die Oberschwester direkt neben mir und half mit unendlicher Geduld, mir das Wissen und die Abläufe beizubringen. Geduldig waren auch alle anderen Kollegen. Sie alle wussten, wie schwer es war.

Während der OPs saß ich immer links neben dem Patienten, schaute abwechselnd durch das Mikroskop und auf das OP-Besteck. Die meiste Zeit verbrachte ich in einer nach links verdrehten Stellung. Jeden Abend spürte ich meinen Rücken. Eine alte Klimaanlage, die direkt in meinen Nacken blies, tat ein Übriges. Ich musste mich zwischendurch immer strecken, um mich am Ende des Tages überhaupt wieder in eine aufrechte und gerade Haltung bringen zu können. Am meisten machte mir aber die Arbeit mit dem Operationsbesteck zu schaffen. Die Nadeln mit Faden konnte man gerade so im Licht schimmern sehen. Man reichte sie dem Doktor mit einem Nadelhalter unter dem Mikroskop hindurch. Der Arzt wandte seine Augen während der Operation nicht vom Mikroskop. Der Unterschied zwischen nah und fern, groß und klein wäre für die Augen zu anstrengend.

Wie oft habe ich zu Anfang gehört, wenn der Patient in Vollnarkose auf dem Operationstisch lag: »Kann ich bitte noch einmal eine Nadel mit Faden haben?« Gar nicht so einfach, denn der Faden war mit bloßem Auge kaum sichtbar und riss schnell, weil er so dünn war. Manchmal reichte dafür das Hängenbleiben am OP-Tuch. Hinter mir machte sich die Oberschwester schmunzelnd einen Spaß daraus, bei jedem gerissenen Faden die Kosten bekanntzugeben: »Elf Mark achtzig, neun Mark fünfzig, fünf Mark siebzig.« Und natürlich fielen auch die hauchfeinen Instrumente mal herunter. Sie mussten dann ausnahmslos zu einer Fachfirma zur Kontrolle oder Reparatur. Ich hatte oft schlaflose Nächte deswegen.

Schon immer hatte ich einen hohen Anspruch an mich selbst und befürchtete nun, zu langsam zu lernen. Nach einem halben Jahr resignierte ich fast. Ich wollte aufhören, doch meine Oberschwester machte mir Mut, da es allen zu Anfang nicht anders erging. Es dauert sehr lange, sich sicher im Augen-OP zu fühlen, und so beschloss ich weiterzumachen. Mithilfe einer OP-Schwester legte ich mir ein kleines Heft mit den Abläufen jeder einzelnen OP an und lernte sie auswendig. Tag für Tag saß ich über den winzigen Instrumenten, saß im Schweigen, in der verdrehten Haltung auf meinem Stuhl, die pustende Klimaanlage direkt hinter mir.

Es war schließlich die Oberschwester, die mich zur ersten OP mit alleiniger Verantwortung zwang. Offensichtlich spürte sie, dass der richtige Zeitpunkt gekommen war, dass ich weit genug war. Sie entschied sich für die harte Methode. Sie warf mich ins kalte Wasser. Jeden Tag stand sie oder eine Kollegin, steril und gewaschen, sofort einsatzbereit an meiner Seite. Wir trugen eine große Verantwortung, und die wurde ohne Einschränkung bewusst und sorgfältig gelebt. Eines Tages zog sie ohne jede Vorwarnung kurz vor einer Operation die Handschuhe aus und nahm den Mundschutz ab. »So, Ute, ich gehe jetzt eine Pause machen«, sagte sie.

In dem Moment, als sie Handschuhe und Mundschutz ablegte, war sie nicht mehr steril. Von ihr konnte ich also keine Hilfe mehr erwarten. Mir blieb das Herz für einen Moment stehen.

»Aber wer ist denn jetzt von den Schwestern hier?«

»Du natürlich. Du bist doch da.«

Mein Herz schlug mir bis zum Hals. Es ging bei den meisten Operationen um das Augenlicht eines Menschen. Jeder im Raum trug eine enorme Verantwortung. Selten zuvor war ich in meinem Leben so angespannt gewesen wie in diesen Momenten. Die stellvertretende Oberschwester zwinkerte mir zu.»Du machst das schon. Ich weiß es. Und unsere Chefin operiert. Alles wird gut«, meinte sie.

Wie glücklich ich war, als die Ärztin am Ende der Operation das Mikroskop zur Seite schob, sagte:»Ging doch prima. Vielen Dank«, und mich anlächelte.

Dann kam die Oberschwester ebenfalls lächelnd in den OP zurück.»Na, Ute?«, fragte sie.»Jetzt auch eine Pause?« Wir lachten.

»Im Übrigen hast du heute deinen ersten Bereitschaftsdienst«, eröffnete sie mir nach unserer Pause. Fast nebenbei, im Hinausgehen.

Ich habe in den ersten Nächten keine Sekunde geschlafen. Meine Angst, das Telefon nicht zu hören, war zu groß. Natürlich wurde ich auch gleich in meinem ersten Bereitschaftsdienst angerufen. Ein Notfall wurde eingeliefert, ich musste den OP vorbereiten. Der Mann hatte einen Metallsplitter ins Auge bekommen. Es gab in jeder Nacht einen zweiten Hintergrunddienst, für den Fall einer großen Operation. Tausend Dinge gingen mir durch den Kopf. Ich wollte alles richtig machen. Ich wusste um die Verantwortung, die ich trug. Es galt, hoch konzentriert zu arbeiten. Eine meiner bis dahin schwersten Aufgaben.

Es gab immer wieder Momente, in denen ich mir vergegenwärtigte: Ein Krankenhaus ist ein Ort, an dem Höchstleistungen vollbracht werden. Was Ärzte und Pflegepersonal zum Wohle der Patienten leisten, das kann nicht genug wertgeschätzt werden.

Bei meiner Arbeit traf ich häufig Menschen, die Spuren hinterlassen haben, die ich nie vergaß, die mich in ihrer Haltung zutiefst beeindruckten. Oft wird im Zusammenhang mit Krankenhäusern von Routine gesprochen, doch eigentlich gibt es sie nicht. Jeder Notfall ist auf seine Weise einzigartig. Man weiß, wie ein Operationssaal vorbereitet wird und welche Instrumente dem Arzt während des Eingriffs zu reichen sind.

Es bleibt aber immer eine Operation, die ein gewisses Risiko in sich trägt. Ein Bein nach einem Unfall zu retten, einen Splitter aus einem Auge so zu entfernen, dass der Patient wieder sehen kann, oder sogar ein Menschenleben zu retten, all das ist nie Routine.

Ich werde niemals die Augenoperationen vergessen, nach denen ein Patient vor uns auf dem OP-Tisch lag und unter den OP-Tüchern sagte: »Da ist Licht. Ich kann klare Umrisse sehen.« Oder wenn dann die Patienten mit bewegter Stimme auf dem Flur vor einem standen und sagten: »Ich sehe das erste Mal meine Enkelkinder wieder deutlich.« Das waren ungeheuer berührende Augenblicke für mich. Im wahrsten Sinn des Wortes.

Ich war häufig entsetzt darüber, wie sorglos manche Menschen mit ihrem Augenlicht umgingen. Gerade in metallverarbeitenden Berufen arbeiteten die Menschen erstaunlich oft ohne Schutzbrille. Häufig mussten wir Metallsplitter mit einem großen Magneten aus den Augen entfernen. Augen, das sind für mich die Fenster zum Leben. Sie sind unersetzlich.

Viele Dinge rund um das Auge waren mir neu. So erfuhr ich bei meiner Arbeit beispielsweise, dass es in Hamburg einen Familienbetrieb gab, der Glasaugen bemalte. Jedes künstliche Auge wurde nach dem Vorbild des noch vorhandenen Auges bemalt. Eines Tages sagte man mir in einer Lehrstunde, ich solle doch einen kleinen Karton aus dem Schrank holen. Als ich ihn öffnete, blickte ich in unzählige Augen, die alle in eine andere Richtung sahen. Sie lagen sauber sortiert in diesem Kasten und sahen unglaublich echt aus. Ich erschrak so sehr, dass ich ihn fast hätte fallen lassen, so skurril fand ich diesen Anblick. Ich erfuhr dann, dass diese Augen nicht zur Verwendung gekommen waren. Als ich über diesen Satz nachdachte, musste ich schmunzeln. Irgendwie war es unvorstellbar, dass jemand sein bestelltes Auge nicht abholte.

Und da war die Sache mit den Schweineaugen. Die Assistenzärzte arbeiteten in ihren Übungsstunden an Augen von Schweinen. Auch ein Gefäß mit diesen Augen musste ich eines Tages aus dem Kühlschrank holen – sehr zur Belustigung meiner Kollegen, als sie meinen Gesichtsausdruck sahen. Es war ein Anblick, an den ich mich lange gewöhnen musste.

Auch während der Operationen gab es für mich ständig ungewöhnliche Dinge zu sehen. Vieles davon nahm ich abends mit nach Hause, und es beschäftigte mich bis in meine Träume. Niemand fragt eine Schwester, ob sie einen bestimmten Anblick ertragen kann, wenn zum Beispiel einem Menschen ein Auge entfernt werden muss. Als Schwester musste ich lernen, mit diesen Dingen umzugehen.

Doch dort in der Augenklinik traf ich auch einen der eindrucksvollsten Menschen, denen ich je begegnet bin: meine Chefin. Ich habe diese Frau zutiefst bewundert und respektiert. Sie arbeitete so leidenschaftlich wie kein anderer Mensch, dem ich zuvor begegnet war. Bis zum Umfallen tat sie alles für ihre Patienten und erwartete dasselbe von uns. Sie maß nur etwa einen Meter fünfzig und besaß doch mehr »Größe« als viele andere. Sie fuhr in ihrem Urlaub nach Indien, um kostenlos Kinder an den Augen zu operieren.

Ihre innere Haltung, keine Unterschiede zwischen Arm und Reich zu machen, der Respekt, den sie jedem Menschen entgegenbrachte, die Würde, mit dem jeder Patient behandelt wurde, ihre ungeheure Ausstrahlung und ihr Fachwissen haben mich für mein ganzes Leben geprägt. Jeder Patient mit seinen persönlichen Sorgen war für sie gleich wichtig. Sie hatte immer ein offenes Ohr und nahm sich Zeit. Menschen, die so Großes vollbringen und dabei so schlicht bleiben, haben mich immer beeindruckt.

Von ihr habe ich gelernt, dass es den Menschen in der Welt besser gehen könnte, wenn alle etwas dazutun würden. Diese Frau war mir über die zweieinhalb Jahre in jeder Hinsicht ein Vorbild, und ihre Haltung wird für mich mein Leben lang wegweisend bleiben.

Ich hatte also viel gelernt an diesem Arbeitsplatz. Aber die Stille im OP hat mich oft nachdenklich gemacht. Sie war ungewohnt für einen Menschen wie mich, der besonders glücklich ist, wenn Kinderlärm durch die Station schallt. Die Kinder – sie fehlten mir. Vielleicht war es aber für mein späteres Leben wichtig gewesen, eine Zeit lang eine so stille Arbeit zu verrichten. Es hat mich auf jeden Fall gefestigt. Und es hat mir den Wunsch, mit Kindern zu arbeiten, noch bewusster gemacht.

Warum mein Kind?

Ich erfuhr, dass ich schwanger war, und war mir sicher, dass ich nach meiner Elternzeit in den Beruf zurückkehren würde; das sollte dann aber wieder auf einer Kinderstation sein. Durch meine Schwangerschaft veränderte sich mein Berufsleben. Es gab klare Vorschriften, dass schwangere Mitarbeiter nicht im OP-Bereich tätig sein durften. Das Tragen der schweren sterilen Trommeln, der Aufenthalt in Räumen, in denen Narkosegase eingesetzt werden, und viele andere Dinge waren untersagt.

Meine Zeit im Augen-OP war damit nach zweieinhalb Jahren beendet, und für die restliche Zeit bis zum Mutterschutz arbeitete ich in der Augen-Ambulanz.

Dann begann die Elternzeit. Gut zwei Jahre lang blieb ich zu Hause, genoss das glückliche Mutterdasein und jede einzelne Minute mit meinem kleinen Sohn Thorben und meinem Mann. Meiner kleinen Familie. Ich erfuhr selbst das Wunder einer Geburt und lernte die ständige Sorge um ein kleines Menschenkind und seine bemerkenswerte Entwicklung kennen. Die Gesundheit meines Sohnes gab anfangs Anlass zu häufigem Kontakt mit unseren Kinderärzten. Von Geburt an hatte Thorben eine ständige Körpertemperatur von mindestens 38 Grad. Das war ungewöhnlich und bereitete meinem Mann und mir manch schlaflose Nacht. Doch die Ursache wurde nie gefunden. Da er sich trotzdem gut entwickelte und sich nach zwei Jahren langsam alles normalisierte, beließen wir es dabei.

Ich begann, an den Wochenenden wieder meinen Dienst als Kinderkrankenschwester aufzunehmen. Den Kontakt zu meinen Kollegen an der Klinik hatte ich in den zwei Jahren nie verloren, und so war der Start sehr leicht für mich. Meine Rückkehr in die Arbeitswelt begann auf der Säuglingsstation. Nachdem Thorben im Alter von vier Jahren in den Kindergarten kam, auf den er sich riesig freute, wechselte ich meinen Arbeitsplatz und ging in die Milchküche, die es heute in den Kinderkrankenhäusern kaum noch gibt. Dort wurden spezielle Nahrungen und Diäten für Früh- und Neugeborene zubereitet. Die Arbeitszeiten machten ein gutes Miteinander von Kind und Beruf möglich. Der Dienst begann um sechs Uhr, und wenn ich mittags um zwölf Uhr mit meiner Arbeit fertig war, holte ich Thorben aus dem Kindergarten ab.

Mein Sohn war viereinhalb Jahre alt, als er nachts immer gegen 23 Uhr weinend aufwachte und auf sein linkes Knie deutete, das ihm wehtat. Ich selbst litt als Kind unter Wachstumsschmerzen und vermutete sie zunächst auch bei ihm. Also wärmte ich Kirschkernkissen und wickelte sie ihm ums Beinchen. Nach einer Weile schlief er ein. Am nächsten Tag hatte er keinerlei Schmerzen. Nachts ging es wieder los. Ich maß Temperatur – alles in Ordnung. Ich kontrollierte den Umfang beider Knie mit dem Maßband. Kein Unterschied. Alles in Ordnung, keine Schwellung. Ich versuchte es mit einem kalten Wickel. Die Schmerzen blieben. Also wieder Wärme, bis Thorben einschlief. Am nächsten Vormittag vereinbarte ich einen Termin beim Orthopäden. In der nächsten

Nacht hatte Thorben wieder heftige Schmerzen. Wärme half nicht. Ich gab ihm Schmerzmittel und hoffte auf den Termin beim Arzt.

Was konnte das nur sein? Die Schmerzen traten nur nachts und erst nach vier Stunden Schlaf auf. Merkwürdig.

Anhand des Röntgenbilds erklärte mir der Orthopäde, dass Thorben einen bösartigen Knochentumor hätte und wahrscheinlich nur noch ein Jahr Lebenserwartung. »Ihnen als Kinderkrankenschwester muss ich ein Ewing-Sarkom sicher nicht erklären«, sagte er mir ohne Umschweife.

»Das können Sie ohne weitere Diagnostik sicher feststellen?«, fragte ich, mühsam die Haltung bewahrend.

»Ja, es besteht kein Zweifel«, meinte er.

Ich bat ihn um die Röntgenbilder und versuchte, Thorben gegenüber ruhig wie immer zu bleiben. Doch ich kämpfte mit den Tränen und meinen zitternden Knien. Mit dem Auto fuhr ich zur nächsten Telefonzelle. Dort, unbeobachtet von Thorben, der sich im Auto ruhig ein Buch ansah, brach ich weinend zusammen. Ich rief meinen Mann an und bat ihn, sofort nach Hause zu kommen.

Um Fassung ringend, fuhr ich ebenfalls heim, wo mein Mann schon wartete. Ich erklärte ihm, was geschehen war, und wollte sofort in die Klinik fahren, zu unseren Ärzten, weil ich die Diagnose nicht glauben wollte. Die Diagnose des Orthopäden galt nämlich für beide Knie. Davon hatte ich noch nie gehört. Seitengleiche Tumore?

Unsere Ärzte kümmerten sich rührend. Sie guckten auch ziemlich ungläubig und waren fassungslos über die schonungslose Art des Arztes. Mit ihrer Hilfe fanden wir rasch einen Spezialisten in München.

Die entsetzliche Angst um das Leben unseres Kindes füllte viele Wochen und begleitete die Diagnostik. Ein dunkles

Tuch lag über unserem Familienleben, und trotzdem sagten wir uns ständig: Die Diagnose ist noch nicht bestätigt. Ruhig bleiben. Hoffnung haben. Aber wie schwer war das doch! Bis durch die Hilfe der Spezialklinik in München die Diagnose stand und sich der Verdacht nicht bestätigte. Die Nerven lagen blank, und die Freude über die positive Nachricht war unbeschreiblich. Immer wieder musste ich meinen kleinen Sohn, meinen Mann in den Arm nehmen. Dauernd sagten wir: »Gott sei Dank.«

Doch die Ärzte hatten im Verlauf der Untersuchungen festgestellt, dass eine Hüfte bei Thorben nicht in Ordnung war. Kinder können in dem Alter oft nicht zeigen, wo die Schmerzen genau sitzen. Häufig weisen sie dann auf das benachbarte Gelenk, wie wir erfuhren. Bei Thorben ist es das Knie gewesen. Die nächtlichen Schmerzen rührten jedoch daher, dass die Hüfte sich nach einer gewissen Zeit in Ruhestellung, wie uns erklärt wurde, versuchte selbst zu regenerieren. Das verursachte die nächtlichen wühlenden Schmerzen.

Nun wurden zwei für uns zunächst erschreckende Therapiemöglichkeiten angedacht. Entweder eine große Operation, die Thorbens Bein wohl verkürzen würde, oder das Tragen einer großen, nicht gerade leichten Metallschiene über viele Jahre hinweg. Diese Schiene würde ihn in seiner Bewegung total einschränken.

Ich machte mich sofort auf die Suche nach anderen betroffenen Eltern. Das Internet gab es noch nicht, also startete ich einen Aufruf in Zeitungen, um mit Eltern in Kontakt zu treten, die die gleichen Erfahrungen gemacht hatten. Wir entschieden uns schließlich für die Schiene, was sich im Nachhinein dann als richtig erwies.

Thorben brauchte mich nun jede Minute, um diese schwere Zeit gut zu bewältigen. Der erste kleine Schritt in die

Selbstständigkeit – der Besuch des Kindergartens, in den er so gern ging – wurde ausgesetzt. Mit dieser Schiene zu laufen war, selbst mit Gehhilfen, zunächst kaum möglich. Ein Sturz mit dem versteiften Bein hätte schlimme Folgen haben können.

Unsere Zeit teilte sich in viele Arzttermine, ständige Krankengymnastik und meine Versuche, ihn trotz alledem so normal wie möglich aufzuziehen. Nachts war mein Mann für ihn da, während ich, nach einer langen Pause in der Zeit der Diagnose und der vielen Arzttermine, wieder meinem Beruf nachging und nur Nachtdienste machte. Es war nicht einfach für uns alle, aber die unglaublich disziplinierte Haltung unseres kleinen Sohnes, der sorgsam darauf achtete, das Bein zu entlasten, hat zusammen mithilfe der »Thomasschiene« dazu geführt, dass seine Hüfte sich regenerierte.

Die Angst um das Leben des eigenen Kindes, das Warten, Hoffen und Bangen und dieses Gefühl der Hilflosigkeit haben mich verändert und geprägt. Ich war auch eine Mutter, die weinend gerufen hat: »Warum mein Kind?« Die Angst und die Sorge unserer Eltern in der Sternenbrücke kann ich so gut verstehen.

Erste Hilfe für betroffene Familien

Als ich wieder vollständig in meinen Beruf einstieg, begannen meine in jeder Hinsicht prägenden Jahre auf der Säuglingsstation. Ich fühlte mich wohl, konnte mit aller Fürsorge Kinder pflegen. Aber ich begegnete auch häufiger Kindern, die so ernsthaft krank waren, dass man von lebensbegrenzend erkrankten Kindern sprechen musste.

Eines Tages lernte ich ein sehr junges Elternpaar kennen, deren Kind auf unserer Station gepflegt wurde. Von ihrer Familie erfuhren die jungen Eltern keine Hilfe, sie mussten sich um ihr Baby vollkommen allein kümmern. Eine kaum zu bewältigende Aufgabe. Für sie war es keine Frage, ihre neugeborene Tochter bis zum Lebensende selbst zu pflegen. So jung sie waren, so ernsthaft und so gewissenhaft waren sie auch.

Ich baute in vielen schweren Stunden einen guten Kontakt zu ihnen auf. Das Kind konnte von Geburt an kaum schlucken, musste ständig abgesaugt und mit Sauerstoff versorgt werden. Durch eine Muskelerkrankung wurde ihm keine lange Lebenszeit vorausgesagt. »Wie soll das gehen? Wie wird ihr Leben zu Hause aussehen?« Das waren die Gedanken, die mir durch den Kopf schossen, als man die Familie von der Station entließ.

»Wenn ich irgendetwas tun kann, dann lassen Sie es mich wissen«, sagte ich und gab ihnen meine Telefonnummer. Ich wusste noch nicht, wie wenig ein solcher Satz tatsächlich half, wie unkonkret er war.

Sie riefen natürlich nicht an. Ich dachte ständig an sie und fragte mich, wie sie die Pflege ihrer Tochter wohl bewältigten. Ihr Schicksal ließ mir keine Ruhe. Ich wusste, dass sie keinen Pflegedienst beauftragt hatten, sondern jede Sekunde mit ihrer Tochter allein verbringen wollten. Nach wenigen Wochen rief ich sie schließlich an. »Wie geht es Ihnen?«

Sie klangen müde und niedergeschlagen, aber sie freuten sich über den Anruf und luden mich nach Dienstschluss zu sich ein.

Was ich in ihrer Wohnung zu sehen bekam, berührte mich zutiefst. Das Kind lag, liebevoll in Decken eingemummelt, im Ehebett der Eltern. Der Vater kuschelte sich daneben und hielt einen kleinen Katheter in den Mund des Kindes, um den Speichel abzusaugen. Die Eltern waren an den Grenzen ihrer Kräfte angekommen. Tag und Nacht hielten sie immer wieder den Katheter in den Mund ihres Kindes, sie sahen vollkommen übermüdet aus. Sie wechselten sich ab. Vierundzwanzig Stunden.

Auch äußerlich hatten sie sich verändert. Der Vater trug inzwischen einen Vollbart – er war kaum wiederzuerkennen. Die Mutter sah blass und übermüdet aus. Man sah ihr an, dass die Kräfte nachließen. Sie erzählten, wie sie sich in einem Dreistundenrhythmus ablösten. Während der eine beim Kind lag, schlief der andere oder kümmerte sich um den älteren Sohn.

Das zwei Jahre alte Kind musste seit der Geburt der kranken Schwester in den Hintergrund treten. Es saß unter dem Wohnzimmertisch und schob ein Auto hin und her. Stundenlang. Die besondere Situation hatte auch bei ihm schon Spuren hinterlassen. Dieser Anblick zerriss mir fast das Herz.

Als ich gebeten wurde, die Milch für unseren Kaffee doch bitte aus dem Kühlschrank zu holen, sah ich, dass der außer Milch nur ein paar abgelaufene Joghurts und ein paar Fertiggerichte für den kleinen Sohn enthielt. Das kleine Geschwisterkind konnte nicht in den Kindergarten, in den er so gerne ging. Niemand hatte Zeit, ihn dort hinzufahren. Die Großeltern halfen kaum, sie konnten den Anblick des kranken Enkelkindes und das Leid nicht ertragen, das ihre Kinder erfahren mussten.

»Habt ihr heute schon etwas gegessen? Wer kümmert sich um euch?« Ich hatte tausend Fragen, die ich mir aber eigentlich selbst beantworten konnte. Ihr Leben hatte sich völlig verändert. Es war eine Frage der Zeit, wann sie nicht mehr konnten. Als Erstes ging ich für sie einkaufen und füllte ihren Kühlschrank.

Der Vater erzählte mir, wenn er in den Laden ging, mied man den Kontakt zu ihm. In der Nachbarschaft hatte sich das Schicksal der Familie herumgesprochen. »Es ist, als hätten wir die Pest«, sagte er zu mir. Die Menschen sahen zur Seite, wenn einer von ihnen kam. Freunde zogen sich zurück. Ihr gesamtes Umfeld war völlig weggebrochen.

»Wir sind einfach nur allein«, sagte die Mutter.

Draußen vor dem Haus fegte eine Nachbarin den Weg. Ich ging zu ihr hin und kam mit ihr ins Gespräch. Sie erzählte mir, wie leid ihr die Familie tat. Wie bedauerlich das alles sei, wie schrecklich Schicksale doch sein könnten. Ihre Anteilnahme war zutiefst aufrichtig, aber das half der Familie nicht.

»Wollen wir nicht etwas tun? Wollen wir nicht versuchen zu helfen?«, fragte ich.

»Sehr gerne, aber wie?«, fragte die Nachbarin mich.

Die größten Probleme waren offensichtlich. Ich sah das Geschwisterkind vor mir, als ich mit der Frau sprach, wie es unter dem Wohnzimmertisch saß. Vollkommen allein. Die Isolation hatte es schon verändert. Es brauchte Kontakt zu anderen Kindern. Egal ob über den Kindergarten oder über privates Engagement.

Viele Nachbarn kannten die Familie schon lange, und ich fragte die Frau, ob sie sich nicht vorstellen könnte, sich einmal zusammenzusetzen, um Möglichkeiten der Hilfe zu überlegen. Vielleicht könnte jemand einen Einkaufszettel bei den Eltern abholen und sie mit Lebensmitteln versorgen? Der Familie wäre damit sicher geholfen. Und könnte nicht ein anderer den kleinen Jungen bei dem nächsten Waldspaziergang einfach einmal mitnehmen? Wenn die Leute kochten und es bliebe etwas übrig – sie könnten es hinüberbringen. Einen Versuch wäre es doch wert.

Das Beste wäre ein Gespräch mit den Eltern, damit sie sagen könnten, wobei sie sich über Hilfe freuen würden. Es sollte eine sinnvolle Unterstützung sein. Und es gelang.

Ein paar Wochen später rief der Vater mich an. »Sag mal, hast du mit unseren Nachbarn gesprochen?«

Ich lächelte in mich hinein. »Warum?«

»Jeden Mittag um zwölf steht ein Kochtopf auf unserer Fußmatte. Immer am Freitagabend kommt einer der Nachbarn und will von uns einen Einkaufszettel haben. Jedes Wochenende holt jemand unseren Sohn zum Spazierengehen ab, selbst wenn er nur mit zum Einkaufen darf. Eine andere

Nachbarin hat erzählt, dass ihr Sohn um die Ecke in denselben Kindergarten wie früher unser Sohn geht, und angeboten, sie könne ihn gern mitnehmen. Die Nachbarn haben eine perfekt organisierte Hilfskette für uns aufgebaut.« Toll. Es funktioniert, dachte ich voller Freude.

Dann sagte er leise: »Dass Menschen so etwas für uns tun.« Ich glaube jedoch, dass Menschen nicht nichts tun wollen, sondern nur nichts Verkehrtes. Deshalb machen sie vorsichtshalber gar nichts. Sie sind nur verunsichert.

Mir ist in diesem Augenblick deutlich geworden, dass Eltern in schwierigen Lebenssituationen klar äußern sollten, wie man ihnen helfen kann. Sie müssen ihre Wünsche deutlich formulieren. Die Floskel der Mitmenschen: »Sag Bescheid, wenn du Hilfe brauchst« funktioniert nicht. Da ruft keiner an. »Was braucht ihr im Moment am meisten? Was genau kann ich tun?« sind die einzig sinnvollen Fragen, wenn man Eltern mit schwer kranken Kindern in ihrer schwierigen Lebenssituation effektiv helfen möchte. »Wer besorgt euch etwas zu essen?« kann schon reichen. Wer helfen will, muss klare Angebote unterbreiten.

Dieser Erfolg machte mir jedenfalls Mut. Ich lernte, dass Menschen in schwierigen Lebenssituationen, auch Menschen in tiefer Trauer, oft nicht in der Lage sind, gezielt um Hilfe zu bitten. Einfach einmal kurz vorbeisehen, zu zeigen, dass man da ist, das ist ein guter Anfang. Wenn die Betroffenen keine Hilfe möchten oder allein sein wollen, zum Beispiel in der Trauerzeit, müssen wir das akzeptieren. Wir können es ja später noch einmal versuchen. Es geht einfach um das Akzeptieren des besonderen Lebensweges, den dieser Mensch gehen möchte und muss. Darin liegt die Hilfe – Verständnis zu leben.

Schnell merkte ich, dass diese Familie nicht die einzige war, die dringend Hilfe brauchte. Auch fiel mir auf, dass die Probleme zwar unterschiedlich und vielfältig waren, einige von ihnen aber wiederkehrten. Da kann beispielsweise manchmal der Pflegedienst aus den unterschiedlichsten Gründen gerade dann nicht kommen, wenn er zusätzlich gebraucht wird. Der Kinderarzt ist abends und am Wochenende nicht erreichbar. Die Hausarbeit bleibt liegen. Das Geschwisterkind tritt zu sehr in den Hintergrund.

Auch ganz praktische Dinge des Alltags machen Probleme: Das Auto entspricht nicht mehr den Anforderungen, denn der Rollstuhl passt nicht in den Kofferraum. Eine Stufe am Hauseingang wird zum Hindernis. Zum Baden des Kindes und zur Pflege wird ein Lifter gebraucht, doch schräge Decken machen den Einbau unmöglich. Und wer soll den Umbau bezahlen? Die benötigten Pflegeutensilien passen nicht ins Kinderzimmer. Ein Umzug des kranken Kindes ins Wohnzimmer wird nötig, weil die Treppe ins Kinderzimmer nicht zu bewältigen und ein Treppenlift unbezahlbar ist. Der Wohnraum wird so zum Pflegebereich, in dem sich auch der Pflegedienst dauernd aufhält. Eine Privatsphäre für die Familie gibt es nicht mehr. Fahrten zum Einkaufen, zum Arzt oder zu Behörden müssen genau geplant werden. Das Kind kann nicht allein gelassen werden.

Es besteht auch eine Schulpflicht für kranke Kinder. Der Transport und eventuell die Begleitung müssen organisiert werden. Jedes Mal, wenn es dem Kind dann zwischenzeitlich schlechter geht, muss wieder alles umorganisiert werden.

Es ist für die betroffenen Eltern unendlich schwer. Das Zuhause der Familien verändert sich so sehr wie ihr Seelenleben. Die Angst um ihr Kind ist allgegenwärtig. Monitore zur Überwachung, Sauerstoffflaschen, Absaugkatheter bestimmen das Bild im Zimmer ihres Kindes. Fragen wie »Warum schlägt der Monitor Alarm? Ist etwas nicht in Ordnung?« beschäftigen sie nun. Sie müssen lernen, mit den Geräten umzugehen und Situationen einzuschätzen. Ich war häufig dabei, wenn sie in der Klinik angeleitet wurden, wie all die medizinischen Geräte zu benutzen sind. Trotzdem ist es dann schwierig, allein, beispielsweise ohne Pflegedienst, damit zu Hause zu sein und alles richtig zu machen.

Ich hatte unendliches Mitgefühl mit diesen Familien. Zunächst bot ich den Eltern an, mich anzurufen, wenn sie Hilfe bräuchten. Viele nahmen das Angebot dankbar an, und ich begann, sie nach meinen Möglichkeiten zu unterstützen. Häufig fuhr ich vor oder nach dem Dienst in der Klinik zu ihnen. Es ging dabei nicht um die Pflege des Kindes, dafür war allein der Pflegedienst zuständig, sondern es ging beispielsweise um Telefonate mit den Ärzten oder Apotheken. Es ging um Anträge bei Behörden, um das Organisieren von Hilfsmitteln und um unendlich viele Gespräche mit den Krankenkassen. Ich spürte, wie überfordert diese Eltern waren, wenn sie mit einem schwer kranken Kind aus dem Krankenhaus nach Hause entlassen wurden.

Die Zahl der Hilfe suchenden Eltern stieg in kürzester Zeit schnell an, und meine ehrenamtliche Hilfe wurde immer umfangreicher. Oft blieben mir nach meinen Familienbesuchen nur noch drei bis vier Stunden Schlaf.

Immer wieder habe ich mich gefragt, wie es für ein Elternpaar mit einem schwer kranken Kind möglich sein sollte, zwei Stunden lang hinter benötigten Leistungen her zu telefonieren. Telefonieren und Pflegen gleichzeitig ist nicht möglich. Als Erstes musste ich mich also mit den Regeln der häuslichen Versorgung vertraut machen; bis dahin hatte ich davon nur wenige Kenntnisse gehabt.

Selbst wenn der Pflegedienst da ist und sich um das Kind kümmert, haben die betroffenen Eltern ständig alle Hände voll zu tun. Sie müssen Formulare ausfüllen und Behördengänge erledigen. Die Kinder müssen vom Medizinischen Dienst begutachtet und die Pflegestufe muss festgelegt werden. Der ganze Tagesablauf in einer Familie ändert sich von Grund auf. Der Überwachungsmonitor gibt Alarm, auch nachts. Medikamente müssen verabreicht werden, auch nachts. Nahrung muss vorbereitet werden, auch nachts. Das Kind muss umgelagert werden, damit es sich nicht durchliegt, auch nachts. Das Kind braucht Sauerstoff, auch nachts. Dazu Trösten, Kuscheln und Streicheln, einfach Tag und Nacht für das Kind da sein. Zu wissen, die Zeit miteinander ist begrenzt. Die Worte: »Das machen wir morgen oder nächste Woche« bekommen ein ganz anderes Gewicht, denn wer weiß, was dann sein wird.

»Ich möchte euch helfen.« Da die pflegerische Versorgung nur der Pflegedienst übernehmen darf, kümmerte ich mich um die alltäglichen Abläufe, auch wenn die ganz banal zu sein schienen, zum Beispiel um die Einkäufe. Ich kümmerte mich um die Geschwisterkinder, die in der Schule schlechter wurden oder im Unterricht einschliefen, weil der Monitor des kranken Kindes ständig anschlug und sie sich ein Zimmer teilen mussten. Ich sprach dann mit Schulleitern und Lehrern. Manche hatten Verständnis, andere nicht.

Manchmal klingelte nachts das Telefon, und ich hörte nur Weinen. Ich musste fragen: »Bist du es, Susanne? Bist du es, Klaus?« – »Ich kann nicht mehr.« Das war der Satz, den ich am häufigsten hörte. »Der Pflegedienst ist schon weg. Ich bin allein. Irgendwas stimmt nicht. Unserem Kind geht es nicht gut. Ich erreiche keinen Arzt. Soll ich im Krankenhaus anrufen? Wer kann mir denn helfen?«

Ich spürte immer deutlicher, dass all diese Probleme und Aufgaben für mich als einzelne Person kaum noch zu bewältigen waren. Ich sprach Pfleger und Sozialarbeiter im Krankenhaus an, ob sie nicht auch helfen wollten, einige taten es. Aber je mehr Eltern ich betreute, umso mehr Probleme sah ich. Viele davon gab es in jedem Haus.

Seelisch ging es allen Eltern schlecht. Sie fühlten sich allein, hatten niemanden zum Reden. Das Schlimmste war die Isolation, wenn Freunde und Angehörige sich zurückzogen. Nichts blieb in den Familien mit einem erkrankten Kind so, wie es vor der Erkrankung gewesen war. Treffen wurden deshalb oft kurzfristig abgesagt oder verschoben, weil der Gesundheitszustand des Kindes sich verändert hatte. Irgendwann riefen die Freunde und Verwandten kaum noch an: »Du kannst ja sowieso nicht.« Außerdem war das Kind häufig das einzige Gesprächsthema; auch das ist für viele nicht zu ertragen gewesen. Die meisten Menschen beschäftigen sich ungern beim Kaffeetrinken mit Problemen. Dabei wäre so viel geholfen, wenn sie stattdessen fragen würden: »Sag mal, wie war deine letzte Woche? Wie geht es deinem Sohn oder deiner Tochter?« Danach kann man vielleicht zu anderen Themen übergehen, ins Kino oder zum Essen gehen und vielleicht auch einmal wieder lachen. Doch dazu müsste es jemanden geben, der in dieser Zeit bei dem Kind bleibt.

Die Kindseltern verließen, wenn überhaupt, nur einzeln das Haus und versuchten Kontakte zu erhalten. Der andere sorgte sich um das Kind. Gemeinsame Unternehmungen waren kaum noch möglich, das tat den Beziehungen nicht gut.

Pflegedienste oder Angehörige könnten Entlastung bringen. Und es wäre schön, wenn auch die Freunde sich Gedanken darüber machten, wie sie etwas beitragen könnten.

☆ Die Lage der Geschwisterkinder

Eines Tages half ich einer Familie, deren Schicksal mich noch lange beschäftigte, und ich lernte eine neue Facette der Probleme kennen. Es ging um ein Geschwisterkind, einen achtjährigen Jungen. Ich hatte ihn bei meinen Besuchen kaum gesehen, doch eines Nachmittags klopfte ich an seine Zimmertür und wurde hineingelassen. Ich stellte mich vor. »Wie geht es dir?«, fragte ich dann. Das Kind saß am PC, spielte und schaute mich fragend an. »Du bist die Erste, die mich das fragt. Sonst wird nur mein Bruder gefragt.«

»Ja, ich weiß, dass es für dich nicht leicht ist. Darum dachte ich, ich gehe einmal zu dir. Und, wie geht es dir?«, fragte ich ein zweites Mal.

»Na ja, ich habe ja einen PC. Früher durfte ich nur eine Stunde am Computer spielen. Ich hatte auf dem Schreibtisch immer die Eieruhr von Mutti stehen, die genau anzeigte, wie lange ich noch spielen darf. Mutti und Vati wollten lieber, dass ich draußen mit den anderen Kindern spiele. Heute kann ich so lange am PC spielen, wie ich will. Sie merken es gar nicht mehr.« Und dann sagte er das, was er scheinbar immer sagte: »Aber mein Bruder ist wichtiger, und ich kann ja froh sein, dass ich gesund bin.«

Ich habe diesen Satz in den folgenden Wochen, Monaten und Jahren in den unterschiedlichsten Situationen immer wieder einmal gehört. Alle Geschwisterkinder hören von Erwachsenen irgendwann den Satz: »Sei froh, dass du gesund bist.«

Manche sagten in ihrer Traurigkeit sogar zu mir: »Weißt du, manchmal wünschte ich mir heimlich, mein Bruder oder meine Schwester wäre tot, dann wäre vielleicht alles wieder so wie früher.« Wenn die Geschwisterkinder dann starben, standen sie am Grab und bekamen die Hände von Verwandten, Freunden und Nachbarn mit den Worten geschüttelt: »Pass gut auf Mama und Papa auf.«

Was sollten diese Kinder noch alles aushalten? Das fragte ich mich schon damals in solchen Situationen. Viele von ihnen trugen nach dem Tod des Bruders oder der Schwester schwere Schuldgefühle mit sich: »Ich bin schuld, weil ich es mir heimlich so oft gewünscht habe.«

Doch es gab auch ganz andere Schwierigkeiten. Ein Mädchen sagte mir einmal, dass sie nicht jedes Jahr als Prinzessin zum Faschingsfest gehen möchte, nur weil Oma immer die Kostüme näht. Die Eltern hatten einfach keine Zeit mehr dazu. Ein Junge wünschte sich, dass sein Papa wieder zum Elternabend in die Schule geht und nicht immer nur der Opa. Eines Abends musste ich einen Jugendlichen von der Polizei abholen, weil er dabei erwischt wurde, wie er Autoreifen aufgestochen hatte. Er war ungepflegt, seine Haare lang, ungewaschen, überall Nieten an der Jacke und an der Hose. Er war Provokation pur. Als er mich sah, begann er zu weinen.

»Warum weinst du?«, fragte ich erstaunt.

»Ich dachte, das hier sei endlich mal wichtig genug, dass Papa kommt. Aber: Pech gehabt.«

Ich spürte also immer deutlicher, wie schwer die Situation der Geschwisterkinder oft war und wie sehr auch sie litten. Den Eltern ist das bewusst, aber die Pflege des erkrankten Kindes nimmt ihnen alle Möglichkeiten. Sie versuchen zwar, kleine Inseln für die Geschwisterkinder im Alltag zu schaffen, aber jede Krise des kranken Kindes rückt diese wieder in den Hintergrund. Dieses Wissen macht die Eltern oft unendlich traurig und bedeutet eine zusätzliche Sorge für sie.

Keines der Kinder ahnt dabei, dass es die Eltern, wie sie vor dem Tod des Geschwisterkindes waren und die sie sich so sehr zurückwünschen, nie mehr geben wird. Die Krankheit und der Verlust des Kindes wird sie für immer verändern. Auch darüber muss mit den Kindern gesprochen werden.

Die Geschwisterkinder durchleben zudem oft eine unvorstellbare Isolation. Sie haben häufig keine Freunde mehr, zumindest keine Freunde, die sie besuchen und etwas von ihrem Leben wissen. Die Eltern von Schulkameraden bieten zwar oft an, dass sie doch zu ihnen zum Beispiel zum Spielen kommen sollen, aber das ist nicht immer der richtige Weg. »Ich habe seit einem Jahr ein neues Kinderzimmer, und noch keiner meiner Freunde ist gekommen, um es sich anzugucken«, erzählte mir ein neunjähriges Mädchen. Auch für die kranken Kinder wäre es gut, ab und zu andere Gesichter zu sehen, teilhaben zu können.

Außenstehende sind verunsichert. Sie wollen Rücksicht nehmen, und doch ist es auf diese Weise nicht immer hilfreich. »Ich kann doch nicht mit meiner gesunden Tochter zur gleichaltrigen kranken Tochter der Nachbarn gehen – das tut doch weh zu sehen, dass meine Tochter im gleichen Alter schon läuft und deren Tochter in der Entwicklung so zurück ist und nur liegen kann«, sagte eine Mutter zu mir, als ich das Problem ansprach.

Freunde und Verwandte möchten gern helfen und unterstützen, wissen aber nicht, wie. Die häusliche Situation der Eltern hat sich mit einem erkrankten Kind vollkommen verändert. Mittelpunkt ist nun ausschließlich das Kind. Angst und Sorge bestimmen jeden Tag. Immer neue Probleme müssen bewältigt werden.

Doch die meisten Geschwisterkinder lernen mit einer unglaublichen Selbstverständlichkeit, sich der neuen Lebenssituation zu stellen. So sind bei einigen Beatmungsgeräten die Schläuche nur zusammengesteckt, und es kann vorkommen, dass sie auseinanderrutschen. Darum ist es wichtig, dass immer eine Person in ihrer Nähe ist, die sofort reagieren kann. Ich habe beispielsweise erlebt, dass ein sechsjähriger Junge auf den Rollstuhl des Geschwisterkindes krabbelte und den Beatmungsschlauch mit den Worten zusammensteckte: »Macht nichts, ich kenne das schon.«

Danach spielte er weiter mit seinem Lego.

Viele dieser Kinder entwickeln sich anders als Kinder mit gesunden Geschwistern. Sie unterstützen die Eltern, übernehmen Aufgaben und Verantwortung für kleine Dinge. Sie sind oft ernsthafter und reifer als gleichaltrige Kinder. Kritische Situationen des Geschwisterkindes, Krankenhausaufenthalte, von Sorge und Angst gequälte Eltern prägen sie. Von einer normalen Kindheit sind sie weit entfernt und müssen mit ihren Bedürfnissen oft in den Hintergrund treten. Einige Kinder macht diese Situation still, sie ziehen sich zurück – andere fordern unbewusst die Aufmerksamkeit der Eltern, sie werden zum Beispiel hyperaktiv und benötigen professionelle Hilfe. Eine zusätzliche Sorge für die Eltern, die versuchen, jedem ihrer Kinder gerecht zu werden.

Hindernisparcours Ämter und Versicherungen

Mit zu organisieren, zu unterstützen, da zu sein in Notsituationen, Trauer, Sorge und am Lebensende des Kindes zu halten und zu stärken war meine ehrenamtliche Tätigkeit, soweit es mein Klinikdienst zuließ. Ich erlebte auch soziale Katastrophen, denn in vielen Familien war der Vater schlichtweg nicht mehr in der Lage, seiner Arbeit nachzugehen, weil er zu Hause unterstützen musste und wollte.

Eltern von schwer kranken Kindern können ihrer beruflichen Tätigkeit häufig nicht mehr nachgehen, da die Pflege des Kindes gesichert werden muss. Sie leben von Sozialhilfe, und mit der Zuzahlung zum Beispiel für das besondere Pflegebett, die besondere Nahrung, Geräte und Hilfsmittel kommt dann oft die Verzweiflung. Rechnungen werden unbezahlbar.

Es mussten Anträge gestellt und Möglichkeiten gesucht werden, und das übernahm ich, so oft es ging, um die Eltern davon zu entlasten. Ich sprach mit Ämtern und lernte, was das Wort Bearbeitungszeit für verzweifelte Menschen bedeuten kann. Oft war die Bearbeitungszeit so lange, dass sie die Lebenszeit des Kindes überschritt. Ich vertrat mit Nachdruck die Interessen der Eltern.

»Nein, wir können keine sechs Wochen mehr warten – das Kind lebt nach Aussage der Ärzte keine sechs Wochen mehr. Die Eltern brauchen die Hilfe jetzt – jetzt!«

Es ging oft einfach nur darum, den Mitarbeitern in den Ämtern die Dringlichkeit klarzumachen. Ein Antrag darf in diesen Situationen einfach keine vier bis sechs Wochen dauern. Aber es gab Vorschriften. Keiner hatte sich bisher offensichtlich mit diesen sensiblen Ausnahmesituationen beschäftigt. Es erforderte eben nicht nur von den Pflegekräften und Ärzten eine außergewöhnliche Feinfühligkeit und Reaktion, sondern auch von Sozialämtern und Krankenkassen.

Eine der schlimmsten Aussagen bekam ich, als mir eine Mutter von dem Telefonat mit einer Krankenkasse berichtete: »Ein Antrag auf einen Rollstuhl? Das lohnt sich doch nicht mehr!« Ich war entsetzt und sprachlos.

Ich betreute die Mutter und ihren fünfzehnjährigen Jungen, der nicht mehr laufen konnte. Sie lebten im dritten Stock ohne Fahrstuhl, und ihr Sohn hatte keine Möglichkeit mehr, das Haus zu verlassen. Sie brauchte diesen Rollstuhl. Der Junge hatte einen Hirntumor und nur noch wenige Monate zu leben. Es war Sommer, die Sonne schien, es war heiß. Die Mutter hätte alles dafür gegeben, noch einmal mit ihm in den Park zu gehen, ihm ein bisschen Lebensqualität zu geben. Die Bearbeitung des Antrags hätte länger gedauert als das verbleibende Leben des Jungen. Es war schwer, meine Fassungslosigkeit zu beherrschen.

Ich fuhr zur Krankenkasse und zeigte ihnen mit Einverständnis der Eltern Fotos von dem Jungen. »Glauben Sie, dass eine derartige Aussage am Telefon gegenüber der Mutter dieses Kindes angemessen war?«, fragte ich die Sachbearbeiterin, zu der ich mich durchgefragt hatte.

Ich wurde sofort an die Geschäftsführung verwiesen.

»Frau Nerge, das geht so nicht. Sie müssen sich gemeinsam mit der Mutter einen Termin geben lassen.« Mir fehlten die Worte. Wie gehen sie mit Menschen um? Wie können sie das einer Mutter sagen, die ihr Kind verlieren wird?

In einem anderen, ähnlich gelagerten Fall bin ich mit Mutter und Sohn zur Krankenkasse gefahren. Ich habe den todkranken Jungen im Rollstuhl mit all seinen Geräten vor den Tresen der Mitarbeiter gestellt.

»Meinen Sie nicht, dass die Mutter dieses kranken Jungen genug belastet ist? Warum wird nicht ein zugewandtes Gespräch mit dieser Mutter geführt, indem mit ihr ein gemeinsamer Weg der Möglichkeiten gesucht wird? Sagen Sie dieser Mutter selbst, dass die Genehmigung der Anträge noch dauert und die dringend benötigten Hilfsmittel daher noch nicht zur Verfügung stehen können. Glauben Sie nicht, dass diese beiden alle Hilfe und Unterstützung benötigen?« Mein Zorn auf diese Behäbigkeit war grenzenlos, doch anscheinend konnte ich etwas bewegen.

Die Zusammenarbeit wurde in den Jahren immer besser. Oft sagten sie schon am Telefon zu mir: »Frau Nerge, Sie brauchen nicht herzukommen. Wir haben die Sensibilität der Situation erkannt und reagieren zügig.«

Ich riet den Eltern, immer ein Foto ihres Kindes mitzuschicken. Die Akte bekommt so ein Gesicht und ist kein Vorgang mehr. Die Sachbearbeiter bezogen sich häufig auf ihre Neutralität, die sie allen ihren Mitgliedern gegenüber gewährleisten müssten. Ich verstand es, aber die meisten anderen Mitglieder verlieren nicht als Kind ihr Leben.

Doch die schweren Schicksale spielten sich nicht nur in der ehrenamtlichen Zeit außerhalb der Klinik ab, sondern natürlich auch an meinem Arbeitsplatz.

☆ Die Tür öffnet sich

Als ich in den frühen 1990er-Jahren im Kinderkrankenhaus in Hamburg arbeitete, lernte ich ein kleines Kind kennen, welches sich am Lebensende befand. Es war ein Mädchen, und sie lag unter dem weißen Deckenlicht des Krankenhauses im Beistellbett ihrer Eltern, die sie sanft streichelten.

Ich überlegte, wie ich es schaffen konnte, dieser traurigen Situation einen würdevolleren Rahmen zu geben. Ich wusste, wie sehr die Eltern diese Momente ihr Leben lang begleiten, dass diese Bilder immer wieder vor ihren Augen auftauchen würden.

Ich dachte, dass diese Familie jetzt nahe zusammen sein müsste, um in Ruhe Abschied nehmen zu können, die Arme des anderen zu spüren, die Wärme, Liebe und Kraft. Dass sie ein angemessenes Umfeld brauchten, um diese schwere Situation ertragen zu können, die kaum jemand ertragen kann.

»Ich baue das Zimmer um«, ließ ich meine Kollegen wissen.

Ich fuhr in den Keller des Krankenhauses und holte ein zweites Bett, das ich an das andere, schon vorhandene schob. Den Zwischenraum polsterte ich mit einer Tagesdecke. Die

Mutter hatte schon die Nächte vorher neben ihrem Kind geschlafen, jetzt sollte die Familie zusammenliegen können, sich im Arm halten, um in Würde und Ruhe von ihrem Kind Abschied zu nehmen.

Ich fuhr nach Hause, um nach geeigneten Lampen zu suchen, dem Raum eine andere, warme, gedämpfte Beleuchtung zu geben. Zu Hause fand ich eine Lampe, die sich drehte, wenn sie brannte, und kleine gelbe Sterne auf die Wände warf. Diese Lampe habe ich bis heute in meinem Büro in der Sternenbrücke stehen, sie wird mich immer an diese Familie erinnern.

Als ich zurück in das Zimmer kam, löschte ich das Deckenlicht und stellte meine Lampe auf. Es hatte Erfolg – das Patientenzimmer war in ein warmes Licht getaucht. Sterne bewegten sich an der Decke und den Wänden. Es machte mich glücklich, wie die Eltern mich vorsichtig anlächelten. Ich hatte außerdem einen Kassettenrekorder mitgebracht und legte leise, entspannende Musik ein, damit es nicht ganz so still in dem Zimmer war. Zum Schluss stellte ich eine Aromalampe mit entspannenden Ölen auf. Das Krankenzimmer wurde zu einer würdevollen Oase inmitten der Trauer.

Ich holte Kaffee und versorgte die Eltern mit etwas Essen, damit sie bei Kräften blieben. »Sorgt ihr euch um euer Kind, seid bei ihm, nur das zählt. Ich sorge mich um den medizinischen Bereich und, wenn ich darf, um euch«, sagte ich und wusste in diesem Moment, dass ich dadurch nicht nur für die Familie, sondern auch für mich selbst unbewusst eine Tür geöffnet hatte.

Eine Idee, eine vage Vorstellung von dem, was ich später in meinem Leben machen würde. Wie wäre es, wenn es Fachkräfte geben würde, die gelernt hätten, mit diesen Situationen umzugehen? Wenn es Menschen geben würde, die professionell und nicht nur improvisiert Hilfe anbieten könnten? Wie müsste diese Hilfe aussehen?

Als ich mithalf, die Beerdigung zu planen, beschäftigte ich mich mit dem Gedanken, was es mit den Eltern machen wird, wenn der Sarg des verstorbenen Kindes verschlossen wird. Die Eltern wollten bis zum Schluss dabei sein, aber die Mutter litt unter Platzangst, wie sie mir einmal berichtete. Würde ihre Angst sich auf diese Situation übertragen? Gäbe es eine Möglichkeit, diesen für Eltern ohnehin unerträglichen Moment nicht noch zusätzlich mit dieser Angst zu belasten? Ich versuchte, mit ihr über diese Ängste zu sprechen. Wir überlegten, ob wir den Deckel lieber erst aufsetzen lassen sollten, wenn der Bestatter alleine mit dem Sarg wäre. Würde es das Unerträgliche erträglicher machen?

Ich habe viele Gespräche bei meinen Begleitungen mit den Eltern geführt. Alle Ängste, Gedanken und besondere hilfreiche Rituale bekamen jeden erdenklichen Raum. Und doch blieb dieser Moment, der die Eltern zerreißt und ihnen schmerzhaft deutlich macht, was die Worte »nie mehr« bedeuten. In diesem Moment bleibt den Freunden, der gesamten Familie, den Begleitern und mir nur, zu halten, zu tragen und mit all unserer Fürsorge da zu sein.

Es gibt viele Eltern, die versuchen, sich auf diesen Moment vorzubereiten. Oft jahrelang haben sie nach einem Weg gesucht, mit dem Moment umzugehen, der ihnen irgendwann bevorsteht, doch für den Moment des Verlustes gibt es keine Vorbereitung. Man kann praktische Dinge regeln, und es ist hilfreich, es vorher in Ruhe zu tun, da es in der Trauer und der Zeit nach dem Verlust ihres Kindes gut ist, sich nicht damit auseinandersetzen zu müssen.

Aber auf den Moment, wenn das Kind den letzten Atemzug tut, kann sich niemand vorbereiten. Dieser unendliche seelische Schmerz ist mit nichts zu vergleichen, ihn kann niemand nachempfinden.

Ich war plötzlich mit all diesen Gedanken konfrontiert und habe gelernt, in entscheidenden Momenten zu schweigen. Ein Schweigen, wo es keine Worte mehr gibt. Einfach sich im Arm zu halten, da zu sein. Auszuhalten. Auch wenn man diesen Schmerz durch nichts lindert, kann so doch das Gefühl der Einsamkeit von Menschen getragen werden, die diesen Weg mitgegangen sind und ihr Kind gekannt haben.

Ich habe später in dem Moment des Schmerzes auch Eltern erlebt, die dastanden und den Verlust einfach nicht zulassen konnten. Der Kopf hat verstanden, dass nun das passiert ist, wovor sie so lange Angst hatten, aber das Herz kann nicht folgen.

So beschreiben viele Eltern ihre Gefühle.

Während meiner Arbeit in der Klinik forderte ich oft ein, bei dem Gespräch zwischen Arzt und Elternpaar dabei sein zu können. Ich hatte die Kinder manchmal lange auf meiner Station liegen gehabt, ich kannte sie gut, mir war ihr Schicksal vertraut und bekannt. Ich hatte die Ärzte nach Anweisung unterstützt und ein gutes Verhältnis zu den Kindern und Eltern aufgebaut.

In diesem Moment war es für mich wichtig, dabei zu sein, wenn die Ärzte den Eltern die traurige Mitteilung machen mussten, dass es für ihr Kind keine Hoffnung mehr gab, um anschließend vielleicht noch einmal das Gespräch zu reflektieren und die Eltern aufzufangen.

Wenn Eltern erfuhren, dass man für ihr Kind nichts mehr tun konnte, gab es vor dessen Entlassung nach Hause unendlich viele Dinge zu erledigen, um das Heim auf die veränderte Lebenssituation vorzubereiten. Solange sie etwas tun konnten, waren sie abgelenkt, der Schmerz wurde verdrängt.

Ich wusste, dass sie in den kommenden Wochen und Monaten dringend Hilfe von Kinderärzten und Pflegediensten benötigten. Sie würden Gesprächspartner, Trauerbegleiter und vieles mehr brauchen, und ich bot ihnen weiter meine Unterstützung an.

Jede Familie brauchte eine ganz individuelle Hilfe und vor allen Dingen einen Trauerbegleiter. Denn die Trauerbegleitung fängt nicht erst nach dem Verlust des Kindes an, sondern bereits bei der Diagnosestellung. Jede einzelne Fähigkeit, die das Kind durch die Krankheit verliert, wird begleitet von einer unendlichen Trauer der Eltern, und diese sollten sie nicht allein tragen müssen.

Schließlich waren es vierzig Familien, die ich ehrenamtlich betreute. Damit war ich das erste Mal an dem Punkt, an dem mir bewusst wurde: Jetzt geht es nicht mehr. Ich muss das anders organisieren. Es muss einen anderen Weg geben. Ein Haus müsste es für diese Familien geben, von dem aus alles organisiert werden kann. Es müsste Menschen geben, die mir helfen, in das Leben dieser Eltern und Kinder größtmögliche Unterstützung und zeitweise Entlastung bringen zu können. Damit die Eltern immer wieder eine Pause zum Kraftschöpfen bekommen, um den aufreibenden und höchst belastenden Alltag weiter leisten zu können und wieder einmal ausreichend Zeit für die Geschwister zu haben, indem ihnen die Pflege des erkrankten Kindes, soweit sie es sich wünschen, abgenommen wird.

Doch ich kam kaum dazu, mir weitere Gedanken zu machen, denn inzwischen hatte ich die Station gewechselt, arbeitete nun auf einer chirurgischen Kinderstation. Dort lernte ich Jenny kennen.

Mit ihr begann auf meiner Station ein Schicksal, das meinen weiteren Lebensweg stark beeinflussen sollte. Ich könnte mir niemanden vorstellen, den Jenny nicht berührt hätte.

Sie kennengelernt zu haben war für mich ein Geschenk und jeden Tag Motivation, für diese besonderen Kinder alles erdenklich Mögliche zu tun. Und: dankbar für das Leben zu sein.

Ängste im Klinikalltag

Ich lernte Jenny kennen, als sie acht Jahre alt war. Sie lebte mit ihrem Bruder bei ihrer Großmutter. »Meine Enkelin humpelt. Sie hat sich beim Sport wohl den Fuß verletzt«, sagte sie, als sie mit ihrer Enkeltochter ins Krankenhaus kam, in dem ich seit Mitte der 1980er-Jahre arbeitete. Jenny wurde von den Ärzten wieder und wieder untersucht. Ohne Ergebnis – man fand keine Ursache. Ihr Zustand änderte sich in den nächsten Tagen nicht. Auch bei einer neurologischen Untersuchung fanden die Ärzte zunächst nichts.

Als kleines Mädchen wurde sie durch eine Luftgewehrkugel verletzt. Damals hatte man sie nicht operiert, da die Kugel an einer Stelle lag, an der sie keinen Schaden anrichten konnte. Nun glaubte man, diese Kugel würde heute, Jahre nach der Verletzung, vielleicht auf einen Nerv drücken. Nach einigen Tagen, gefüllt mit Untersuchungen und Warten bei uns auf der Kinderstation, entschied man sich zu einer Operation.

Ich weiß noch, wie die Großmutter während der Operation auf dem Gang saß, wartete und weinte vor Sorge. Die Operation sollte zwei Stunden dauern, doch auch nach drei Stunden gab es keine Nachricht. Jennys Oma wartete und wartete.

Nach langer Zeit kam ein Anruf aus dem OP. Es sollten zusätzliche Unterschriften geleistet werden, da die zunächst geplante OP erweitert werden musste. Ich lief mit Jennys Großmutter schnell zum OP, wo sie eine kurze Aufklärung bekam und dann mit zittrigen Fingern die OP-Einwilligung unterschrieb.

Jennys Großmutter wurde stiller und stiller, sie sank auf dem Stuhl in sich zusammen und wartete – Stunde um Stunde. In den Händen hielt sie ihr Stofftaschentuch, mit dem sie sich die Tränen aus dem Gesicht tupfte.

Ich habe immer nur gedacht, jemand müsste sich auch um sie kümmern, mit ihr sprechen, ihr Mut machen. Doch niemand hatte Zeit. Es gab jeden Tag etwa zehn ambulante Operationen auf unserer Kinderstation – den Ärzten und Schwestern wurde täglich alles abverlangt. Auch ich hatte keine Zeit für sie, doch immer wenn ich an ihr vorbeiging, habe ich mich vor sie gehockt, ihre Hände genommen und gedrückt, und wenn es nur für einige Sekunden war.

»Bleiben Sie stark! Wir haben hier hervorragende Ärzte. Jenny ist in guten Händen.« Zu diesem Zeitpunkt habe ich selbst nicht geahnt, wie ernst die Situation war, aber die Dauer der Operation gab mir langsam zu denken.

Viele Angehörige von Patienten, die operiert werden, sitzen auf den Gängen des Krankenhauses und warten angespannt und ängstlich. Egal, welche Operation es ist, es ist ein Eingriff, der viele mögliche Risiken birgt. Auch jemand, der täglich Patienten pflegt, sollte niemals den Respekt davor verlieren. Es war immer wieder ein so schöner Anblick, wenn Eltern, Geschwister und Großeltern im Krankenhaus erleichtert und unendlich dankbar die Kinder wieder in den Arm nehmen konnten.

Ich habe immer versucht, mich in die Lage der Eltern zu versetzen, zu fühlen, was in ihnen vorgeht. Es ist oft der einzige Moment, in dem Eltern und Angehörige die Kinder fremden Menschen überlassen müssen. Viele kennen die Ärzte gar nicht, die die Operation am Kind durchführen. Für viele Elternpaare ist das schwer zu ertragen. Ihr Leben lang waren sie in schwierigen Situationen immer an der Seite ihres Kindes, nur im OP nicht. Jetzt sollten Hände, die einem vollkommen fremd waren, dem Kind zu einer Heilung verhelfen. Normalerweise guckt ein Elternpaar sich die Menschen genau an, die mit ihrem Kind umgehen. Wie ist der Kindergarten? Wie sehen die Räume aus? Welche Lehrer unterrichten mein Kind? Welchen Eindruck macht der Babysitter?

In dieser Situation im Krankenhaus aber müssen besorgte Eltern fremden Menschen vertrauen. Blindes Vertrauen haben. Bei komplizierten Eingriffen hat man als Mutter oder Vater vielleicht vorher noch mit dem Spezialisten gesprochen oder lernt nach der Operation den Arzt kennen, doch in Unfallsituationen ist das zum Beispiel nicht immer möglich. Viele Elternpaare überkommt in diesen Situationen ein Gefühl von Unsicherheit und vollkommener Machtlosigkeit.

Es war für mich spürbar, wie einige dieser Gedanken und Gefühle Jennys Großmutter beschäftigten. Auch wenn sie vorher ein langes aufklärendes Gespräch mit dem Operateur hatte.

Als ich an diesem Nachmittag Feierabend hatte, war Jenny noch immer im OP. Ich ging zu ihrer Großmutter, die mit ihrem Stofftaschentuch auf ihrem Stuhl saß, und überredete sie zu einem Spaziergang auf dem Krankenhausgelände. Ich wollte ihr erklären, dass Jenny auf der Intensivstation aufwachen würde. Das würde ein Anblick sein, auf den ich sie vorbereiten wollte, so gut es ging. Die Patienten sprechen meistens nicht, einige von ihnen sind durch ihre kritische Lebenssituation ins künstliche Koma gelegt worden. Man sieht viele Schläuche, Beatmungsgeräte, Infusionen und Monitore. Dort einen geliebten Menschen liegen zu sehen, um den man sich ängstigt und der einem nahesteht, ist für viele schwer erträglich.

Ich musste zu Jennys Großmutter ehrlich sein, ohne genau zu wissen, wie der Gesundheitszustand sein würde. Aber die Situation nach einer langen und großen Operation ist immer ähnlich.

»Jenny wird vielleicht eine graue statt einer rosigen Gesichtsfarbe haben, sie wird vielleicht nicht ansprechbar sein. Vielleicht wird Jenny beatmet werden. Sie wird an Schläuchen angeschlossen sein, einen Katheter haben, sie wird an Infusionen hängen, und ein Monitor wird der Überwachung dienen.«

Jennys Großmutter hörte ganz still zu. Sie sagte nichts. Ich wusste, wie wichtig es in diesem Moment war, die Wahrheit zu sagen. Vielleicht wird nicht alles zutreffen wie beschrieben, aber die Vorbereitung darauf ist hilfreich, um den Anblick ertragen zu können. Ich wusste, wie Menschen hinterher aussehen, wenn sie viele Stunden operiert worden waren.

Als wir dann an Jennys Krankenbett traten, hakte ich sie unter. Ich wollte sie stützen und ihr das Gefühl geben, nicht alleine an diesem Bett zu stehen.

»Jenny, was haben sie mit dir gemacht?«, sagte sie, als sie auf den Stuhl am Bett sank. Es war einer der wenigen Momente, in denen ihr die Hilflosigkeit im Gesicht geschrieben stand.

In den folgenden Minuten konnte man dabei zuschauen, wie sie innerlich über sich hinauszuwachsen schien. Klarheit rückte an die Stelle der Hilflosigkeit, und dafür lernte ich sie in den folgenden Monaten zu bewundern.

Sie war eine Frau, die vieles im Leben mitmachen musste, eine Frau, die viel Leid gesehen, aber gelernt hatte, damit umzugehen. Ihre Stärke und Haltung haben mich tief beeindruckt.

»Die Hand, die dir hilft, sitzt an deinem eigenen Arm.« Ich denke, dass dieser Ausspruch hundertprozentig auf sie zutraf. Sie hat diese Haltung immer bewahrt, nie geklagt und bis zuletzt gekämpft. Viel Kraft zog sie aus ihrem christlichen Glauben und ihrer engen Bindung zur Kirche.

Am Bett von Jenny schien es mir, als hätte sie all ihre Tränen in diesen unendlich langen Stunden auf dem Krankenhausflur vergossen. Sie schien plötzlich hellwach zu sein. Jetzt wurde sie gebraucht, und sie würde da sein.

Unter eigenen Entbehrungen und Verzicht widmete sie sich in den nächsten Monaten nur noch Jenny. Es gab Momente, da wollte ich sie in den Arm nehmen und sagen: »Sie dürfen ruhig weinen.« Doch sie tat es kaum noch. Ich glaube, ihre Verbundenheit zu Gott und der Kirche ist von Tag zu Tag ihr größter Halt gewesen. Sie betete mit Jenny. Die Kinderbibel war Jennys treuer Begleiter.

Ich selbst lernte erst durch dieses achtjährige Mädchen die Kinderbibel ausführlich kennen. Ich begann ihr daraus vorzulesen, und sie hat es genossen. Ich habe selten erlebt, dass ein Kind so viel positive Kraft aus der Bibel für sich ziehen konnte. Bei Jenny habe ich das erste Mal einen wirklichen, tiefen Glauben bei einem Kind erlebt. Sie hatte genaue Vorstellungen davon, wie es im Himmel sein würde, und für alles ihre eigene Interpretation. Durch sie habe ich erfahren, wie sehr ein Glaube helfen kann. Ich wollte verstehen, woher ein Kind einen solchen Glauben nimmt. Es hat mich geradezu fasziniert.

Die kleine Jenny hatte auf alles eine Antwort. Als ich sie fragte, woher sie wüsste, dass es im Himmel so schön sei, es sei doch noch niemand zurückgekommen und habe es erzählt, sagte sie: »Stell dir doch mal vor, es käme jemand zurück und würde es erzählen! Dann wollten dort alle hin. Was meinst du, was dann da oben los wäre? Außerdem kommt keiner freiwillig wieder – eben weil es dort so schön ist!«

Doch in jenen ersten Minuten auf der Intensivstation wusste ich genauso wenig wie Jennys Großmutter über den Gesundheitszustand und die Heilungschancen des Mädchens Bescheid. Ich traf den Neurochirurgen auf dem Flur, der Jenny operiert hatte, und wir kamen kurz ins Gespräch. Die Operation hatte elf Stunden gedauert. Eine Höchstleistung für einen Arzt; ich konnte sie nur erahnen. Während der Operation wurde ein Tumor an der Wirbelsäule gefunden.

»Jetzt müssen wir auf den Gewebebefund warten, um dann die weitere Therapie festzulegen. Das wird einige Tage dauern.« Viel mehr konnte er in diesen ersten Minuten nicht sagen.

In Situationen, in denen Angehörige so gern Details erfahren hätten, mussten sie weiter bangen und Geduld haben. Warten – tagelang warten auf den alles entscheidenden Befund. Es ist die wohl schlimmste Zeit für Patienten und Angehörige.

In den letzten Jahren konnte selbst diesen Gesprächen immer weniger Zeit eingeräumt werden. Ängste und Sorgen zu benennen, dem medizinischen Hintergrund Klarheit zu geben, zu erklären. Was ist, wenn? – Durch Personalmangel und immer höhere Anforderungen an das vorhandene Personal fehlt einfach die Zeit, die so wichtig wäre – gerade in diesen Momenten.

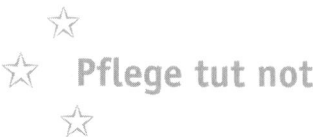

Pflege tut not

In den letzten Jahren konnte ich immer deutlicher beobachten, wie aus Pflege Versorgung wurde und wie sich das Bild meines Berufs immer mehr veränderte. Viele meiner damaligen Aufgaben als Kinderkrankenschwester konnte ich gar nicht mehr ausführen. Der Klinikalltag hatte sich in den wenigen Jahren so verändert, dass für die Pflege eines kranken Kindes immer weniger Zeit zur Verfügung stand.

Heute füllen Patienten viele ihrer Krankenunterlagen selbst aus; früher hat das der Arzt gemacht, während er am Bett saß und mit ihnen sprach. Patienten wurden umsorgt, sie konnten Fragen stellen – durch Gespräche wurde Angst genommen. Heute gibt es DRGS – die Fallpauschalen im Gesundheitswesen. Gespräche haben darin nur noch wenig Raum.

Auf die Bedürfnisse eines Kindes einzugehen ist auf normalen Kinderstationen nur noch begrenzt möglich. Es gehört längst nicht mehr zu unserem Berufsbild, dass die Schwester am Bett sitzt und das Kind beispielsweise vor dem Eingriff beruhigt, ihm die Angst nimmt und Vertrauen aufbaut. Die Ausnahme bilden sicher die Intensivstationen und Kinderonkologien.

Die Aufgabe eines Krankenhauses besteht darin, Menschen in schwierigen Lebenssituationen zu helfen. Menschen, die durch eine Erkrankung auf Hilfe angewiesen sind, also in Lebenssituationen, die von Angst, Sorge, Schmerz und vielleicht Trauer getragen werden. Situationen, auch im Notfall, die häufig nicht in den vorgegebenen Rahmen passen. Es entstehen ständig neue Situationen, die nicht planbar und berechenbar sind und trotzdem aufgefangen werden müssen und sollten. Denn alle Patienten befinden sich in Ausnahmesituationen, die mit ihren eigentlichen Leben bisher nichts zu tun hatten.

»Das Pflegepersonal ist nicht nur dafür da, die Bettpfannen zu bringen, sondern es ist auch jenes, welches dir im Zweifelsfall die Würde erhält«, sagte mir einmal die Schauspielerin Yasmina Filali.

Das ist etwas, was schon vielfach verloren gegangen ist, obwohl es genau das ist, was wir bis zu unserem Lebensende behalten sollten. Unsere Würde. Dafür braucht es Aufmerksamkeit und professionell Pflegende, die unter diesem menschlichen Aspekt pflegen. Sie sind da, haben genau aus diesem Grund den Beruf ergriffen. Weil sie helfen und mittragen wollen, wenn Menschen nicht mehr alleine können. Aber diese Pflege, die alle möchten, Pflegende und Patienten, ist nicht messbar und fällt deswegen oft weg.

Die mangelnde Wertschätzung von Pflegenden führt zudem dazu, dass es immer weniger Nachwuchs gibt und langsam ein Pflegenotstand entsteht. Es ist jetzt schon zu spüren. Sie sind immer da, Ärzte und Pflegende. Heiligabend, Silvester, Neujahr – auch in der Nacht. Ambulant und stationär, und sie tun es gerne. Schätzen wir das genug? Es gibt Stationen, auf denen zum Beispiel für siebzig Patienten nur zwei Pflegende da sind. Diese müssen dann auch noch den Unmut über die schlechte Situation aushalten, obwohl auch sie die Leidtragenden sind.

Die Krankenhäuser mussten sich in den Jahren immer mehr der reinen Versorgung unterwerfen. Der Raum für die Krankenpflege wurde immer enger, und diese tat sich besonders schwer darin, von der kurativen zur palliativen Betreuung überzugehen.

Das liegt im Auftrag eines Krankenhauses. Menschen sind aus medizinischer Sicht auch Grenzen gegeben. Für einen Arzt ein besonderer Weg. Seine Aufgabe ist es, dem Menschen zu helfen. Das Ziel ist die Genesung. Mit allen Möglichkeiten, die die Medizin bietet, sollte dieses Ziel erreicht werden.

Erst in den letzten Jahren wurden, unter anderem durch Patientenverfügungen, neue Wege beschritten und dadurch der Palliativmedizin mehr Raum gegeben. Mit dem Bewusstsein der Schmerztherapie, die eine wichtige und unverzichtbare Basis für die würdevolle und schmerzfreie Begleitung am Lebensende darstellt, der Weiterbildung von Palliativmedizinern und dem Einrichten von Palliativstationen sind Ärzte den Patienten auch im Sterben wieder nähergerückt.

Das Wort »Versorgungseinrichtung« macht immer häufiger die Runde. Ich tat mich von vornherein sehr schwer damit. Ich möchte nicht versorgt werden, ich möchte als Patient gepflegt werden. Eine Wunde kann versorgt werden, aber kein Mensch. Das Wort »Versorgung« hat für mich einen negativen Beigeschmack. Besonders Menschen, für die es keine Heilungschancen mehr gibt, brauchen fürsorgliche Pflege.

In den Onkologien hat man das schon früh verstanden. Man versuchte andere Wege zu gehen und sich den Herausforderungen zu stellen, die weit über eine einfache Versorgung hinausgehen, und lernte mit diesen Situationen anders umzugehen. Dort gibt es für Kinder und Eltern Psychologen und Therapeuten, die sich ihrer annehmen. Die Schwestern und Pfleger werden geschult. Es gibt Gesprächskreise, und man lebt in einem ständigen Austausch. Es wird zudem eine Menge dafür getan, die Räume kindgerechter zu gestalten. An den Wänden hängen bunte Bilder, und es gibt gut ausgestattete Spielzimmer.

Aber es bleibt eine Klinik, und wie ich später in Gesprächen mit Eltern immer wieder gehört habe, suchen Betroffene oft eine zusätzliche Alternative. Eine Atmosphäre, die nicht zu sehr an eine Klinik erinnert. Sie suchen eine intensive Pflege außerhalb eines Krankenhauses. Eine ergänzende Einrichtung. Sie wollen den Tagesablauf ihres Kindes wieder selbst bestimmen und nicht dem Klinikalltag überlassen.

Auf den Stationen gibt es bestimmte Abläufe, wann gegessen und wann gewaschen wird, wann die Medikamente verabreicht werden. Es ist in einer Klink auch nicht anders möglich.

Als ich mich später mit der Errichtung der Sternenbrücke beschäftigte, sollte es diese vorgegebenen Regeln nicht geben. Die Eltern mit den Kindern sollten entscheiden können, wann gegessen, wann gepflegt und gewaschen wird. Ich wollte den Eltern wieder ein Stück ihres gewohnten Tagesablaufs von zu Hause zurückgeben. Die Zeit ist so wertvoll, und am Bett von Jenny wurde mir das wie so oft schmerzlich bewusst.

☆ Ehrliche Antworten

Als man Jenny nach einigen Tagen von der Intensivstation auf die Kinderstation verlegte, lernte ich ein Mädchen kennen, das mich vom ersten Tag an tief beeindruckte. Ich lachte und weinte mit ihr. Als sie nach Monaten entlassen wurde, verlor ich auch eine kleine Freundin. Jenny hatte etwas Besonderes an sich. Sie war ein keckes, liebenswertes Mädchen. Sie sprach ununterbrochen, und sie hatte unendlich viele Fragen. Es gab nichts, das sie als selbstverständlich hinnahm. »Warum tragt ihr Handschuhe und Mützen? Warum einen Mundschutz?« Jenny fand unseren Krankenhausalltag sehr spannend. Auf der Intensivstation hatte man sie schon nach kurzer Zeit so sehr ins Herz geschlossen, dass man sie gar nicht zu uns auf die Station gehen lassen wollte. Sie unterhielt die Ärzte und Schwestern glänzend, und das war man auf einer Intensivstation nicht gewohnt. Normalerweise sprechen die Patienten dort nur wenig, weil sie oft dazu nicht in der Lage sind. Jenny sprach viel, und das ab dem Moment, in dem es ihr wieder vergönnt war. Die Schwestern von der Intensivstation kamen sie sogar auf der Kinderstation besuchen und erkundigten sich nach ihrem Befinden.

Es interessierte Jenny ungeheuer, was wir in unserem Krankenhausalltag taten. Sie hinterfragte alles. Schwierig wurde es, als sie sich bei uns immer mehr über ihren eigenen Gesundheitszustand erkundigte. Die Antworten mussten vorsichtig gewählt werden. Ihre Großmutter hatte den Wunsch geäußert, dass wir sie nicht verunsicherten. Es gab noch keinen endgültigen Befund, und die Hoffnung auf eine positive Nachricht sollte nichts trüben.

Ich bemerkte nach der Verlegung, dass Jenny ihren Arm nicht bewegen konnte. Wir beobachteten es einige Tage. Eines Morgens fragte ich sie, ob es besser geworden sei und ob sie den Arm heute vielleicht etwas bewegen könne.

»Auf der Intensivstation haben die mir gesagt, mein Arm schläft noch von der Narkose, weil die so lange war«, sagte Jenny.

Irritiert sahen wir Schwestern uns an. Sicher war nicht die Narkose der Grund, die bereits Tage zurücklag. Es kam vor, dass Lähmungen nach solchen Operationen eine Zeit zurückbleiben können, um dann zu verschwinden. Aber eine Garantie gab es nicht, und so musste eine bleibende Lähmung in Betracht gezogen werden.

Jenny in dem Glauben zu lassen, alles würde wieder gut, ließ mich an dem Umgang mit der Wahrheit und der Ehrlichkeit Kindern gegenüber zweifeln. Mehr noch, ich fühlte, es war falsch. Ausweichformulierungen für Ehrlichkeit zu benutzen konnte nicht der Weg sein, mit der Situation umzugehen. Hoffnungen muss Raum gelassen werden, aber auch Zweifel müssen formuliert werden.

Kinder stellen berechtigte Fragen. Jenny fragte mich eines Tages ungeduldig: »Warum haben die denn gesagt, dass der Arm nur schläft, wenn er gar nicht wieder aufwachen will?« Aussagen wie diese später zu revidieren, raubt Kindern das Vertrauen in die Erwachsenen.

Auch Prognosen über die Zeit, die man noch zu leben hätte, sollten mit größter Umsicht formuliert werden. Am besten gar nicht. In dem sensiblen Moment einer schlechten Diagnose ist der Mensch in einer Ausnahmesituation. Er braucht Aufrichtigkeit und Ehrlichkeit. Je präziser, desto besser, aber nie spekulativ.

Immer wieder fragen Menschen nach der noch verbleibenden Zeit, auch Eltern für ihre Kinder. Die Prognosen sollten sorgfältig überlegt werden. Eine Aussage, die vier bis sechs Monate benennt, ist klar umrissen. Wenn das Kind nach drei Monaten stirbt, verurteilen die Eltern aufs Schärfste die Aussage des Arztes, der vier bis sechs Monate gesagt hatte. Es hatte für sie einen klar vorgegebenen Zeitrahmen gegeben, und dass dieser nun nicht zutraf, hinterließ das Gefühl von »gestohlener Zeit«, wie ein Vater es einmal formulierte. Dinge, die sie mit ihrem Kind noch erleben wollten, sind ihnen mit einer falschen Aussage genommen worden.

Zu sagen, dass es sich wohl nur noch um eine kurze Lebenszeit handelt, ist umsichtiger. Sätze wie: »Vielleicht vier bis acht Wochen, aber vielleicht auch einige Monate. Das würde ich Ihnen und Ihrem Kind von Herzen wünschen, aber es liegt nicht in meiner Hand« sind Sätze, mit denen die Betroffenen besser umgehen können. Menschen brauchen eine Orientierung, um Halt zu finden. Große und kleine.

Mit jedem weiteren Tag auf der Station stellte ich mir mehr Fragen über den Umgang mit schwer erkrankten Kindern: Machen wir nicht etwas falsch? Müsste man nicht in Ruhe Gespräche mit den Kindern führen? All ihre Fragen ehrlich beantworten? Mehr auf ihre Signale achten, wenn sie nicht den Mut haben, klare Fragen zu stellen, oder die Eltern schonen wollen? Je mehr Erfahrung ich in diesem Bereich sammelte, desto lauter klangen die Fragen in meinem Kopf. Es geht um eine Erkrankung, die sie auch aushalten müssen – warum sind sie also zu klein oder zu jung, um die ehrlichen Antworten auf ihre Fragen auszuhalten?

Auf der Station wurde in den folgenden Tagen die Frage, wer sich um Jenny kümmern sollte, immer dringlicher, denn sie begann immer mehr Fragen zu stellen. Um eine einheitliche Sprachregelung zu finden, bedurfte es eines festen Teams nur für sie. Wir wollten uns korrekt verhalten und ihr nur das sagen, was auch im Sinne ihrer Großmutter war.

Der Kreis der Kinderkrankenschwestern, die sich mit der Betreuung von Jenny beschäftigten, sollte überschaubar sein. Wir waren von nun an zu dritt, und später wurde ich dann Jennys Bezugsperson. Einige Schwesternschülerinnen gehörten zusätzlich mit zu unserem Team. Ich achtete von vornherein darauf, dass man sie immer mit einbezog. Ich selbst hatte gelernt, wie wichtig das ist, um mit Schicksalen umgehen zu können und sie offensiv anzugehen. Auch für gestandene Schwestern waren Schicksale wie das von Jenny eine Herausforderung, doch wer Kinderkrankenschwester werden wollte, der muss sich auch dieser stellen können.

Ich lernte selbst viel in dieser Zeit, denn auch für mich war manches neu in dieser Situation. Jedes Kind hat seine Geschichte, jedes seinen eigenen Weg.

Leben für den Moment

Jennys Großmutter wollte, wie alle Angehörigen in ihrer Situation, immer das Beste für ihr Enkelkind. Das Richtige tun, das Richtige sagen, die Situation richtig einschätzen. Jennys Großmutter äußerte den Wunsch, ihr nicht zu sagen, dass der Befund des Tumors nicht gut war, als er vorlag. Jenny sollte ihre gesamte Kraft und ihr positives Denken investieren, um dem Tumor und allem, was damit zusammenhing, entgegensehen zu können. Alle auf der Station erfüllten ihre Wünsche, soweit es ging, aber die Situation wurde immer schwieriger. Die Visite fand meistens vor der Zimmertür statt, sodass Jenny nicht hören konnte, was Schwestern und Ärzte sagten. Ihre Großmutter war häufig dabei.

Als der Befund vorlag, sprach unser Chefarzt sich für eine Chemotherapie an der Uniklinik aus. Wir gingen zu Jenny ins Zimmer, und er erklärte Jenny sehr liebevoll, dass er sie gern in ein anderes Krankenhaus verlegen möchte, damit dort eine besondere Therapie angewendet wird. Unser Krankenhaus hätte dazu leider nicht die Möglichkeiten.

»Das will ich nicht«, war das Erste, was Jenny sagte. »Das könnt ihr auch hier machen. Hier kenne ich alle, da kenne ich niemanden. Ich bleibe hier.«

Jenny sah mir direkt in die Augen und sagte das mit einer so tiefen Überzeugung und mit einer solchen Bestimmtheit, dass unsere Argumente, die Chemotherapie sei bei uns nicht durchführbar, geradezu nichtig erschienen. Jenny ignorierte auf zauberhafte Weise die Logik von uns Erwachsenen.

Der Chefarzt versuchte Jenny zu erklären, warum die Chemotherapie wichtig sei und warum er sie nicht hier in unserem Krankenhaus machen könne. »In der Uniklinik sind großartige Ärzte, die auch sehr nett sind. Sie warten dort schon auf dich.«

Jenny schien überhaupt nicht zuzuhören.

Er versuchte es noch einmal. »Jenny, wir können das hier nicht.«

»Wieso kannst du das nicht? Meine Oma sagt immer: Kann ich nicht gibt es nicht. Man kann alles lernen.« Jenny strahlte über ihren eigenen Einfall. Sie war stolz, uns mit den Waffen der Erwachsenen zu schlagen.

Ich musste in mich hineinlächeln und dachte mir nur: Jetzt bin ich aber auf die Argumente gespannt.

»Trotzdem, Jenny. So einfach ist das nicht. Natürlich verstehen wir dich.« Als der Arzt dann wieder Jenny anguckte, die mit verschränkten Armen in ihrem Bettchen saß, musste auch er lachen.

Beim Rausgehen schaute er mich an. »Gibt es wirklich keinen anderen Weg?«, fragte ich. »Sie fühlt sich doch hier wohl. Es ist eine vertraute Umgebung für sie geworden.«

Doch wir waren eine chirurgische Abteilung. Es gab keine Kinder mit dieser Erkrankung bei uns. Sie wurden immer in die Uniklinik verlegt.

Umso höher war es dem Chefarzt anzurechnen, dass er sich ins Auto setzte und zur Uniklinik fuhr, um mit den dortigen Ärzten zu sprechen. Wir hatten das große Glück, dass er lange dort tätig gewesen war und gute Kontakte hatte. Als er zurückkam, hatte er gute Nachrichten für uns alle: »Wir werden die Chemotherapie hier durchführen. Ich werde sie selbst übernehmen.«

Wir lernten, unseren Chefarzt bei der Chemotherapie zu unterstützen. Für fast alle Kinderkrankenschwestern war das ein vollkommen neues Arbeitsfeld. Wir mussten uns mit dem ganzen Prozess beschäftigen. Alle auf der Station mussten es lernen, aber wir taten es gerne.

Der Umgang mit der Chemotherapie war das eine, der Umgang mit Jenny das andere. Das Mädchen veränderte sich durch die Behandlung, auch wenn sie sich zunächst wenig davon anmerken ließ. Ich weiß noch, wie sie mich am Morgen nach der ersten Chemotherapie anlächelte: »Siehst du, geht doch!«

Sie war zufrieden, dass wir die Chemotherapie auf unserer Kinderstation durchführen konnten. Doch dann entschieden die Ärzte, Jenny solle zusätzliche Bestrahlungen bekommen – und die mussten wir nun wirklich in der Uniklinik machen lassen.

»Kein Problem, dann fahren wir da eben immer hin«, sagte sie. Und auch diesmal hat sie sich durchgesetzt.

Zweimal die Woche fuhr ein Krankenwagen zwischen unserem Krankenhaus und der Uniklinik hin und her. Jedes Mal fuhr der Krankenwagen an einem Fast-Food-Restaurant vorbei, und wenn ich nicht selbst mitfahren konnte, gab ich dem Fahrer ein bisschen Geld, damit er ihr etwas kaufen konnte. Jenny kannte die Fast-Food-Kette nur wenig – es war ein Höhepunkt an diesen Tagen für sie. Wenn sie nach der Bestrahlung zurück zu uns auf die Station kam, hatte sie ihre Kindertüte noch immer unangetastet in der Hand und hielt sie unter der Decke fest. Oft konnte sie nichts essen. Ihr war häufig übel. Aber sie hatte die Tüte, und das reichte ihr schon zum Glücklichsein für diesen Moment.

Es blieb eine Zeit lang ein kleines Geheimnis zwischen Jenny und mir, denn ihre Großmutter favorisierte mehr das gesunde Essen. Erst später habe ich ihr von den Ausflügen zum Fast-Food-Restaurant berichtet. Die Großmutter erzählte mir daraufhin die Geschichte von Jenny und einer Schulkameradin. Jenny bekam von ihrer Oma immer leckere Brote mit, und die Mitschülerin hatte nie etwas dabei. Also bekam sie von Jennys Pausenbroten ab, und nach der Schule sagte Jenny zu ihrer Oma: »Kannst du nicht bitte auch für meine Freundin Brote machen? Die bekommt nie etwas mit in die Schule.« Jenny hatte sich schon immer auch Gedanken um das Wohlbefinden anderer gemacht, selbst an einem ihrer letzten Schulbesuche, schon schwerstkrank, bat sie ihre Oma um Brote für die Schulkameradin. Die Oma entgegnete mir gerührt: »Schwester Ute, dieses Kind ist nicht von dieser Welt.«

Wir hatten gehofft, dass die Chemotherapie und die Bestrahlung helfen würden, beobachteten Jenny sorgenvoll, nur um dann zu sehen, dass die so gewünschte Besserung ausblieb. Für mich stand fest, dass ich bis zum Schluss immer für sie da sein wollte. Egal, was das Mädchen noch durchmachen sollte, ich wollte für sie da sein, wie auch immer ihr Weg jetzt sein würde, mit dazu beitragen, ihr das Leben so gut und erträglich wie möglich zu machen.

Oft musste ich darüber nachdenken, was Jenny, ihre Großmutter und ihr Bruder auszuhalten hatten. Der Junge musste sicher häufig in den Hintergrund treten, auch wenn die Großmutter alle Kräfte dafür einsetzte, Jenny und ihrem Bruder gerecht zu werden.

Ich konnte mit all der Traurigkeit umgehen, denn ich

wusste, dass ich alles mir Mögliche dafür getan hatte, auf ihrem schweren Weg an ihrer Seite zu bleiben.

Ich weinte sehr, als sie starb, doch das Wissen, sie nicht alleingelassen zu haben, ein wenig dazu beigetragen zu haben, ihr den Weg zu erleichtern, half, um heute dankbare Erinnerungen in mir zu tragen. Dass sie gehen musste, entscheidet jemand anders, aber wie der Weg dahin aussieht, liegt an uns, an den Begleitern.

Ich dachte in den letzten Lebensmonaten von Jenny nur von Tag zu Tag. Wenn ich ihr morgens begegnete, habe ich geschaut, wie ihre Verfassung war, und dem habe ich mich versucht anzupassen. Immer häufiger kam es vor, dass Jenny blass und schläfrig in ihrem Bett lag und ich erkennen musste, dass es nicht gut um sie stand. Es waren diese Momente, in denen mir die Tränen liefen. Mir wurde dann deutlich bewusst, wie krank Jenny inzwischen war. Sie sah müde und kraftlos aus, ihr kecker Blick war verschwunden. Und sie? Sie fragte mich, was mit mir los sei: »Warum weinst du?«

»Jenny, es ist, weil du heute so blass und elend aussiehst, weil wir dir nicht besser helfen können.« Von der Nachtwache wusste ich, dass sie eine schlechte Nacht hinter sich hatte.

Jenny schüttelte den Kopf. »Du brauchst nicht zu weinen«, sagte sie. Sie hatte tatsächlich die Kraft, mich zu trösten. »Komm her, leg dich zu mir. Gestern hast du mich getröstet, heute tröste ich dich.« Mühsam rutschte sie auf die eine Seite der Matratze. Sie lag auf einer Wechseldruckmatratze, die sich immer an unterschiedlichen Stellen aufblies, damit Jenny sich nicht wund liegen konnte.

»Wenn das meine Stationsleitung sieht«, sagte ich. »Ich komme zur Arbeit und lege mich gleich wieder ins Bett.« Wir schmunzelten und nahmen der Situation ein kleines Stück der Sensibilität. Ich legte mich neben sie und nahm sie in den Arm. Ich wollte wissen, was so schlecht an ihrer Nacht gewesen war, welche Schmerzen sie hatte. Und dann gab es einen lauten Knall. Die Wechseldruckmatratze war geplatzt, und wir sackten nach unten zusammen, wie auf einer Luftmatratze, wenn die Luft hinausgedrückt wird. Erschrocken blickten wir uns zuerst an, um dann schallend zu lachen, und es fühlte sich unendlich gut an.

In den Nachbarzimmern hörte man uns, und die Kinder kamen herübergelaufen, um zu sehen, was los war. Und dann legte Jenny eine Hand auf die Hüfte und sagte mit trockenem Ton: »Eine von uns beiden muss abnehmen.«

Ich verstand in diesem Augenblick, dass Kinder für den Moment leben können und die Situationen nehmen, wie sie sind. Ich habe später oft an dieses Erlebnis denken müssen, wie schnell Kinder spontan in der Lage sind, Situationen zu erfassen, und wie schnell Stimmungen sich ändern. Jenny zeigte ein großes Maß an Vertrauen und konnte schwierige Situation meistern, weil wir gemeinsam auch in der Lage waren, Trauer zuzulassen, Tränen zu zeigen, wenn wir traurig waren, ehrlich und aufrichtig miteinander umgingen.

Ein nun neunjähriges Mädchen zeigte mir, einer gestandenen Kinderkrankenschwester, was wirklich wichtig ist: das Miteinander. Im Grunde hatte sie nur das getan, was sonst meine Rolle war. Sie hatte die Situation erkannt und mir gezeigt, dass sie damit umgehen konnte.

Sonst bist du für mich da, jetzt bin ich für dich da.

Wie leicht das doch ist, und wie viele Gedanken wir Erwachsene uns machen um eine Sache, die im Grunde so einfach und selbstverständlich ist und doch oft so schwerfällt.

Immer wieder gab es diese Tage, an denen Jenny sich besser fühlte und Freude an etwas zeigte und lachte. Doch es kamen die Nächte, in denen sie klingelte. »Mein Bein ist so kalt«, sagte sie, und das war ein Zeichen dafür, dass die Lähmung voranschritt.

Oft wünschte sie sich nachts ein Kirschkernkissen, das ihren Fuß wärmen sollte, obwohl sie eigentlich die Wärme gar nicht mehr spüren konnte. Es war aber die Zuwendung, die sie brauchte und immer häufiger einforderte.

Wir realisierten, dass wir diese Art der Pflege neben all den anderen Kindern auf der Station kaum noch leisten konnten. Hinzu kam die Sorge der Schwestern und Ärzte: Es gab außer Jennys Großmutter niemanden, der sie hätte pflegen können. Wir machten uns Gedanken, was passieren würde, wenn die Großmutter einmal ausfallen würde. Bei all ihrer Kraft, die sie für Jenny und ihren Bruder einsetzte, ohne jemals Schwäche zu zeigen oder an sich selbst zu denken, schenkte sie den Kindern nur Liebe und Fürsorge – und die Kinder liebten sie unendlich dafür. Sie opferte sich auf. Wann würde auch sie an ihre Grenzen gelangen? Was dann?

Ein Pflegedienst sollte Jenny zu Hause pflegen. Eine erneute Umstellung für jede Familie. Bedeutet es doch, immer wechselnde fremde Menschen zu Hause um sich zu haben. Die Ängste, die Sorgen und die Trauer: Wer fängt sie auf, wenn die Schmerzen für Jenny stärker werden? Können es alle aushalten? Was, wenn nicht? Was, wenn eine schwierige Situation entsteht und der Pflegedienst nicht vor Ort ist? Unendlich viele weitere Fragen beschäftigten uns. Antworten und Lösungen wurden gesucht, doch nur bedingt gefunden.

Diese Fragen hatten enormen Einfluss auf mein späteres Leben, denn ich wollte für Jenny alles so umsichtig wie möglich mitplanen. Man musste mit allem rechnen und versuchen, sich auf mögliche neue Herausforderungen vorzubereiten.

Ein Kinder-Hospiz bauen

Mein Chef sagte eines Tages, wenn die Omi ausfallen würde, dann müsste Jenny vielleicht in ein Hospiz.

»In ein Kinder-Hospiz?«, fragte ich.

»Nein, da gibt es nur eins in Deutschland, ich habe mich erkundigt. Sie müsste in ein Hospiz für Erwachsene.«

»Moment, Jenny ist neun. Sie kann nicht in ein Erwachsenen-Hospiz. Kinder und ihre Familien haben ganz andere Bedürfnisse. Die Erkrankungen sind andere.«

»Das geht dann leider wohl nicht anders«, betonte der Chefarzt noch einmal.

»Wer kümmert sich denn sonst um Kinder, die nicht mehr gesund werden? Wer unterstützt sie in schweren Zeiten?«

»Tja, die Kinderklinik oder die Familien zu Hause.« Mit einem Schmunzeln über meinen Eifer und meine Entrüstung meinte er: »Sie könnten ja ein Kinder-Hospiz bauen.«

Mir war bis dahin gar nicht bewusst gewesen, dass es in Deutschland nur ein einziges Kinder-Hospiz gab. Ich musste immer wieder an diese Kinder denken, die inmitten von Erwachsenen, besonders alten Menschen, in einem Hospiz leben mussten, wenn sie niemanden hatten, der sie pflegte. Ich begann mich zu erkundigen und fand heraus, dass es wirklich nur dieses eine Kinder-Hospiz mit acht Betten in Olpe gab. Dort aber hatte man sich damals ausschließlich auf Kinder mit Stoffwechselerkrankungen spezialisiert.

Was die wenigsten wissen: Viele lebensbegrenzend erkrankte Kinder haben eine Stoffwechselkrankheit, die oft erblich bedingt ist. Diese Stoffwechselkrankheiten entstehen dadurch, dass dem Körper wichtige Substanzen fehlen oder dass er zu viele davon produziert, speichert oder erhält. Dadurch geraten die Körperkreisläufe aus dem Gleichgewicht. Auch die Regelprozesse über Hormone können gestört sein. Zu den häufigsten Erkrankungen gehören NCL (Neuronale Ceroid-Lipofuszinose), MPS (Mukopolysaccharidose) und Leukodystrophien.

Stoffwechselerkrankungen sind also lebensbegrenzende Erkrankungen, von denen es die unterschiedlichsten Formen bei Kindern gibt. In der Regel werden die Babys augenscheinlich gesund geboren. Sie entwickeln sich altersentsprechend ohne Auffälligkeiten. Irgendwann zeigen sie Verhaltensauffälligkeiten, die zunächst nur die Eltern bemerken. Zum Beispiel nässen die Kinder wieder ein, laufen irgendwo dagegen oder werfen plötzlich wieder Gläser um.

Eine Mutter berichtete, dass ihr Kind morgens noch die Zähne putzte und am Abend die Zahnbürste mit der Frage ansah: »Was ist das? Was macht man damit?« Die irritierten Eltern suchten den Kinderarzt auf. Nach vielen Untersuchungen wurde die Diagnose gestellt: eine Stoffwechselerkrankung, ein genetischer Defekt.

Daraufhin wurden auch die Geschwister untersucht. Im schlimmsten Fall wird bei ihnen die gleiche Diagnose gestellt, auch wenn die Krankheit eventuell noch nicht ausgebrochen ist, sodass Eltern zwei oder auch drei Kinder haben, die sie verlieren werden.

Der Verlauf der Erkrankung geht über viele Jahre. Stück für Stück verlieren die Kinder Sinneswahrnehmungen wie das Hören und das Sehen, verlieren Fähigkeiten, die sie einmal erlernt hatten: laufen, sprechen, selbstständig essen. Sie wirken dann für Außenstehende wie schwerstmehrfachbehinderte Kinder, aber sie sind nicht so geboren.

Bilder, wie das Kind Fahrrad fahren und schwimmen lernte, Judo-Meister war, Klassenbester – Bilder, die uns Eltern später häufig zeigen, mit unendlicher Trauer. Die Entwicklung der Kinder geht wieder rückwärts. Sie müssen wieder an die Hand genommen, gewickelt und gefüttert werden. Bis sie irgendwann im Rollstuhl sitzen und über eine Sonde künstlich ernährt werden, sich kaum mehr bewegen, nicht mehr sprechen, kaum noch reagieren können, kaum noch sehen, Schmerzen in den Gelenken haben. Bis oft ununterbrochene Muskelzuckungen sie alle Kraft kosten und das Atmen Probleme bereitet. Um nur wenige Symptome zu benennen, die einige der Stoffwechselerkrankungen gemeinsam haben. Vierundzwanzig Stunden am Tag sind die Eltern um das Kind. Im günstigsten Fall mit der Unterstützung eines ambulanten Pflegedienstes – stundenweise. Drei- bis viermal die Nacht aufstehen, um das Kind umzulagern, Nahrung über die Sonde zu geben oder die Medikamente zu verabreichen. Nie mehr als drei bis vier Stunden Schlaf am Stück.

Viele Jahre – manchmal fünf, zehn oder fünfzehn Jahre – pflegen die Eltern aufopfernd ihre Kinder bis zu deren Tod. Sie sind lange über ihre Grenzen hinweg, am Ende ihrer Kraft.

Für das Kinder-Hospiz in Olpe taten sich betroffene Eltern zusammen, deren Kinder an diesen Erkrankungen litten. Es gibt 22000 Kinder mit lebensbegrenzenden Erkrankungen wie diesen oder anderen in Deutschland, und es gab damals nur acht Betten für stoffwechselkranke Kinder.

»So ein Haus müsste es für alle Kinder geben, unabhängig davon, welche lebensbegrenzenden Erkrankungen sie haben.«

Dieser Gedanke kam mir zuerst, und dann begann ich mir auszumalen, wie dieses Haus aussehen müsste. Ich musste so oft an dieses Haus denken, dass ich begann, Jenny daran teilhaben zu lassen.

»Was würdest du davon halten, wenn es ein Haus geben würde, in das du mit deiner Oma und deinen Bruder kommen könntest? Ein Haus, in dem Freunde dich besuchen und in dem die ganze Familie zusammen sein könnte? Natürlich gäbe es rund um die Uhr Kinderkrankenschwestern und -pfleger, die für dich da sind, und Menschen, die deine Omi und deinen Bruder unterstützen und ihnen helfen.«

Die Idee gefiel ihr. Sie vermisste ihren Bruder; er kam immer zu Besuch, doch er musste zur Schule wie alle Kinder und konnte meistens nicht lange bei ihr bleiben.

Ich konnte kaum noch an etwas anderes denken. Es gab immer wieder neue Ideen, und ich erzählte Jenny viel davon. Sie war begeistert und steuerte eigene Ideen bei.

»Es muss ganz gemütlich sein. Es darf nicht weiß sein, und es soll nicht aussehen wie ein Krankenhaus. Es muss alles haben, was kranke Kinder brauchen.« Dann zählte sie auf: Lifter, Monitore und andere medizinische Geräte.

Sie war klug und hatte in der Klinik viele Kinder beobachtet und alles, was sie sah, hinterfragt. So hatte sie viele Hilfsmittel kennengelernt, die die Kinder benötigen. Aber sie wollte auch einen Fernseher und eine Möglichkeit, Musik zu hören. Sie wünschte sich, dass man nicht alles, was einem wichtig war, von zu Hause mitbringen musste, und sie dachte an die Kinder im Rollstuhl, so wie sie selbst. Sie sollten alles im Sitzen machen können. Die Türklinken sollten nicht so hoch sein, es sollte Rampen geben und keine Treppen. Jenny zählte einfach alles auf, was sie auf unserer Station erlebt hatte. Sie dachte an alles, was Kinder in ihrer Situation brauchten. Vor allem ging es ihr um eine gewisse Selbstständigkeit. Waschbecken und Hähne sollten erreichbar sein. Sie wollte, dass die Kinder überall ankommen.

Täglich erlebte auch ich diese Defizite in unserer Klinik, und Jenny sprach mir aus dem Herzen. Es war, als träumte sie sich an diesen Ort, und sie hatte immer mehr Spaß daran.

»Denk daran, dass viele Kinder gern malen, aber manchmal nur eine Hand zur Verfügung haben, so wie ich. Oder weil sie vielleicht am Tropf hängen. Denen musst du auch so eine Rolle basteln.«

Ich hatte provisorisch die Plastikhalterung einer Küchenrolle umfunktioniert und auf den Nachttisch geklebt. Statt Haushaltspapier hatte ich Malpapier eingelegt. Über den Nachttisch hatte ich das Papier gezogen und am Ende mit einer Wäscheklammer befestigt. So rutschte Jenny das Papier beim Malen nicht immer weg, und sie konnte mit der einen Hand, die gut funktionierte, prima malen. Das machte ihr große Freude.

Ich informierte mich immer mehr über die Möglichkeiten, die es gab, selbst so ein Haus aufzubauen. Heute weiß ich, dass der Entschluss, ein Kinder-Hospiz zu bauen, schon ab dem Zeitpunkt in mir verwurzelt war, als der Arzt fast nebenbei sagte: »Dann bauen Sie doch ein Kinder-Hospiz.«

Ich fuhr nach Hause. Mein Mann saß auf dem Balkon und las Zeitung. Ich stand in der Balkontür und sagte zu ihm: »Ich möchte ein Kinder-Hospiz bauen.«

Er fragte nur: »Wann?«

Er kannte mich und wusste um meine Gedanken. Und er wusste, ich würde es mit aller Kraft versuchen wollen. Es gab kein Zurück mehr.

☆ Der Förderverein wird gegründet

Vieles kam in diesen Tagen zusammen. Schwester Reinhild, so hieß die Schwester eines Pflegedienstes, die die Pflege von Jenny zu Hause übernommen hatte, wurde Zeuge eines Gesprächs, das ich mit Jenny über das Haus führte. Sie war begeistert von der Idee und erzählte es ihrem Geschäftsführer, Peer Gent. Wenige Tage später rief der mich an und wollte sich mit mir zum Essen treffen, um mehr über diese Idee zu hören. Eine für ihn besonders wichtige Frage an jenem Abend an mich war: »Wollen Sie damit Geld verdienen oder Ruhm und Ehre erlangen?«

Ich musste lachen. Geld mit einem sozialen Projekt verdienen? Das war wohl kaum möglich. Auch Ruhm und Ehre bedeuteten mir nichts. Ich würde es für die Kinder und ihre Familien tun.

»Also wird es Ruhm und Ehre werden«, grinste er.

Wir stiegen schon bei diesem Abendessen direkt in die Planung ein. Mein Mann begleitete mich, und es entstand ein reger Austausch von Ideen über Notwendigkeiten, Probleme, Herausforderungen, Kosten und Aufbau. Wir würden einen Förderverein gründen müssen, um Spenden sammeln und Spendenbescheinigungen ausstellen zu dürfen. Ich hatte keine Kenntnis, wie man das machen sollte, doch Peer Gent wusste es.

»Als Erstes würden wir mindestens sieben Gründungsmitglieder benötigen«, sagte er, und ich wusste, was es für Menschen sein sollten. Sie alle sollten aus verschiedenen Arbeitsbereichen der Betreuung und Begleitung von schwer erkrankten Kindern kommen: Kinderkrankenschwestern, Ärzte, betroffene Eltern, Trauerbegleiter und Krankengymnasten. Ich wollte sichergehen, nichts bei der Planung zu vergessen. Diese Multiprofessionalität würde dazu beitragen, dass es gelingt.

Mir war zu diesem Zeitpunkt nur noch nicht bewusst, was das schlussendlich bedeuten würde, all diese Leute zu finden und für unser Ziel zu gewinnen. Ich wollte sie in meinem Umfeld suchen, und Peer Gent wollte weitere in seinem suchen.

Vom ersten Moment des Abendessens an war klar, wie gut wir uns ergänzten. Ich kam aus dem pflegerischen Bereich, und mein neuer Geschäftspartner hatte viele kaufmännische Kenntnisse. Er kannte sich mit Paragrafen und Behörden aus, ich mit allem, was die Kinder und Familien benötigten. Durch verschiedene Aus-, Fort- und Weiterbildungen war ich gut auf diese Familien und ihre besonderen Situationen vorbereitet. Sechsundzwanzig Jahre Berufserfahrung ergänzten mein Wissen.

Peer Gent brachte als Basis eine Ausbildung im Bereich Altenpflege sowie ein Studium der Sozialpädagogik mit und war als Referent für den Paritätischen Wohlfahrtsverband und als Geschäftsführer des Zentralverbands Hamburger Pflegedienste auf Landes- und Bundesebene tätig gewesen.

Während dieser Zeit führte ich ein Gespräch mit Christine Oelkers, einer Mutter, die mit ihrem Sohn lange auf unserer

Station lag und zu der ich auch nach der Entlassung weiter Kontakt hatte. Ich besuchte sie immer mal wieder. Mein inzwischen zehnjähriger Sohn begleitete mich. Ihr Sohn war lebensbegrenzend erkrankt.

Ihre Haltung und die Gespräche, die wir führten, hatten mich zutiefst beeindruckt. Wie viel Kraft Eltern doch aufbringen, wenn ihre Kinder sie brauchen – eine Erfahrung, die ich bis heute immer wieder mache.

Nach dem Tod ihres Sohnes erzählte ich ihr von meiner Idee, ein Kinder-Hospiz in Hamburg auf den Weg zu bringen. Sie war sofort angetan, denn wer konnte diese schwere Lebenssituation und die damit verbundenen Probleme besser beurteilen als eine betroffene Mutter? Sie wusste, wo sie überall Unterstützung benötigt hätte – und wo es oft keine gab. Sie wollte uns in dieser Idee unterstützen.

In unserem Arbeitskreis dachten wir darüber nach, wie Eltern spontan Unterstützung bekommen können, wie wir sie auffangen können, wenn die Kraft sie verlässt, auch in akuten Situationen, weil der Krankheitszustand ihres Kindes sich immer weiter verschlechtert.

Nach den ersten Treffen des Arbeitskreises stellte Christine Oelkers uns den Trauerbegleiter Uwe Sanneck vor. Er hatte sie nach dem Verlust ihres Sohnes begleitet und zeigte großes Interesse an der Mitarbeit in unserem Arbeitskreis. Mit ihm erweiterten wir diesen jetzt um einen Menschen, der Erfahrung in der Begleitung von Trauernden nach dem Tod hatte.

Trauerbegleiter kannte ich bisher als Klinikseelsorger, dabei gab es keinen Unterschied, welches Alter der Patient hatte. In der Hauptsache wurde er von der Station um Hilfe gebeten, wenn zum Beispiel ein Patient am Lebensende oder gestorben war. Eher selten wurde er damals von unserer Kinderstation zwischendurch gerufen.

Die Trauerarbeit aber begann aus meiner Erfahrung bereits viel früher. So übernahmen wir Kinderkrankenschwestern häufig schon vor dem Verlust des Kindes die Trauerarbeit. Wir kannten den Kummer der Eltern, wenn sie miterlebten, dass ihr Kind zum Beispiel immer mehr die Muskelkraft verliert. Wir wussten, was es bedeutete, wenn sie den Verlauf mit anschauen müssen, wenn ihr Kind den Arm nicht mehr richtig heben kann, das Augenlid hängt und das Sehen eingeschränkt wird, weil auch dort Muskeln sind, oder das Kind nicht mehr richtig atmen kann, weil die Brustmuskulatur zurückgeht oder das Herz seine Leistungskraft verliert.

Für die Eltern ist all das ein unendlich schmerzhafter Prozess. Sie befinden sich auf einem Weg voller Tränen.

Die Trauerarbeit beginnt also schon nach der Diagnosestellung. Ich hatte diese Arbeit bereits gelebt, ich habe die Eltern verstanden und begleitet. Ich wusste, wie sie leiden, wenn ihr Kind das erste Mal nicht mehr selbstständig zur Toilette gehen kann, die einfachsten Wege auf morgen verschoben werden mussten, in der stillen Hoffnung, es geht dann vielleicht ein wenig besser. Wenn die Mütter weinend erzählten, dass ihre Kinder immer Sport getrieben haben und jetzt die einfachsten Bewegungen nicht mehr möglich sind, dann sind sie bereits mitten drin in einem Trauerprozess. Sie zu begleiten war unsere tägliche Arbeit.

Trauerarbeit bedeutet Trost zu spenden. Wenn Tränen fließen, dann trösten, halten und tragen wir Kinderkrankenschwestern. Niemand von uns hatte das gelernt, möglich, dass man es auch gar nicht lernen kann, aber notwendig ist diese Zuwendung in unserem Alltag ständig. Wenn ein Kind das Gehör verliert, einen Arm, ein Bein, die Seh- oder Muskelkraft, dann benötigt dieser kleine Mensch Trost. Nie machten wir daraus ein Thema. Jetzt aber musste ich es. Meine Kolleginnen und ich pflegten Tag für Tag kranke und schwer kranke Kinder. Außer den betroffenen Eltern und deren Angehörigen erfuhr die Öffentlichkeit nur wenig von unserer Arbeit. Jetzt aber musste ich sie für unser Projekt an die Öffentlichkeit bringen. Wir würden nur Unterstützung finden, wenn die Menschen erfuhren, was täglich geleistet wurde. Wenn sie einen Einblick bekamen, wie notwendig Fürsorge, Zuwendung, Verständnis und wie wichtig Zeit füreinander sind. Nie hatte ich das so offen kommuniziert. Nie hatte ich darüber nachgedacht, wie man öffentlich darstellen könnte, was täglich geleistet wurde, aber auch, wo es Defizite gab, die dringend geändert werden mussten. In einer so kommunikativen Gesellschaft wunderte es mich all die Jahre immer wieder, wie wenig von dem, was wir tagtäglich erlebten, bekannt war. Wir versuchten mit den Medien in Kontakt zu kommen, merkten aber schnell, dass dies ein so komplexes Thema ist, dass niemand von uns es nebenbei leisten konnte. Wir brauchten Unterstützung, benötigten prominente Menschen, die sich für unsere Sache einsetzten. Menschen, die unsere Idee hinaustragen würden. Die Frage aber war, wie lernen wir diese Menschen kennen?

In den nächsten Tagen und Wochen studierten wir die Zeitungen sehr genau. Wir schrieben uns auf, welche bekannten Personen für unseren künftigen Förderverein infrage kommen würden. Schnell fanden wir heraus, dass es oft die gleichen Menschen waren, die sich gemeinnützig und sozial engagierten.

Nach einiger Zeit hatten wir eine Liste von namhaften Personen erstellt, denen wir gern unser Projekt vorstellen wollten. Doch die wichtigste Frage hatten wir nicht geklärt: Wie konnten wir diese Menschen kennenlernen? Wir fragten uns, wer einen Kontakt aufbauen könnte. Alle schüttelten den Kopf. Keiner kannte auch nur eine einzige dieser Personen näher.

Ganz oben auf unserer Liste stand Dr. Isabella Vértes-Schütter. Sie begegnete uns bei unserer Recherche immer wieder. Als Intendantin des Ernst-Deutsch-Theaters in Hamburg. Ihr Engagement faszinierte uns. Und wir erfuhren, dass sie Ärztin ist. Wir schrieben sie an und schilderten unser Vorhaben, ein Kinder-Hospiz auf den Weg bringen zu wollen, und unseren großen Wunsch, sie als Schirmherrin für unser Projekt zu gewinnen. Nach dem Tod ihres Mannes hatte sie die Leitung des Theaters übernommen. Aus den zahlreichen Artikeln in der Hamburger Presse konnten wir herauslesen, dass sie eine Frau war, die zu ihren Ideen steht. Wir erfuhren auch, dass Isabella Vértes-Schütter ihr Patenkind am Lebensende begleitet hatte. Sie kannte das Leid, das hinter einem solchen Weg und dem Verlust stand, und schilderte es, als sie sich die Zeit nahm und an dem abendlichen Arbeitskreis teilnahm, wo wir sie kennenlernen durften. An jenem Abend machte sie uns die große Freude und wurde unsere Schirmherrin.

Von vornherein war uns aber klar, dass wir zwei Schirmherrinnen brauchten. Wir wussten nicht, wie viel Öffentlichkeitsarbeit nötig war und in welcher Form. Wir wussten aber, dass es zwei verschiedene Bereiche sein würden, in denen wir Unterstützung benötigten: den Bereich der Behörden und der sozialen Einrichtungen und den Bereich der Öffentlichkeit.

Denn eines war uns schnell bewusst geworden: Das Projekt würde sich größtenteils aus Spenden finanzieren. Eine weitere Schirmherrin, die diese Idee mit auf den Weg bringt, würde also sehr hilfreich sein. Denn auch die Schirmherrinnen hatten hauptberuflich andere Pflichten zu erfüllen und konnten sich so vielleicht die Aufgaben, die eventuell kommen würden, teilen.

Wir wandten uns an Annegrethe Stoltenberg. Gerade war sie als Landespastorin für Hamburg in ihr Amt eingeführt worden. Bei ihrer Ansprache in der Kirche St. Katharinen betonte sie, dass sie sich auch für Jugendliche und Kinder in Hamburg einsetzen wollte. Unser Haus passte perfekt zu ihrem geplanten Engagement.

Wir schrieben sie an und warteten auf Antwort. Wir wussten, sie hat ein neues Amt und sicher viel zu tun – das machte uns Mut beim Warten. Damals ahnten wir nicht, wie viele große Aufgaben eine Landespastorin zu bewältigen hat. Es dauerte einige Wochen, und dann bekamen wir zu unserer großen Freude eine Antwort. Sie lud Peer Gent und mich zu sich in die Diakonie in Hamburg ein.

Wir waren beide aufgeregt. Annegrethe Stoltenbergs Büro befand sich in einem großen Gebäude. In der obersten Etage. In der Vorbereitung auf diesen Termin wuchsen Respekt und Achtung. Alles, was ich über sie las und erfuhr, beeindruckte mich zutiefst. Ich war angespannt. Zumindest die ersten zehn Minuten. Dann übertrug sich ihre Ruhe auch auf uns. Ich hatte mir eine Landespastorin ganz anders vorgestellt. Still. Vielleicht ein wenig distanziert. Wie sehr ich doch meine Vorstellung hinterher revidieren musste!

Unser Bericht bei Annegrethe Stoltenberg war umfangreich. Ich erzählte einfach nur aus meiner Arbeit der letzten Jahre. Von den vierzig Familien, die ich ehrenamtlich betreut hatte, und von der dringenden Notwendigkeit, Familien mit lebensbegrenzend erkrankten Kindern zu unterstützen, und wie diese Unterstützung aussehen sollte. Wo dringend für 22000 Familien, die es betraf, in Deutschland Hilfe nötig war.

Für Annegrethe Stoltenberg war das neu, was ich erzählte und wusste. Sie hinterfragte vieles, und wir merkten deutlich, wie unendlich erfahren sie in der Hospizarbeit für Erwachsene war. Es machte große Freude, sich mit ihr auszutauschen. Peer Gent erörterte außerdem Ideen und Möglichkeiten, machte aber auch auf die Probleme aufmerksam. Sie verstand unser Anliegen und teilte die Ansicht der Notwendigkeit eines solchen Projektes.

Sie war sehr herzlich, warm und erkannte schnell die Probleme, vor denen wir standen. Sie hat mich tief beeindruckt! Ich habe nur gedacht, wie gut diese Frau für Hamburg sein wird. Nach unserem Gespräch sagte Annegrethe Stoltenberg sofort zu. Sie wollte uns unterstützen.

Als sich unsere beiden Schirmherrinnen kennenlernten, verstanden sie sich großartig. Ich erfuhr, dass sie sich schon vorher in einem anderen Zusammenhang begegnet waren. Mir wurde in diesen Tagen klar, dass wir mit diesen beiden Schirmherrinnen einen ganz wichtigen Schritt getan hatten. Sie waren ein Geschenk für uns. Durch sie bekamen wir Kontakt zu besonderen Menschen in der Stadt. Menschen, die sie für die Idee und die Umsetzung eines Kinder-Hospizes gewannen.

Eine Vision nimmt Gestalt an

Es war an der Zeit, sich selbst ein Bild von dem Kinder-Hospiz in Olpe zu machen. Christine Oelkers, der Trauerbegleiter Uwe Sanneck und ich machten uns auf den Weg, um es zu besichtigen. Peer Gent, unsere Schirmherrinnen und eine Journalistin einer Hamburger Tageszeitung nahmen hierfür einen späteren Termin wahr.

Ich war sehr gespannt, ob das Haus wohl annährend Ähnlichkeit mit den Wünschen von Jenny und den anderen Kindern haben würde. War es möglich, ein solches Haus nicht wie ein Krankenhaus oder eine Pflegeeinrichtung aussehen zu lassen? Könnte ein Kinder-Hospiz wohnlich und warm sein und trotzdem alle medizinischen Notwendigkeiten vorhalten?

Das Kinder-Hospiz in Olpe liegt mitten in einem Wohngebiet. Auf einem Hügel. Es sieht modern aus, und die große Glaskuppel lässt es fast ein wenig futuristisch erscheinen. Die Lage auf dem Hügel inmitten des Wohnviertels fand ich sofort stimmig. Das Haus lag nicht alleine. Die Kinder und Familien waren in das Viertel integriert. Man musste und wollte sich damit beschäftigen, sonst hätte das Haus dort nicht gestanden.

Ganz anders als in den Kliniken, in denen ich gearbeitet

hatte, wo der Tod verdrängt wurde, ging man hier mit ihm um, lernte, mit ihm zu leben.

Das Haus war sehr groß. (Ich fragte mich sofort, wie groß unser Gebäude sein musste. Darüber hatte ich mir bisher keine Gedanken gemacht.) Es war bunt und praktikabel. Die Kinder konnten mit ihren Rollstühlen überall hinfahren, genauso wie Jenny und ich es uns ausgemalt hatten. Wir hatten so viel über so ein Haus gesprochen, dass sich meine Eindrücke mit meinen eigenen Vorstellungen vermischten. Meine Gedanken machten sich selbstständig. Ich begann, im Kopf das Haus zu bauen.

In Olpe gab es eine große gewundene Holztreppe in der Mitte, die in den Elternbereich führte. Das Haus war von betroffenen Eltern ausschließlich für stoffwechselerkrankte Kinder initiiert worden, das wusste ich.

Niemand konnte besser beurteilen, wie groß die Belastung mit einem erkrankten Kind zu Hause ist, als die Eltern selbst. Sie brauchten die Erholung, um wieder Kraft zu schöpfen, und darauf wurde beim Bau des Hauses vor allem räumlich Wert gelegt. Es war der gleiche Gedanke wie meiner. Die Eltern wussten ihre Kinder in guter Betreuung und konnten sich selbst für eine Zeit in den Elternbereich zurückziehen. Ich verstand den Ansatz dieses Hauses. Wir hatten großen Respekt vor dem, was sie erschaffen hatten, und ich bekam eine noch konkretere Vorstellung von dem, was mich an Arbeitsaufwand die nächsten Jahre beschäftigen sollte.

Auf der Rückfahrt von Olpe tauschten wir uns rege über das Haus aus, doch ich begann ganz allein für mich in meinem Kopf unser Haus zu bauen.

Ich wollte ein Haus für alle lebensbegrenzend erkrankten Kinder, unabhängig davon, unter welcher Erkrankung sie litten. Die schwierige Lebenssituation der Familien, die

Angst, Sorge und Trauer um ihr Kind, ließen sie alle die gleiche Not erfahren. Bei allen war der Bedarf an Unterstützung und Hilfe gegeben. Auch das Kinder-Hospiz in Olpe betreut heute alle lebensbegrenzend erkrankten Kinder und junge Erwachsene.

Es ging um die Hilfe für Kinder in schwierigen Lebenssituationen und die Unterstützung ihrer Familien. Den Umfang dieses besonderen Hauses konnte ich damals nur erahnen. Aber ich wusste, dass ich es versuchen wollte. Ob ich es schaffen würde, war noch nicht deutlich. Ich habe mir immer wieder gesagt, dass es nur zwei Möglichkeiten geben würde: Entweder ich mache weiter meinen Dienst auf der Kinderstation, erlebe Defizite, und es ändert sich nichts, oder ich versuche selbst, etwas zu ändern. Ich hatte keine Kenntnis davon, was alles damit in Verbindung steht. Ich hatte keine Vorstellung davon, was es bedeuten würde, Spenden zu sammeln. Aber ich wusste, dass Menschen, die mich in dieser Idee unterstützen wollten, sich auf mich verlassen könnten. Dass ich zu meinem Wort stehe. Vierzig Familien habe ich ehrenamtlich zu Hause unterstützt, so gut ich konnte.

Ich hatte als Kinderkrankenschwester viel Zeit mit der Hilfe und Unterstützung vieler Familien verbracht. Ich konnte mir aber die Zeit selbst einteilen, und es wäre eine Entscheidung ohne persönliche Konsequenzen geworden, auch einmal Nein zu sagen.

Als ich im Zug saß und das Haus in meinem Kopf immer konkretere Formen annahm, sah ich mich als Kinderkrankenschwester. Ich wollte das Haus mit den Pflegekräften, den Kindern und Familien zusammen gestalten, leiten wollte ich es damals eigentlich nicht. Ich wollte die Kinder so pflegen, wie ich es mir auf der Station immer gewünscht hatte. An den Schreibtisch wollte ich auch dort eigentlich nie.

Bei meinen Gesprächen mit Peer Gent wurde mir immer klarer, dass ich die Einzige war, die eine genaue Vorstellung von dem Haus hatte, da ich wusste, wie die Familien es benötigen. Eine Vorstellung davon, was es bedeutete, Spendengelder zu sammeln, tagsüber im Kinder-Hospiz Gespräche mit den Eltern, Geschwistern und den Kindern zu führen, Absprachen mit den Kliniken zu treffen und sich um die Verlegung von Kindern zu kümmern, in Notfällen schnell zu handeln, Familien aufzufangen, wenn sie keine Kraft mehr haben, Telefonate mit den Eltern zu führen, die akute Probleme zu Hause schildern und Hilfe benötigen, Rituale einzuführen und alle Mitarbeiter in diesen neuen Gedanken einzuarbeiten, Wochenend- und Abendveranstaltungen wahrzunehmen, um die Menschen über unsere Arbeit zu informieren, hatte ich noch nicht.

Wenn ich das alles vorher gewusst hätte, hätte ich wohl nicht den Mut gehabt. Bisher wusste ich nur, welche Hilfe die Familien brauchten. Welche Pflege die erkrankten Kinder benötigten, wo es Sorgen, Probleme und Hilflosigkeit gab. Und ich wusste, wie Lösungen zu finden sind. Aber diese Arbeit tat ich bis dahin in aller Stille. An die Menschen aktiv heranzutreten war mir völlig fremd. Aber nur dieser Weg würde das Unmögliche möglich machen, genug Spenden für ein behindertengerechtes Haus zu sammeln. Um dieses Ziel zu erreichen, musste ich die Scheu vor Fernsehauftritten, Vorträgen und vielen anderen Dingen überwinden. Nur mit der Hilfe von vielen Menschen würde es möglich sein, dieses Haus Realität werden zu lassen. Die Öffentlichkeit war notwendig, um die Menschen auf diese besonders belasteten Familien aufmerksam zu machen. Um sie zu bitten, diese Familien in ihre Mitte zu nehmen, sie nicht alleinzulassen.

Jeden Tag leben

Als ich zurück auf der Kinderstation war, ließen mir die Gedanken keine Ruhe mehr. Ich erzählte Jenny von unserem Besuch. Sie war jedes Mal froh, wenn es nicht immer nur um ihre Erkrankung ging. Ihr Optimismus und Lebenswille halfen ihr, Hürden zu überwinden, und ihre Großmutter schenkte ihr unermüdlich liebevolle Unterstützung und positive Kraft, indem sie viel von den Freunden zu Hause erzählte, wie alle warteten und was sie dort alles Schönes machen würden. Die Großmutter versuchte immer wieder, eine manchmal drückende Stimmung bei Jenny aufzufangen und positiven Gedanken Raum zu geben.

Jenny nahm mit Freude Ideen und Vorschläge an. Sie wollte raus, wenn es ihr Gesundheitszustand zuließ, in die Schule gehen, zu ihren Freunden, und lernen, denn sie war eine fleißige Schülerin. Sie wollte leben – jeden Tag. Und ihre Familie unterstützte sie darin nach allen Kräften. Ich versuchte neben meinem Dienst Zeit mit ihr zu verbringen und Wünsche zu erfüllen.

Einen besonderen Tag werde ich wohl nie vergessen. Jenny liebte das Buch *Pünktchen und Anton* von Erich Kästner.

Ich hatte ihr oft daraus vorgelesen, und in jenem Jahr kam die Geschichte als Film in die Kinos.

»Den Film müsste Jenny sehen«, sagte ich sofort zu mir, als ich erfuhr, dass er in einem der Kinos in der Umgebung laufen würde. Ich wusste, dass es nicht einfach werden würde, denn Jenny war an vielen Tagen schon sehr schwach. Sie saß im Rollstuhl, litt unter den Lähmungen und hatte immer wieder Schmerzen. Es gab gute und schlechte Tage, und man wusste nie, würde es ein guter oder schlechter Tag werden.

Ich sprach mit der Großmutter. Ich erzählte ihr von dem Film und wie gern ich Jenny ins Kino einladen wollte. Ihr Vertrauen in mich war inzwischen groß genug. Jenny musste aus dem Krankenhaus für diese Zeit beurlaubt werden, dazu benötigten wir die Unterschrift auf einem Formular. Jennys Großmutter unterschrieb nur allzu gern. Sie fand es eine großartige Idee, ihrem Enkelkind eine Freude zu machen.

Ich erzählte ihr, dass ich auch meinen elfjährigen Sohn Thorben mit ins Kino nehmen wollte und dass es sicher ein großer Spaß werden würde. Mein Mann wollte uns zusätzlich als Unterstützung begleiten. Auch er kannte Jenny schon ein wenig persönlich und aus meinen Erzählungen. Ihre Lebensgeschichte berührte ihn sehr, und er wollte helfen.

So erkundigte ich mich, ob es in dem Kino behindertengerechte Plätze gab, und dann, am Nachmittag, holten wir sie ab. Jenny wollte immer so viel wie möglich im Leben selbst machen, alles, was noch möglich war. Als wir am Kino ankamen, äußerte sie den Wunsch, dass sie anstatt im Rollstuhl den Film in einem richtigen Kinosit erleben wollte, so wie alle Kinder. Da uns ihre Wünsche wichtig waren und wir ihre Gedanken gut verstehen konnten, wollten wir es versuchen. Mein Mann hob sie aus dem Auto und trug sie auf dem Arm ins Kino. Thorben kaufte eine große Portion Popcorn und alles, was einen Kinobesuch abrundete. Jenny aß in dieser Zeit ab und zu schon sehr schlecht, ihr war oft übel. Ich hatte viele Medikamente eingepackt und Nierenschalen, für den Fall, dass sie sich übergeben musste. Aber Popcorn wollte sie trotzdem.

Mein Mann hob sie auf den Kinositz und setzte sie vorsichtig hin. In ihren Rücken legten wir noch ein Kissen. Er fragte sie, ob sie bequem sitzen würde und alles so in Ordnung sei. Sie nickte. Als mein Mann sie vorsichtig losließ, klappte der Kinosessel langsam nach oben. Erschrocken griffen wir zu. Jenny war schon zu leicht für den Sitz geworden. Ihre Knie waren beim Kippen fast vor ihrem Gesicht, und dann sagte Jenny lachend etwas, was so typisch für sie war: »Ute, so kann ich aber nicht viel gucken.«

Verdutzt sahen wir uns an und fingen an zu lachen. Wir beschlossen dann gemeinsam, dass es doch besser wäre, den Rollstuhl zu holen. Jenny war einverstanden. Mein Mann holte ihn aus dem Auto und platzierte ihn neben Thorben am Gang. Wir saßen daneben.

Es war ein schöner Film, und ich weiß noch, wie Jenny lachte und jede Sekunde genoss. Wirklich wunderschöne Stunden. Ich musste immer wieder zu ihr rübergucken. Sie anschauen, wie sie lachte. Sie empfand es als große Freude, sich mit den anderen zusammen den Film anzusehen.

Jenny kannte meinen Sohn Thorben vorher noch nicht, ich hatte ihr nur ein Foto gezeigt und ab und zu von ihm erzählt, wenn sie fragte. Ich genoss die Momente, in denen die beiden sich amüsierten.

Draußen herrschten Minusgrade, und ich war einigermaßen verwundert, als Jenny nach dem Kino noch zur Eisdiele wollte. Meinem Mann und mir war eher nach einem heißen Getränk, aber wir wollten Jenny einen perfekten Tag bereiten. Wir suchten an diesem frühen Winterabend eine Eisdiele, die zu dieser Jahreszeit geöffnet hatte. Es gab ein großes Eis mit bunten Streuseln, wie Kinder es lieben, und am Ende waren Thorben, mein Mann und ich völlig durchgefroren. Aber Jenny fand es großartig, auch wenn sie nur wenig von ihrem Eis probierte. Sie hatte den Nachmittag, Gott sei Dank, ohne Schmerzen und Erbrechen genießen können.

Im Auto drehten wir schnell die Heizung an und wärmten uns. Mein Mann und ich saßen vorn, und die beiden Kinder hinten. Es war still bei den beiden, und ich fragte nach einiger Zeit, ob es ihnen und vor allem Jenny gutginge. »Ja«, sagte sie nur, und dann war es wieder still. Ich klappte meine Sonnenblende mit Spiegel herunter, um die beiden zu sehen. Ich musste schmunzeln, als ich beobachten konnte, dass sie sich immer abwechselnd anschauten. Immer wenn der eine guckte, drehte der andere schnell seinen Kopf weg. Nach einiger Zeit kamen dann die ersten Fragen, vor allem von Thorben.

»Gehst du eigentlich zur Schule? Musst du das überhaupt noch, wo du so krank bist?« Thorben war sich unsicher, ob er diese Fragen stellen durfte, doch ich machte ihm Mut. »Frage ruhig alles, was du wissen möchtest.«

Jenny nickte und erzählte von ihrem Unterricht im Krankenhaus. Sie hatte Einzelunterricht, aber sie vermisste die Schule und ihre Freunde sehr. Sie liebte Mathe, mein Sohn dagegen alle anderen Fächer, aber bloß keinen Mathematikunterricht. Beide unterhielten sich immer angeregter, und ich dachte, es wäre so schön, wenn man die beiden jetzt noch lassen könnte, wenn wir noch zwei Stunden mehr hätten, doch wir mussten Jenny zurück ins Krankenhaus bringen. Ich sah, wie erschöpft sie war.

Als ich sie ins Bett legte, murmelte sie, schon fast schlafend: »Das war ein schöner Tag.«

In der Zeit, die wir zusammen verbrachten, kam Jenny durch ihre Erkrankung immer mehr an Grenzen, die sie langsam veränderten.

Irgendwann reagierte sie für uns zunächst unerklärlich heftig, wenn sie beim mühsamen Malen gestört wurde. Sie hatte viele Bilder in der letzten Zeit an die Menschen verschenkt, die täglich um sie waren. An Schwestern, Ärzte, Krankengymnasten, Rettungssanitäter und viele andere. Als ich bemerkte, dass sich die Bilder veränderten, dass sie nicht mehr in ihren Einzelheiten sorgfältig, wie es vorher war, Bedeutung hatten, sondern mit einem Mal die Menge der Bilder entscheidend schien, fragte ich Jenny vorsichtig, warum.

»Jeder soll ein Bild bekommen, und hier sind so viele, die noch keins haben!«

Ich setzte mich zu ihr auf die Bettkante, nahm ihre Hand in meine und sah sie an: »Jenny, kann es sein, dass du all den Menschen ein Bild schenkst, damit sie dich nicht vergessen? Du wirst ja bald nach Hause entlassen.« Ohne aufzuschauen, malte sie eifrig weiter.

»Jenny, wenn es so ist, möchte ich dir eines sagen: Keiner wird dich je vergessen, der dich kennengelernt hat. Du wirst immer einen Platz in unserem Herzen haben. Das ist dein Bild. Immer, denn wir haben auch ein Stück in unser aller Leben mit dir gelebt. Die ganze Zeit, in der wir dich bei uns auf der Station erlebt haben. Wir freuen uns alle sehr über deine Bilder – sie sind wunderschön. Aber wir brauchen sie nicht, um an dich zu denken. Wir werden es auch so tun.«

Sie legte den Stift beiseite, hörte auf, hektisch zu malen, und sagte erleichtert: »Dann bin ich aber froh!«

Von da an malte sie wieder wie früher. Ruhige und wunderschöne Bilder.

Das Prinzip der Rolle gibt es nun in unserem Kinder-Hospiz im Spielzimmer. Sie ist aus Holz und stabiler, doch ohne Jenny hätte es sie wahrscheinlich nicht gegeben. »Vergiss die Papierrolle nicht, wenn du das Haus baust«, gab sie mir damals mit auf den Weg.

Die Rolle war aus der Not heraus entstanden, und ich musste plötzlich an meinen Vater denken, als ich sie auf Jennys Tisch befestigte. Er hätte es nicht anders gemacht. Er wusste sich immer zu helfen, hatte immer eine Idee und hatte mir seinen Pragmatismus mit auf meinen Lebensweg gegeben. Mein Vater war mir in jeder Beziehung ein Vorbild, und ich bin dankbar, so viel von ihm gelernt zu haben. Er war ein Mann, der immer abgewogen hat, was eine Entscheidung für Konsequenzen haben würde und was sie für jeden Einzelnen bedeutete. Er erledigte alle Aufgaben zu einhundert Prozent und gab nie auf. Für ihn gab es immer einen Weg.

Bei Jenny half mir die Erfahrung seines Berufslebens. Er war REFA-Techniker. Ich habe ihn dafür bewundert, mit welchen Ideen und mit welchem Weitblick er versucht hatte, den Mitarbeitern die Arbeitsplätze so einzurichten, dass sie gut daran arbeiten konnten. Er baute damals gerade in der Firma einen Computerschreibtisch für Schwangere. Dieser innovative Ideenreichtum hat mich immer beeindruckt. Probleme erkennen und Lösungen suchen.

»Nicht resignieren und sagen, das geht nicht, sondern überlegen, wie es gehen kann.« Bis heute gehört das zu meinen Lieblingssätzen, und er fiel mir in den besonders schwierigen Situationen, die noch kommen sollten, immer wieder ein und motivierte mich zum Weitermachen.

Sein Kopf steckte voller Ideen, und es war beeindruckend, wie leicht es oft schien, Arbeitsabläufe zu vereinfachen. Dabei hatte er ganz einfache Fragen gestellt:»Warum liegen die schweren Sachen oben im Regal? Warum arbeitet ihr immer von links nach rechts über den rechten Arm herüber?«

Er hat ehrenamtlich beim Umbau unserer Kinderstation geholfen und unsere Arbeit dadurch in vielen Dingen erleichtert. Er hatte auf dem Gang gesessen und uns bei unseren Arbeitsabläufen beobachtet. Hatte registriert, wie häufig wir welche Dinge benötigten, und nach dem Gesichtspunkt Sicherheit am Arbeitsplatz und Erhalt der Arbeitskraft die Station mitgestaltet.

Sein Motto war immer:»Wenn du möchtest, dass deine Mitarbeiter eine gute Arbeit leisten, müssen sie sich wohlfühlen.«

Er hat in mir den Grundstock gelegt, immer den Menschen zu sehen und nicht nur die Arbeit. Das habe ich bis heute verinnerlicht und versuche es fortzusetzen. Später beim Aufbau des Kinder-Hospizes haben mir diese Gedanken immer weitergeholfen.

Bis heute sehe ich stets beide Seiten: Da sind Familien, die unsere Hilfe brauchen, und dort sind wir, die diese Hilfe leisten möchten und können. Wie bekomme ich beides so gut wie möglich zusammen, dass sich alle in einem guten Miteinander wohlfühlen und eine tragende Harmonie in unserem Haus zu spüren ist?

Wenn Kinder sterben müssen

Manchmal hätte ich mir gewünscht, mein Wissen von heute schon bei Jenny gehabt zu haben. Nicht nur das Wissen über die praktischen Arbeitsabläufe, sondern auch die Erfahrung der Gesprächsführung mit lebensbegrenzend erkrankten Kindern. Wie gern hätte ich schon damals die richtigen Worte gefunden, als Jenny mir die Medikamente vor die Füße warf und sagte: »Das hilft ja alles sowieso nicht.«

Es waren ausweglose Situationen, in denen vor allem ihre Großmutter die Initiative ergriff: »Nimm die Tabletten, Jennychen, damit du wieder gesund wirst.« Aber Jenny fühlte wohl, dass sie nicht mehr gesund werden würde. Kinder wissen das oft, ohne dass man mit ihnen darüber spricht. Sie spüren es.

Jennys Fragen wurden nun eindeutiger. Es ging dabei nie um sie selbst, sie tat immer so, als ginge es um andere Kinder.

»Sag mal, sterben Kinder eigentlich auch?«

»Ja, leider müssen auch manchmal Kinder sterben.« Es war mir schon damals wichtig, Kindern so wahrheitsgemäß wie möglich zu antworten.

»Es gibt Kinder, die einen Unfall hatten, oder Kinder, die sehr krank sind und nicht wieder gesund werden.«

Für Jenny war das zunächst unfassbar, denn eigentlich sterben für Kinder nur alte Menschen. Erst einmal musste sie nur diese Information verarbeiten und schwieg eine Weile.

Ich wollte wissen, wie Jenny auf diese Frage kam: Sie hatte abends im Fernsehen ein Stück eines Films gesehen, in dem ein Kind starb.

Es hat einen ganzen Tag gedauert, bis sie meine Antwort, dass auch Kinder sterben können, verarbeitet hatte. Normalerweise schloss sie eine Frage an die andere, doch dieses Mal brauchte sie etwas Zeit.

Erst am nächsten Tag kamen wir wieder auf das Thema zu sprechen, und ich fragte sie nebenbei beim Bettenmachen, welchen Film sie denn eigentlich gesehen hätte. Sie wusste es nicht genau. Ich vermutete, es sei *Lorenzos Öl* mit Nick Nolte gewesen, in dem ein stoffwechselerkranktes Kind stirbt. Ich hatte ihn zu Hause auch gesehen.

Ich stellte keine weiteren Fragen, denn ich wusste inzwischen, dass es gut war, immer nur die Frage zu beantworten, die gestellt wurde, um die Kinder nicht zu überfordern, aber ihnen gleichzeitig zu signalisieren, dass ich weiter für ein Gespräch zugänglich bin. Viel Fingerspitzengefühl ist notwendig. Es werden kleine Hinweise und Signale an uns Erwachsene gegeben. Wir sollten genau hinhören. Sätze wie:»Schön, dass ich den Schnee noch sehe«, oder:»Wann heiratet Gaby?«, oder:»Ach, so lange noch bis dahin«, sollten uns aufmerksam machen. Ebenso Fragen wie:»Glaubst du, dass der liebe Gott einen Unterschied zwischen einem Tierhimmel und einem Menschenhimmel macht?«

In den nächsten Tagen begann Jenny, weiter vorsichtige Fragen zu stellen. Ich konnte spüren, wie sehr sie über jede einzelne nachdachte. Sie erzählte von ihrem vor einem Jahr verstorbenen Großvater und erinnerte sich an viele Momente mit ihm.

Danach dauerte es nicht lange, und Jenny begann ihre Medikamente zu verweigern. »Sie helfen immer noch nicht«, sagte sie, oder sie schlug sich auf den gelähmten Arm. »Der schläft doch nicht – der funktioniert nicht mehr. Und jetzt schläft auch noch mein Bein, das hat es vorher nicht getan.« Jennys körperliche Einschränkungen wurden immer spürbarer. Häufiger am Tag mussten wir sie katheterisieren, da sie allein keinen Urin mehr lassen konnte. Das erste Mal hatte ich nun das Gefühl, Jennys Lebensmut sinkt. Sie stellte vieles infrage und sah immer weniger Sinn in unseren Behandlungen. Die körperlichen Einschränkungen wurden immer mehr, und die Lähmungen waren nun bis zur Blase vorangeschritten. Die Feuchtigkeit im Bett spürte sie nicht mehr, da sie auch in den Beinen nur noch wenig Gefühl hatte. Ihre Fragen veränderten sich: »Warum krieg ich den Arm nicht mehr hoch?« Sie fragte, ob das wieder besser werden würde, und ich habe geantwortet, dass wir das gemeinsam den Doktor bei der Visite fragen wollen. Jenny sagte, dass sie doch nicht wieder gesund werden würde. Für uns alle auf der Station wurde die Situation immer schwieriger. Es musste eine gemeinsame Sprachregelung in Absprache mit der Großmutter gefunden werden.

Ich sprach mit Jennys Großmutter, ob sie vielleicht inzwischen mit ihrem Enkelkind gesprochen habe und Jenny die Wahrheit kennen würde. Denn dieses Thema beschäftigte uns alle gemeinsam.

»Sie weiß es«, sagte sie eines Tages. »Ich fühle es.« Und sie hatte recht. Jenny spürte es.

Unsere Themen veränderten sich, Jenny sprach über den Himmel und den Tod. Engel wurden zu einem ihrer Hauptthemen. Ich spürte, wie Jenny uns Erwachsene immer prüfender betrachtete.

Wenn ihre Großmutter ins Krankenhaus kam, sprach sie immer zuerst mit dem Arzt:»Ist es besser geworden? Hilft die Therapie?«

»Es ist nicht schlechter geworden.«

Die Hoffnungen waren so groß, aber der ersehnte Erfolg der Therapie zeigte sich nicht. Bewegt und voller Mitgefühl sah ich Jennys Großmutter, wie sie sich nach dem Gespräch mit dem Arzt gerade machte, Haltung bewahrte und tief durchatmete und mit den Worten ins Zimmer ging:»Hallo, meine Jenny, guten Morgen! Wie war denn der Tag bis jetzt?«

Ich spürte, wie viel Kraft sie aufbrachte, und fragte:»Haben Sie denn heute Nacht ein wenig geschlafen?«

»Jaja, alles in Ordnung«, sagte sie. Immer bewahrte sie Haltung.»Ich schaffe das schon.« Manchmal standen ihr Tränen in den Augen, während sie das sagte, aber nie vor Jenny, und dennoch bemerkte diese es.»Ich habe gemerkt, dass Omi sehr traurig ist«, sagte sie nach einem Besuch zu mir.

Viele Menschen sprechen nicht über ihre Trauer, um das Kind nicht noch mehr zu belasten. Der Verlust von Fähigkeiten, die Stück für Stück das Leben ihres Kindes verändern, die Vorstellung, dass es nie wieder so sein wird, wie es einmal gewesen ist, macht unbeschreiblich traurig, oft auch wütend und verbreitet das Gefühl von unendlicher Hilflosigkeit. Für Angehörige eine sichtbar schwere Situation, in der auch sie Hilfe benötigen. Denn das Kind braucht sie mit all ihrer Kraft, Stärke und Liebe.

Irgendwann kommt aber der Zeitpunkt, wo es dem Kind schlechter geht und keine Hoffnung mehr auf Heilung besteht. Ganz sorgsam und vorsichtig sollten dann Gespräche geführt werden. Aufrichtig, offen und ehrlich, wenn möglich gemeinsam mit den Eltern. Aber auch aufmerksam darauf achtend, wenn das Kind nicht sprechen will, und es respektieren. Das Signal: Ich bin da für dich, wenn du sprechen möchtest, ist ausreichend.

Das Vertrauen der Kinder zu erlangen, ihnen Aufrichtigkeit zu schenken und ehrlich mit ihnen umzugehen, erhält ihnen ihre Würde. Oft das Einzige, was bleibt.

Später lernte ich in meiner Arbeit einen Jungen kennen, der bei seinem Vater bemerkt hat, dass die Wangenmuskeln immer spielen, weil dessen Ohren immer dabei gewackelt haben, wie er sagte.

»Mutti hat mir gesagt, das macht der Papa, wenn ihn etwas beschäftigt.«

Kinder beobachten ihre Eltern ganz genau, sie achten auf die Details in der Körpersprache. Sie kennen ihre Eltern.

»Ich merke, dass etwas nicht stimmt, wenn der Papa plötzlich Mama an die Hand nimmt, während sie da an meinem Bett sitzen. Das macht er sonst nie.«

Es sind genau diese Kleinigkeiten, die die Kinder registrieren. Sie bemerken: Etwas ist anders. Mama und Papa verhalten sich komisch. Diese Signale, das Ausweichen oder Ablenken auf Fragen bemerkt das Kind. Jeder geht mit seinen Sorgen, Nöten, Ängsten alleine den Weg anstatt gemeinsam.

Der psychische Druck ist in diesen Situationen gerade für ältere Kinder schwer zu ertragen. »Passt ihr auf meine Eltern auf – später?« Das habe ich oft von erkrankten Kindern gehört. Sie machen sich Sorgen um die Eltern, und viele fühlen sich sogar schuldig. Ich bin schuld, dass Mama so viel weint, oder ich bin schuld, dass Papa die Familie verlassen hat. Weil ich krank geworden bin.

Durch ihre Schuldgefühle ziehen sie sich häufig zurück. Ein vorsichtiges und sorgsames Hinterfragen durch eine neutrale Person ist oft hilfreich. Da keine emotionale Bindung besteht, ist die Gesprächssituation eine andere. Verletzungen durch zu direkte Fragen können nicht entstehen. Alle Fragen dürfen ungehindert sein. Auch über die Situation mit den Eltern und den Geschwistern, wenn es größere Kinder sind. Ich spreche in problematischen Situationen oft erst einmal mit den Eltern. Bitte sie um Erlaubnis, anschließend mit ihren Kindern alleine reden zu dürfen. Danach folgt häufig ein Gespräch mit den Geschwistern. Die Eltern werden über alles informiert: Gesprächsinhalt, Emotionen, Ängste. Dann versuchen wir ein gemeinsames Gespräch, in dem ich nur moderiere, aber gegebenenfalls auch die mir nun bekannten Dinge thematisiere, wenn es für die Familien schwierig scheint. Das geschieht nur mit dem vorangegangenen Einverständnis der jeweiligen Personen. Langsam, vorsichtig sich jedem annähernd. Sollte ich bemerken, dass jemand sich mit einem Mal in der Situation nicht mehr wohlfühlt, beschließe ich das Gespräch, um dann noch weitere Einzelgespräche zu führen.

Jede Situation, jede Familie benötigt ganz individuelle Hilfe und Unterstützung. Der erste Schritt war für mich immer, erst einmal mit den Eltern zusammen wahrzunehmen, wie und wo Hilfe benötigt wird. Mein Ziel ist es immer, dass die Familien wieder gemeinsam vertrauensvoll und offen miteinander sprechen. Auch wenn es oft furchtbar wehtut. Es bringt sie im besten Fall aber so nahe zusammen, wie es eine Familie am Lebensende ihres Kindes sein sollte.

Gesprächssituationen, in denen Eltern spüren, dass sie Unterstützung benötigen, beginnen oft mit Fragen der Kinder wie:»Was ist denn los? Ihr seid so komisch.« Wird darauf mit:»Nichts, alles in Ordnung. Wie kommst du darauf?«, geantwortet, ist das Kind irritiert. Gespräche und Haltung verändern sich. Fragen, die es sonst gestellt hätte, schränkt es ein, da es ausweichende und unklare Antworten bekommt. Das Kind fängt an, sich der Situation unbewusst anzupassen oder sich zurückzunehmen.

Kinder stellen viele Fragen, denen man offen versuchen sollte zu begegnen und sie zu beantworten. Stück für Stück, keine Monologe, nur so viel, wie ein Kind verarbeiten kann. Die Problematiken und Perspektiven sind unterschiedlich. Ein älteres Kind denkt beispielsweise viel mehr über die Zukunft nach als ein vier- oder fünfjähriges.

Ich lernte schon während meiner Zeit der ehrenamtlichen Betreuung meine Wortwahl dem Kindesalter anzupassen und erkannte, dass das eine der großen Herausforderungen bei der Arbeit mit erkrankten Kindern sein wird.

»Warum sagt die Mama immer, ich kann gehen? Ich weiß aber gar nicht, wohin«, sagte einmal ein vierjähriger Junge zu mir. Er sprach damit einen der schwierigsten Schritte in der Eltern-Kind-Beziehung an.

Die Mutter hatte verstanden, dass ihr Sohn in seinem langen Sterbeprozess die Sicherheit und das Zugeständnis der Eltern brauchte, nicht mehr kämpfen zu müssen. Tag für Tag hatten die Eltern versucht, dem Jungen das zu sagen: »Wenn du möchtest, kannst du gehen. Wir sehen uns ja irgendwann wieder.«

Der Junge verstand seine Mutter nicht, spürte aber deutlich, wie schwer ihr diese Worte fielen und dass sie ihr wichtig waren.

Jedes Gespräch mit Kindern über das nahe Lebensende kostet höchste Konzentration und muss mit Bedacht und großer Sorgfalt geführt werden, gut und altersentsprechend formuliert sein, sich immer wieder versichernd, dass alles verstanden wird. Es muss genügend Zeit und Ruhe da sein, sodass das Kind ermuntert werden kann, Fragen zu stellen, wenn noch möglich. Das ist ein schweres, zutiefst berührendes Miteinander.

Das Kind gibt den Weg vor, zeigt oft auch nur mit Körpersprache, dass es nicht sprechen möchte oder ein wenig Ruhe braucht. Das ist immer zu respektieren.

Eine Brücke bauen

Wir begleiten das Kind mit der Familie, sind an ihrer Seite, aber wir laufen nicht vorweg. »Wie soll ich ihm denn erklären, wie sein Weg ist, wie es weitergeht? Ich weiß es ja selbst nicht«, sagte die Mutter des Jungen, als ich ihr vorsichtig erklärte, was ihr Kind mich fragte.

Sich diesen Gedanken zum Sterben ihres Kindes zu öffnen ist unendlich schwer für Eltern: »Ich habe Angst, wenn ich darüber nachdenke und spreche, passiert es.«

Unbeschreibliches Leid tragen sie mit sich, und doch ist es hilfreich, sich diesem Gedanken zu stellen. Für mein Kind wünschen kann ich mir alles; ob es so sein wird – keiner weiß es. Wünschen und Hoffnungen Raum zu geben, gemeinsam darüber zu sprechen, öffnet Möglichkeiten, irgendwann in diesen gemeinsamen Gedanken Trost zu finden.

»Gibt es einen Himmel für dich? Wie sieht es dort aus? Was würdest du dir wünschen?«, frage ich dann häufig. Die Fantasie ist eine der wertvollsten Schätze der Kindheit, mit ihr sollte man arbeiten in dieser Situation.

Ich half der Mutter des Jungen, mit dem Kind über Wolken zu sprechen, über Licht, über eine andere Welt. Wie könnte es dort sein? Gibt es etwas, wovor ich Angst habe, oder etwas ganz Besonderes, was ein Vierjähriger sich vorstellt? Vielleicht, dass die Zeit dort oben viel schneller vergeht als auf der Erde, wie mir ein Kind erzählte. Das alles geht auch ohne einen Glauben. Wir leben nach den Zehn Geboten, vielleicht unbewusst, aber es gibt Werte in unserer Gesellschaft. So wurden wir erzogen. Die Frage: »Was passiert nach dem Tod?« stellt sich jeder Mensch irgendwann einmal. Was kommt danach? Gibt es ein Danach? »Es wäre schön wenn wir uns wiedersehen würden.« Diese Formulierung benutze ich häufig, und ich wünsche es mir auch. Die Formulierung »nie wieder« hat eine ganz andere Bedeutung, eine schwer zu ertragende Bedeutung. Es ist natürlich, dass der Mensch sich ein Türchen sucht und sagt, wenn man sich irgendwann in irgendeiner Form wiedersehen würde, wäre das schön.

In dem Moment des Sterbeprozesses ist es trostreich, es ist eine kleine Brücke, die man den Kindern bauen kann und über die sie gehen können. Der Weg dorthin ist oft steinig, denn auch die Vorstellung, dass es da oben gar kein Ende gibt, kann einem Kind Angst machen. Alles in unserem Leben hat eine Begrenzung, das lernt es früh. Wie erkläre ich Unendlichkeit? Es ist dann hilfreich, einen positiven Gedanken zu äußern: »Wie gut, dass es dort so groß ist.« So weiß man: Wir alle haben Platz, wenn wir ihn brauchen. Für Kinder ist das praktisch und greifbar. Es sterben schließlich ständig Menschen – wo sollen die denn alle hin, wenn die tot sind? So die Kinder. Also muss es da oben groß sein.

Immer wenn auch ich nicht weiterwusste, selbst nicht die richtigen Worte gefunden habe, fragte ich: »Was glaubst du denn?« Das empfehle ich auch Eltern in dieser Situation. Sie sollten ihre Kinder fragen. Auf diesem Weg lernen sie die Gedanken ihrer Kinder gut kennen. Kinder denken anders als wir Erwachsene und sehen Wege, finden Erklärungen, die auch den Erwachsenen oft helfen.

Heute ist ein großer Teil meiner Arbeit die Öffentlichkeitsarbeit. Damals stellte ich das Projekt der Sternenbrücke in Kindergärten und Grundschulen vor. Ich erklärte dort nicht den Tod, sondern sprach über schwer kranke Kinder. Damit können Kinder etwas anfangen, denn sie alle waren schon einmal krank. Hatten Husten und vierzig Grad Fieber. Manchmal kam ich in meinen Gesprächen dann auf den Himmel und auf die Wolken zu sprechen, und oft ging es dann weiter bis ins Universum. Das hatte etwas Schönes, etwas Leichtes, etwas Luftiges, und die Fantasie der Kinder hatte große Flügel.

Mit Grundschülern aus der ersten und zweiten Klasse habe ich mich einmal auf den Rasen gelegt und schöne Schäfchenwolken angeguckt. Die Kinder hatten alle Sonnenbrillen auf, die ich ihnen mitgebracht hatte. Da es im Geschäft nur Brillen für Erwachsene gab, dominierten die Brillen ihre Gesichter. Sie sahen alle sehr lustig aus. Die Kinder haben erzählt, was für Figuren sie in den Wolken sehen, und kamen ganz schnell auf Engel und den Himmel zu sprechen.

Viele Kinder haben schon einmal einen Verlust erlitten, den Wellensittich oder den Hamster. Oder sie haben ein totes Tier beim Waldspaziergang gefunden. Die Frage von mir, wie sie damit umgegangen sind, öffnete die Tür zu ganz ernsthaften kleinen Menschen, die sehr würdevoll, aus dem Gefühl heraus, mit Unterstützung der Eltern oder Freunden mit dem Tod umgingen. Bei der Nachfrage, ob das beerdigte Tier ein schönes Grab bekommen habe, wurde mir dann eifrig und umfangreich berichtet. Bis die Frage kam: »Macht der liebe Gott eigentlich einen Unterschied zwischen Menschen und Tieren?«

Es ist ein besonderer Weg, mit gesunden Kindern über das Sterben zu sprechen und zu erleben, wie sie unbeeinflusst, ganz natürlich mit Mitgefühl, Sorge und auch mit Traurigkeit umgehen, mit der Basis, die ihnen ihre Eltern aus Vertrauen, Verlässlichkeit und Umsorgen mitgegeben haben. Es ist eine wunderbare Erfahrung und bestärkte mich immer wieder bei dem Gedanken: Kinder sind ein Geschenk. Natürlich kommen dann viele Fragen wie:»Warum muss man eigentlich weinen, wenn man traurig ist?«

Als ich diese Gespräche mit Jenny führen musste, hätte mir die Erfahrung von heute sicher geholfen.

☆ Sternchen geht

Jennys Leben fand seit ihrer Erkrankung eine lange Zeit im Krankenhaus statt. Nun übernahm Jennys Großmutter gemeinsam mit einem Pflegedienst zu Hause ihre Pflege. Für die Frau, die ich mit ihrer Kraft und Haltung so sehr bewunderte, war die Pflege eines so kranken Kindes eine geradezu unmenschliche Herausforderung. Doch auch in den letzten schweren Wochen habe ich nie gehörte, dass sie am Ende ihrer Kräfte sei, sie schien unerschöpflich in der Liebe zu Jenny zu sein.

Eines Nachts rief sie in meinem Nachtdienst im Krankenhaus an und bat dringend um Schmerzmittel. Die Mittel, die Jenny verschrieben wurden, waren nicht mehr ausreichend. Ich hörte Jenny im Hintergrund fürchterlich weinen. Es drehte mir das Herz um. Ich sprach mit dem diensthabenden Arzt. Es wurde beschlossen, ein Medikament zu schicken, um diese Nacht zu überbrücken, bis am nächsten Morgen der Kinderarzt zu Jenny kommen konnte.

Ich legte das stärkere Schmerzmittel in eine Nierenschale, rief ein Taxi und erklärte der Taxifahrerin, dass sie sich bitte beeilen müsse. Es gehe um ein sehr krankes Kind auf der anderen Seite der Stadt, das dringend dieses Medikament gegen seine starken Schmerzen brauche.

Nach sehr kurzer Zeit bekam ich einen Anruf von Jennys Großmutter, dass das Medikament eingetroffen war. Nie hätte ich gedacht, dass jemand diese Strecke so schnell zurücklegen könnte. Und am nächsten Tag erhielt ich einen Briefumschlag mit meinem Geld, das ich in der Nacht der Taxifahrerin für die Fahrt gegeben hatte. Dazu hatte sie einen Zettel gelegt, auf dem stand:»Das habe ich gern kostenlos getan.«

Es sind diese menschlichen Gesten, die mich in meiner Arbeit bestärken und mir Mut machen, dass wir Menschen auch ohne Gegenleistung in der Lage sind, füreinander da zu sein.

Inzwischen kümmerte sich Schwester Reinhild aufopferungsvoll um die häusliche Pflege von Jenny. Ich durfte sie nicht pflegen, da ich nicht zum Pflegedienst gehörte, auch wenn ich es nur allzu gern getan hätte. So war ich für die seelische Fürsorge da. Ich sprach mit ihr und ihrer Großmutter, hörte zu und versuchte immer für sie da zu sein, wenn sie jemanden zusätzlich zum Sprechen brauchten.

Durch Schwester Reinhild war ich ständig über Jennys Gesundheitszustand informiert, da wir viel telefonierten. Eines Tages hörte ich, dass es nicht gut um sie stand. Es war wieder einer der schlechten Tage für Jenny, als ihre Großmutter mich auf der Station anrief und mir erzählte, wie schlecht es ihrer Enkeltochter heute ging. Direkt nach meinem Frühdienst machte ich mich in großer Eile auf zu ihnen.

Schwester Reinhild war bei ihr, und nachdem ich angekommen war, wechselten wir beide und die Großmutter uns an Jennys Bett ab. Jenny schlief, als ich kam. Schwester Reinhild saugte hin und wieder ihren Speichel ab.

Jennys Schlafphasen wurden immer länger. Wenn sie wach wurde, war sie ansprechbar und klar. Sie guckte prüfend in die Runde, ob alle da waren, aber mit ihrer Kraft ging es zu Ende. Wir hatten alle nötigen Medikamente da, sodass sie nicht mehr ins Krankenhaus musste. Eine von uns saß am Bett, die andere legte sich aufs Sofa ins Wohnzimmer. Ich hatte Frühdienst gehabt, war erschöpft, und auch Schwester Reinhild war schon lange bei der Familie. Die Großmutter richtete uns liebevoll etwas zu essen und zu trinken an.

Es wurde dunkel, und ich saß an Jennys Bett, als die Großmutter zu mir kam. Ich sagte: »Legen Sie sich ruhig einen Moment hin. Ruhen Sie ein bisschen, wir wissen nicht, wie lange es noch dauern wird, wie viel Kraft Jenny noch hat.«

Sie legte sich hin, im Morgenmantel, bereit, jederzeit aufzuspringen und zu uns zu kommen.

Ich blieb am Bett sitzen, hatte meine Hand unter die Decke geschoben, und Jenny hatte ihre Hand auf meine gelegt. Immer wieder schlief sie ein, und ich versuchte mich wach zu halten. Ich blätterte mit der freien Hand in den Micky-Maus-Heften, die Jenny neben ihrem Bett liegen hatte. Plötzlich wachte sie auf und hob ihre Hand, um mir das Micky-Maus-Heft aus der Hand zu nehmen. Dann sah sie mich an und schüttelte vorwurfsvoll den Kopf: »Du sollst mich angucken«, sagte sie. Sie schmunzelte, und ich legte das Heft zurück an seinen Platz.

Im schummrigen Halbdunkel, meinen Kopf auf meine freie Hand gestützt, betrachtete ich Jenny. Eine Hand unter ihrer, eine Hand, um meinen Kopf zu stützen, saß ich da. Ich weiß nicht mehr, wie lange. Waren es drei, waren es vier Stunden?

Schwester Reinhild kam, um mich abzulösen, und in dem Moment, als sie zu uns kam, bemerkten wir, wie sich Jennys Atmung veränderte. Wir holten die Großmutter, damit wir alle bei ihr sein konnten. Als sie kam, war Jenny bereits an ihrem Lebensende. Als Letztes hob sie schwach ihre Hand, sah uns an und deutete einen Luftkuss an. Dann lag eine unbeschreibliche Ruhe in dem Raum. Kein Aufschrei, kein Zusammenbrechen, einfach Stille. Der Glaube der Großmutter und der Glaube von Jenny waren spürbar für uns alle. Ich sah mich, wie ich ihr aus der Kinderbibel vorlas, und ich erinnerte mich, wie viele Fragen Jenny für sich durch die Texte beantwortet hatte.

»Ach, Jenny, ach, meine Jenny«, sagte die Omi, und dann begann sie zu weinen. Wir alle weinten. Wir alle kannten den Weg von Jenny, wir wussten, wie er enden würde, und Jennys Großmutter wusste genau, wo sie war.

»Jenny, jetzt bist du beim lieben Gott. Er wird auf dich aufpassen, bis ich komme. Jetzt bist du auch bei deinem Opi.«

Ich fragte mich, wie sie diese beiden Verluste in so kurzer Zeit verkraften konnte. Woher nahm sie diese unglaubliche Kraft? Aus ihrem Glauben, würde sie mir wohl mit einem ruhigen, gütigen Lächeln im Gesicht antworten.

»Jetzt passt der Opi auf dich auf«, sagte sie ganz leise nach kurzer Zeit noch einmal.

Es war kein Beherrschen in diesem Augenblick, nur weil wir dort waren, es war der unbedingte Glaube daran, dass Jenny jetzt behütet ist.

Für einen Moment lag ein »Wir haben verloren« im Raum, doch wir hatten gewusst, dass wir machtlos danebenstehen würden, wenn es passierte. Wir wussten, dass der Tag kommen würde, doch darauf vorbereiten konnte sich niemand. Auch für mich war es das erste Mal, dass ich ein Kind auf diesem schweren Weg zu Hause begleitet hatte, und ich fühlte mich tief bewegt davon, wie sehr der Glaube im Raum stand. Nie zuvor hatte ich Menschen erlebt, die eine solche Kraft daraus gezogen haben.

Als ich im Auto saß, hatte ich für mich eine wichtige Erkenntnis:»Wenn ein Glaube so viel hilft, dann ist es egal, welcher Glaube es ist. Hauptsache, er hilft.« Ich hatte oft darüber gelesen, immer wieder davon gehört, wie hilfreich gerade in schwierigen Lebenssituationen ein Glaube ist, doch ich hatte es niemals so nah erlebt.

Die Begleitung von Jenny trug auch meine Familie mit. Mein Mann und mein Sohn fragten immer nach ihr. Sie kannten sie ja, hatten mit ihr telefoniert. Thorben bastelte ihr oft etwas, was er mir dann mit in die Klink gab. Auch mit ihm hatte ich viele Gespräche geführt. Er wollte, dass ich Jenny helfe und zu ihr fuhr. Zeit, die ich dann nicht mit ihm verbringen konnte. Mein Mann unterstützte mich in dieser und vielen anderen Situationen mit großem Verständnis.

Ich war zutiefst dankbar, das Lebensende von Jenny miterleben zu dürfen, wie versprochen bei ihr sein zu können, denn fast wäre es mir nicht vergönnt gewesen. Meine Familie und ich fuhren einen Tag später in den Urlaub. Mein Vater war schwer krank, meine Mutter und wir alle wussten, dass es unser letzter gemeinsamer Urlaub sein würde. Mein Sohn Thorben liebte seinen Opi sehr, und wir alle taten uns zusammen, um jeden Tag zu genießen. Es wäre für mich undenkbar gewesen, diesen Urlaub zu verschieben, aber er war der Grund dafür, dass ich an Jennys Beerdigung nicht teilnehmen konnte.

Aber meine Eltern brauchten mich. So wie sie immer für mich da waren, wollte ich jetzt meiner Mutter zur Seite stehen und für meinen Vater da sein. Sie waren es, die mir die wirklichen Werte für mein Leben mitgegeben haben: Wenn du alles verlierst, eines nie – die Unterstützung und Hilfe der Familie.

Am Tag der Beerdigung dachte ich die ganze Zeit an Jenny und ihre Großmutter. Meine Familie wusste um diesen Tag. Ich ging allein an den Strand und setzte mich mehrere Stunden in den Sand. Ich ließ einen kleinen Drachen für Jenny steigen und machte die Schnur los, als er hoch am Himmel stand. Es war meine Art, von meiner Freundin Jenny Abschied zu nehmen.

Am Abend sprachen wir viel über sie. Wir erinnerten uns an unseren gemeinsamen Kinobesuch. Mein Mann sagte schließlich, dass wir unseren Urlaub hätten verschieben können. Es wäre für mich wichtig gewesen, an diesem Tag bei Jenny zu sein, doch ich wollte noch einmal diese kurze Zeit mit meinem Vater erleben.

Es war 1999, das Jahr einer Sonnenfinsternis, und mein Vater hatte für Thorben und sich hierfür eine spezielle Brille gekauft, dazu ein großes Buch mit Erklärungen, um das Beobachtete auch zu verstehen. Beide saßen nebeneinander auf der Terrasse, mit diesen merkwürdigen Brillen auf und sahen gespannt in den Himmel. Ein Bild, das ich nie vergessen werde.

Die Sonnenfinsternis fand genau an diesem Tag der Beerdigung statt, und auch ich sah in den Himmel. Plötzlich funkelte eine Sternschnuppe am Himmel. Mein Mann und ich standen auf der Terrasse und sahen sie beide. Leise sagte er: »Das ist ein Gruß von Jenny.«

Ja, denn sie hatte immer einen Spitznamen von der Omi gehabt: Sternchen.

Der Schritt an die Öffentlichkeit

Jennys Tod motivierte mich, die Planung für den Bau des Hauses voranzutreiben. Peer Gent ging es ebenso. Unsere Schirmherrinnen unterstützten uns, wo sie nur konnten. Wir schlossen Kontakte, trafen uns mit eventuellen Unterstützern, wurden von viel Hilfe getragen, aber manchmal auch enttäuscht. Unsere Treffen fanden sehr spät am Abend statt. Niemand von uns konnte sich ausschließlich um den Arbeitskreis kümmern, und doch war so viel zu tun und so viel zu bedenken. Als Erstes brauchten wir eine Art Büro, eine Adresse. Wir planten zuerst, es bei Christine Oelkers zu Hause einzurichten, dort, wo wir auch unsere Sitzungen abhielten. Eine schwierige Situation, mit der wir behutsam umgehen mussten, denn Christine Oelkers hatte ihren Sohn verloren, und wir konnten nicht abschätzen, wie es ihr gehen würde, wenn das Thema »schwer kranke Kinder« in ihrer Wohnung allgegenwärtig wäre. Aus Rücksicht darauf entschieden wir uns schließlich dafür, meine private Adresse als Büroadresse zu nehmen. Nur die Sitzungen fanden zunächst weiterhin bei ihr statt, da ich ganz am Stadtrand von Hamburg wohnte.

Meine Familie und ich aber, wir hatten nicht den Hauch einer Ahnung davon, was da ganz praktisch auf uns zukam. Meine Wohnung zeichnete sich durch nichts aus, was an ein Büro erinnerte. Es fehlte eigentlich an allem, ich hatte nicht einmal ein Telefon mit Anrufbeantworter. Ich arbeitete in Vollzeit, auch in der Nachtschicht. Was, wenn sich jemand an uns wenden wollte und niemand da war? Ein Büro brauchte auch ein Faxgerät, doch all diese Anschaffungen mussten erst getätigt werden. Schließlich schenkte meine Mutter mir zu Ostern ein Fax mit integriertem Telefon und Anrufbeantworter. Ich war stolz auf mein neues Gerät. Mein Mann hatte mir extra einen Tisch gebaut, wo es nun in all seiner Pracht stand, und unter dem Tisch stapelte ich das Papier.

Zum Geburtstag bekam ich meine erste Aktentasche für die Termine, die auf mich zukommen sollten, und zum Muttertag schenkte mein Mann mir mein erstes Handy. Die Telefonnummer war das Geburtsdatum meines Sohnes, damit ich sie mir gut merken konnte. Ich wollte vorher nie ein Handy haben, doch jedes Mal, wenn ich zu Hause meinen Anrufbeantworter abhörte, begannen die Anrufer mit dem Satz: »Leider kann ich Sie nicht erreichen.« Jetzt konnten sie. Außerhalb des Dienstes war ich nun immer erreichbar. Der nächste Schritt in die Öffentlichkeit war getan.

Unsere beiden Schirmherrinnen, Isabella Vértes-Schütter und Annegrethe Stoltenberg, waren unermüdlich an unserer Seite. Sie stellten den Kontakt zu einer Hamburger Tageszeitung her. In der Redaktion aber war man sich wegen unseres Themas zunächst unsicher. Eine wunderbare Idee, sagte man uns, aber auch ein sehr schweres Thema. Die Bedenken waren groß: Würden die Menschen sich diesem Thema öffnen?

Ich ahnte noch nicht, wie häufig ich das Argument, unser Thema sei sehr schwer, im Zuge unserer Öffentlichkeitsarbeit noch zu hören bekommen würde. Für mich war es so unverständlich, denn ich arbeitete täglich mit diesen Familien zusammen. Ich musste lernen, die Menschen zu verstehen. Wie oft hörte ich: »Respekt, Frau Nerge, da haben Sie sich aber ein schweres Thema zum Ziel gesetzt.« Das habe ich nie so empfunden – die Notwendigkeit war immer größer als meine Befindlichkeiten.

Aber wenn wir den Menschen näherrücken wollten und um ihre Unterstützung bitten, musste ich mich in die Menschen hineinversetzen, die das erste Mal mit diesem Thema konfrontiert werden. Ich verstand langsam, dass das Thema für Außenstehende oft Berührungsängste beinhaltete. Für mich unverständlich, denn diese schwer erkrankten Kinder gab es schon immer. Behinderte Kinder und kranke Menschen begegnen uns auch im täglichen Leben.

Ich musste lernen, Menschen für das Hinsehen zu sensibilisieren, damit sie die Augen nicht verschlossen vor dem, das täglich passierte und nur bedingt sichtbar war.

Schon im Vorfeld der ersten Artikel über unser Projekt stießen wir also auf Berührungsängste, die uns bis heute immer wieder begegnen und mit denen ich in dieser Form nicht gerechnet hatte. Doch Isabella Vértes-Schütter und Annegrethe Stoltenberg unterstützten uns auch dabei. Mit der Hilfe einer bekannten Journalistin aus Hamburg veröffentlichte eine Tageszeitung einen halbseitigen Artikel über unser Vorhaben.

Ich wusste, an welchem Tag dieser Artikel erscheinen würde, und auch, dass meine Adresse unter dem Artikel stand. An diesem Tag hatte ich Frühdienst. Bevor ich zur Klinik fuhr, kaufte ich mir an der Tankstelle die Zeitung. Schnell schlug ich sie auf. Jenny schaute mich aus der Zeitung an. Mir schossen die Tränen in die Augen, und ich sagte nur still zu mir:»Jenny, wenn du das sehen könntest. Das erste Mal wird über unser Projekt berichtet, und du bist dabei.«

Die Journalistin hatte Jennys Geschichte ausgesucht, um unsere Arbeit den Lesern anhand eines konkreten Schicksals näherzubringen.

Jennys Tod lag noch nicht lange zurück, der Gedanke an sie machte mich traurig. Ich hätte ihr den Artikel so unendlich gern gezeigt und sprach in Gedanken mit ihr.»Jenny, du hattest recht, ich hätte schneller sein müssen, dann hättest du es noch erleben dürfen.«

Ich versuchte mich wieder zu sammeln, denn ich musste zum Dienst ins Krankenhaus. Aufgewühlt kam ich auf die Station. Meine Kolleginnen hatten die Zeitung bereits aufgeschlagen vor sich liegen. Sie alle wussten von meinem Projekt, hatten mich unterstützt, mit mir die Dienste so getauscht, dass ich rechtzeitig zu meinen Treffen im Förderverein kommen oder Behördentermine einhalten konnte. Ich erfuhr sehr viel Hilfe von meinen Kolleginnen. Ohne sie wäre alles sehr viel schwieriger gewesen.

Ich sagte nur:»Bitte lasst mich heute die Kinder in die OPs bringen und wieder abholen.« Das war eine gute Möglichkeit, meine freudige Energie bei den langen Wegen zu nutzen. Viele sprachen mich in der Klinik auf den Artikel an. Der Arzt der Station, die Nachtschwestern, die Krankengymnasten, einfach jeder freute sich für uns.

»Toll, dass du das machst.«

»Endlich hast du die Öffentlichkeit, die du brauchst.«

»Ich freue mich für dich.«

Auch wenn jeder von meiner Idee wusste, ahnte niemand, wie weit sie eines Tages reichen würde. Ich in diesem Moment übrigens auch nicht. Eine leise Vorstellung davon bekam ich zum ersten Mal, als ich nach meinem Dienst nach Hause kam und mein Mann schon an der Tür auf mich wartete.

»Und? Hat sich schon jemand gemeldet?«, fragte ich aufgeregt.

»Du bist gut. Du ahnst nicht, was hier los ist! Das Telefon klingelt permanent. Die Nachbarn sprechen mich an. Die Verwandtschaft meldet sich – hier gibt es keine ruhige Minute mehr.« Mein Mann strahlte, während er mir das alles erzählte.

»Du sollst bitte diese Menschen zurückrufen.«

Er reichte mir eine Liste.

»Und was möchten sie? Was haben sie gesagt?«, fragte ich.

Die meisten wollten einfach mehr Informationen. Eine Mutter rief an, weil sie ein erkranktes Kind hatte. Viele fragten nach, ob wir schon unsere Arbeit aufgenommen hätten. Ein Mann wollte die Kleidung und das Spielzeug seines Kindes spenden. Die Reaktion war unglaublich. Viele Anfragen kamen aus Verwandten- und Bekanntenkreisen betroffener Kinder. Sie wollten das Haus ansehen. Ich wurde eingeladen, Dachböden und Keller mit Spielzeug und Kleidung anzuschauen. Rollstühle und Pflegebetten wurden uns angeboten. Viele trugen uns auch ihre ehrenamtliche Mitarbeit an, doch so weit waren wir noch nicht. Es gab ja noch kein Haus, es gab noch nicht einmal ein richtiges Büro. Viele, die sich meldeten, waren darüber verwundert, dass es nur ein Kinder-Hospiz in ganz Deutschland gab. Die meisten hatten von diesen Missständen noch nichts gehört. Das Interesse an unserem Thema war also enorm.

Ich telefonierte den ganzen Nachmittag und bis spät in den Abend. Doch das war nur die Spitze des Eisbergs. Am nächsten Tag kam der Postbote. »Frau Nerge, können Sie mich mal aufklären? Die Post passt nicht mehr in Ihren Briefkasten.«

Ich bekam ganze Postkästen voll mit Briefen und wusste gar nicht, wo ich sie lassen sollte. Ich benötigte einen Schreibtisch, irgendein System. Der Esstisch war zur Bürofläche geworden. So viel Neues passt gar nicht in mein Leben, dachte ich immer wieder.

Schon nach wenigen Wochen waren wir an unseren Grenzen angelangt. Ich kam nach Hause, telefonierte, sah die Post durch und las all die Faxe, die gekommen waren. Ich musste viel schreiben, alles per Hand. Einen PC oder eine Schreibmaschine besaßen wir noch nicht, und dann musste ich all die Post zum Briefkasten bringen. Ich verbrauchte Unmengen von Briefmarken und Briefpapier.

Schnell verstanden wir auch, dass wir unsere Aufklärungsarbeit nicht nur über die Zeitung, das Telefon und Faxgerät erledigen konnten. Wir benötigten das direkte Gespräch mit den Menschen. Wir brauchten einen Stand, den wir bei Veranstaltungen aufbauen konnten. Einer der ersten Unterstützer baute uns einen Stand aus Sperrholz. Er war zwar sperrig und schwer, aber immerhin ein Stand. Bei jeder Gelegenheit schleppte ich ihn mit Peer Gent oder meinem Mann dorthin, wo er gebraucht wurde.

Kinderfeste in Kinderkliniken, Eröffnungen von Supermärkten, Flohmärkte – wir reisten an alle Orte, an denen es möglich war, uns zu präsentieren. Oft standen wir dann dort im strömenden Regen: Peer Gent, Uwe Sanneck, mein Mann und ich. Wir erzählten von unseren Zielen, den erkrankten Kindern und der Situation der Familien. Immer wieder wurden wir dabei nach einem Namen des Hauses gefragt.

Kinder, die ich fragte, nachdem ich ihnen erklärt hatte, für wen dieses Haus sein sollte, sagten dann immer, es müsste »Himmel«, »Mond« oder »Sterne« darin vorkommen.

Unser Arbeitskreis hatte darüber hinaus viele Namen gesammelt. Uns kam »Brücke« oder »Steg« in den Sinn. Wir suchten nach einem Wort für den Weg in eine andere Welt. Schließlich hatte ich fünfzig mögliche Namen beisammen. »Wolkenschloss«, »Lummerland« oder »Horizont«. Wir fanden immer mehr Namen, und am Ende sagte ich: »Nein, das ist es alles nicht.«

Es sollte ein Name sein, den sich Kinder merken können. Etwas, was sie ohne Probleme aussprechen können. Ein Name, der unsere Arbeit beinhaltet und den Weg der Kinder symbolisiert.

Mein Mann war es schließlich, der die Idee hatte.

Ich saß auf dem Sofa, mit meiner langen Namensliste, die ich immer vor mir aufgeschlagen hatte. Ständig riefen Mitarbeiter, Freunde und Verwandte an, um mir ihre Namensideen mitzuteilen, auf diese Weise wurde sie täglich länger.

Mein Mann guckte sich an diesem Abend ein Fußballspiel an, doch als gerade Halbzeit war, stand er auf und wollte in die Küche gehen. Im Gehen sagte er: »Warum nennt ihr es nicht ›Sternenbrücke‹? Dann haben die Kinder die Verbindung zu den Sternen, und ihr habt den Begriff ›Brücke‹ im Namen, der euch so wichtig ist.«

Das sagte er einfach so nebenbei. Sprachlos sah ich ihn an. Genau das war der richtige Name. Sternenbrücke. Ein Name mit Symbolcharakter, in dem tatsächlich alles enthalten war, was wir suchten. Wir alle waren begeistert. Jetzt konnte es richtig losgehen.

☆ Sternenbrücke ☆

Mein Geschäftspartner Peer Gent kümmerte sich um das Spendenkonto. Er musste bei der Behörde die Gemeinnützigkeit beantragen und dafür das Konzept für unser Projekt vorstellen. Es wurde genau geprüft, ob unser Förderverein tatsächlich gemeinnützig und mildtätig arbeitete und ob alle Richtlinien eingehalten wurden. Ich war froh, dass er sich mit all diesen Dingen so gut auskannte.

Zwischenzeitlich hatten sich unserem künftigen Förderverein zwei Kinderärzte aus unserer Klinik angeschlossen, die allerdings nur eine kurze Zeit mit dabei waren.

Bei der Gründung des Fördervereins für das Kinder-Hospiz Sternenbrücke waren wir sieben Mitglieder. Reinhild Pohl, die Kinderkrankenschwester aus dem Pflegedienst von Peer Gent, die Jenny gepflegt hatte, die betroffene Mutter Christine Oelkers, der Trauerbegleiter Uwe Sanneck, Dorit Splitter, eine Kinderkrankenschwester und Kollegin von mir, und ich. Wir wählten unseren ersten Vorstand, dem Peer Gent, Christine Oelkers, Reinhild Pohl, Uwe Sanneck, eine Kinderärztin und ich angehörten. Dann mussten die Satzung und die Vorstandswahl notariell beglaubigt werden, denn nur ein eingetragener Verein, der gemeinnützig und mildtätig arbeitet, darf Spendenbescheinigungen ausstellen. Das war die Basis für alles Weitere.

Nie werde ich die Aufregung vergessen, nie die Freude, als wir fünf Gründungsmitglieder stolz die Treppe zum Notar hinaufgingen. Es war das erste Mal, dass ich mit einem Notar Kontakt hatte. Hochoffiziell leisteten wir unsere Unterschriften. Als wir zur Feier des Tages dann gemeinsam einen Kaffee tranken, habe ich wohl über das ganze Gesicht gestrahlt. Wir alle hatten das Gefühl, etwas Besonderes begonnen zu haben. Die Idee bekam einen Rahmen – sie war niedergeschrieben und beglaubigt worden.

Bis heute ist dieses Stück Papier mit dem Siegel und der Kordel etwas ganz besonders Wertvolles für mich. Damit begann meine Vision ganz langsam Wirklichkeit zu werden. Diesen Moment genossen wir. Ich wusste, dass viel Arbeit auf uns zukommen würde, doch den wahren Umfang konnte ich damals nicht einmal erahnen.

Wir standen fortan an jedem Wochenende an unserem Stand. Manchmal in Regenjacke, manchmal mit Schal und Mantel. Wir lernten, wie man Öffentlichkeitsarbeit macht, verteilten unsere selbst gebastelten Broschüren, Flyer und Luftballons, die wir gespendet bekommen hatten. Wir taten alles dafür, um gehört zu werden.

Auch mein Mann und Thorben halfen, wann immer sie konnten. Oft verbrachten wir unsere Wochenenden gemeinsam am Stand. Meine gesamte Freizeit floss nun in unseren »Förderverein für das Kinder-Hospiz Sternenbrücke«.

Auch meine Eltern verfolgten den Verlauf und nahmen aus der Ferne teil. Sie sorgten sich um mich und sagten das häufig.

»Pass auf dich auf!«

»Wird das nicht langsam zu viel für dich?«

Aber sie kannten die Antwort, weil sie ihre Tochter kannten.

Meinem Vater ging es währenddessen immer schlechter. Ich wollte ihm und meiner Mutter zur Seite stehen. Als eine große Operation anstand, war ich bei allen Vorgesprächen dabei und gab das Versprechen, da zu sein, wenn er beatmet aus dem OP kommt und auf der Intensivstation liegt. Ich habe mein Wort gehalten und bin rund um die Uhr im Wechsel mit meinen Geschwistern bei ihm gewesen. Das war hart erkämpft, denn es war dort sonst nicht üblich, dass ununterbrochen Angehörige am Bett eines Patienten sitzen. Als mein Vater wieder ansprechbar war, erkundigte er sich nach dem Stand des Fördervereins.

Trotz der Sorge um meinen Vater nahm ich weiter alle Termine wahr. Eine sorgenvolle und auch schmerzhafte Zeit. Alle Fördervereinsmitglieder und unsere beiden Schirmherrinnen unterstützten mich und waren liebevoll für mich da.

Mein Vater starb einen Tag vor Heiligabend, und ich gab ihm das Versprechen, auf mich aufzupassen.

»Ich gucke von oben zu. Denk daran«, sagte er.

Ja, er war und ist immer um mich herum.

Ich weiß heute, dass es richtig für mich war, diesen Weg einzuschlagen. Ich war durch all die positiven Reaktionen so motiviert und so beseelt von meiner Idee, dass ich die Belastung problemlos tragen konnte. Durch meinen Schichtdienst und meine ehrenamtliche Hilfe in den Familien war ich ein hohes Arbeitsaufkommen und unregelmäßiges Schlafen gewohnt. Ich denke heute manchmal schmunzelnd, dass ich wohl einfach doppelt so schnell geschlafen habe, wenn es nötig war. Denn auch meine Familie sollte etwas von mir haben. Irgendwie schaffte ich es, allem gerecht zu werden. Doch unsere Wohnung geriet an ihre Grenzen. Es war einfach kein Platz mehr. Wir mussten eine andere Möglichkeit finden. Wir waren an dem Punkt angelangt, der ein »richtiges« Büro unumgänglich machte. Also mieteten wir einen kleinen Raum in einer Bürogemeinschaft, um zu den üblichen Bürozeiten erreichbar zu sein.

Aber wer konnte das leisten? Es musste auch noch richtig eingerichtet und natürlich bezahlt werden. Genau wie die Telefonrechnungen und die Kosten für die viele Post, die wir verschickten. Wir mussten das Geld für unser erstes winziges Büro zunächst selbst aufbringen. Wir residierten dort mit zwei gespendeten Schreibtischen, zwei Stühlen und einem Regal auf nur wenigen Quadratmetern. Im Regal stand das Faxgerät und in der Ecke ein kleiner Tisch mit einem gespendeten Stuhl. Auch unsere ersten PCs waren Spenden, nur liefen sie nicht. Leider fraß auch unser Faxgerät immer die Seiten, die ankamen, und die Telefonleitungen brachen ständig zusammen. Natürlich immer inmitten eines wichtigen Gesprächs. Die schon etwas betagten Geräte schienen dieser Belastung nicht gewachsen zu sein.

Als Nächstes führten wir Bürozeiten ein. Das Problem war, dass wir alle noch immer unseren Berufen nachgingen und nur nach Feierabend in unser neues Büro kommen konnten. Uns blieb nichts anderes übrig, als die Bürozeiten sehr variabel festzulegen. Am Telefon saß in den Abendstunden von 17 bis 19 Uhr immer meine Schwester, die ehrenamtlich die Anrufe entgegennahm. Vormittags betreute Uwe Sanneck für einige Stunden das Büro. Auch wenn der Raum sehr klein war, konnten wir das erste Mal Spender und Interessenten zu uns einladen. Es gab auch ein kleines Besprechungszimmer, das von den anderen Büros mitgenutzt wurde und dadurch leider oft belegt war. Viele unserer Spender empfingen wir also in unserem kleinen Büro.

An der Bürotür hing unser erstes selbst angefertigtes Schild, und an der Hausfassade hing ein zweites, professionell gemacht und hochoffiziell.

Der Regenbogen war nun auch das Logo auf unserem ersten offiziellen Briefpapier. Immer wenn ich Gelegenheit hatte, habe ich Kindern und Jugendlichen den Namen »Sternenbrücke« gegeben, als er feststand, und gebeten, etwas dazu zu malen oder zu zeichnen, was als Logo passen würde. Es waren immer zwei Sterne, verbunden mit einem Regenbogen in den unterschiedlichsten Farbvariationen. In unserem Förderverein nahmen wir diese Ideen auf und verfeinerten sie. Eine Bekannte von Christine Oelkers hat sie dann in eine professionelle Form gebracht. Das Logo steht bis heute für unser Haus.

Es ging also voran. Jeden Tag ein kleines Stückchen, und jeden Tag freuten wir uns über die Fortschritte. Ich werde niemals den Tag vergessen, an dem ich das erste Mal einen Euroscheck über 100 D-Mark bekommen habe. Er kam mit der Post, und als ich ihn mir ansah, sagte ich zu Peer Gent: »Jemand hat uns 100 Mark gespendet. Ein Mensch, der uns gar nicht kennt.«

Dieser Scheck hinterlässt bis heute Spuren. Der Spender kannte mich nicht, er ist mir nie begegnet, wusste nur, was wir vorhatten. Er kannte meine Idee und wollte sie unterstützen. Ein wildfremder Mensch vertraute mir.

Es war immer meine Haltung, Wort zu halten, aber ich verstand in diesem Moment noch deutlicher, wie groß die Verantwortung ist, mit Spenden umzugehen. Die Menschen sollten sehen, dass ihr Geld bei uns in guten Händen war. Es war uns bewusst, dass mit Spendengeldern sorgfältig umzugehen ist. Die Spender würden es erleben. Niemals würden wir dieses Vertrauen enttäuschen.

Eine Frau schickte mir jeden Monat einen Brief, in den sie immer zehn Briefmarken gesteckt hatte. Sie schrieb, dass sie nicht mehr spenden könne, aber dass ich ja sicher sehr viel Post zu erledigen hätte. Sie hoffe, damit auch etwas helfen zu können. Diese Briefe mit den Briefmarken hat sie mir viele Jahre geschickt, bis sie verstarb. Ich war von dieser Geste sehr gerührt, und bei jeder Briefmarke, die ich von ihr benutzte, dankte ich ihr im Stillen.

Wir bekamen viele dieser rührenden Spenden. Kleine und große. Wir waren von Herzen dankbar. Jeder Mensch, der uns unterstützte, sollte immer sicher sein, dass wir sorgsam damit umgingen und dass sein Beitrag immer mit Bedacht und Sorgfalt investiert wird. Nichts sollte das Vertrauen erschüttern. Ich wusste, dass alles, was wir in den nächsten Jahren tun würden, von diesen Spenden abhing.

Unsere Vorstandssitzungen hielten wir weiterhin ab. Jetzt aber in dem Konferenzraum der Bürogemeinschaft, meistens schafften wir es nicht vor 21 Uhr. Wenn wir diesen Raum nicht benutzen konnten, trafen wir uns in unserem kleinen Büroraum, saßen notgedrungen mit auf dem Tisch oder dem Boden.

Die erste ehrenamtliche Mitarbeiterin kam zu uns, Christa Falk. Sie ist bis heute für uns tätig und gehört mit meiner Mutter zu den betagtesten ehrenamtlichen Mitarbeitern. Meine Mutter musste aus gesundheitlichen Gründen ihr jahrelanges ehrenamtliches Engagement im Alter von 80 Jahren niederlegen, ist aber mit großem Interesse noch rege an meiner Seite.

In den Sitzungen verfassten wir unsere Texte für die Flyer, und Christa faltete und stapelte sie an dem kleinen Ecktisch im Büro. Auch wir falteten in jeder freien Minute. Ich nahm die Kartons mit nach Hause, und meine Familie faltete und faltete mit mir. Meine Mutter, Thorben und mein Mann. Fernsehgucken hieß, nebenbei Flyer zu falten. Wir verteilten sie, wo immer es ging. In Kinderkliniken, Arztpraxen, Geschäften, Apotheken und am Stand.

Der Gedanke eines Kinder-Hospizes war ein neuer Weg. Vielen Menschen war bekannt, dass es Hospize für Erwachsene gab und dass die Menschen dort am Lebensende gepflegt wurden. Dass es in Deutschland erst ein Kinder-Hospiz gab, das war niemandem bekannt. Auch nicht, wie groß die Not in den Familien ist.

Dass wir die Kinder und Familien aber nicht nur am Lebensende begleiten möchten, sondern schon auf dem oft Jahre andauernden langen Krankheitsweg unterstützen und den Eltern helfen möchten, unterschied sich gravierend von der Arbeit eines Erwachsenen-Hospizes. Die Notwendigkeit ergab sich daraus, dass die Kinder an völlig anderen Erkrankungen litten als Erwachsene. Da sie schon als Kinder versterben, gab es diese Erkrankungen bei den Erwachsenen nicht.

Die Schwere ihrer Erkrankung tragen die Kinder und ihre Familien über viele Jahre. Schon dann wollen wir für sie da sein, sie auffangen und ein Ort zum Kraftschöpfen für die Eltern sein, damit sie weiter die Pflege ihres Kindes zu Hause leisten können. Denn: Wer pflegt die Kinder oft viele Jahre, wenn die Eltern nicht mehr können? Das Wachsen von Vertrauen im Miteinander lässt sie dann den schweren Weg am Lebensende ihrer Kinder liebevoll und in Würde mit uns gemeinsam gehen.

Das unterscheidet die inhaltliche Arbeit eines Kinder-Hospizes von einem Erwachsenen-Hospiz. Dieser Gedanke musste nun überall hingetragen werden. Das erforderte sehr viel Energie und Überzeugungskraft.

☆ Die Suche nach dem richtigen Ort

Die nächsten Wochen verbrachte vor allem Peer Gent seine Zeit damit, Behörden und Krankenkassen zu informieren und sie über unser Vorhaben aufzuklären. Es ergaben sich unendlich viele Fragen zur inhaltlichen Ausgestaltung und Finanzierung des Kinder-Hospizes. Obwohl die gesetzlichen Rahmenbedingungen zur Finanzierung durch öffentliche Kostenträger (Kranken- und Pflegekassen, Sozial- und Jugendämter) für Kinder-Hospize in Deutschland nicht umfassend geregelt waren, wollten wir jeder betroffenen Familie eine Entlastungsmöglichkeit von bis zu insgesamt 28 Tagen im Jahr anbieten. Die Kranken- und Pflegekassen gewährten dafür eine maximale Kostenübernahme von damals 225 Euro pro Tag nur für die Pflege des erkrankten Kindes oder Jugendlichen. Die tatsächlichen Kosten für diese Pflegeleistung lagen aber deutlich darüber, da wir 365 Tage im Jahr rund um die Uhr eine ausreichende Anzahl von Kinderpflegekräften im Einsatz haben wollten. Dazu kamen die Kosten für die Mitaufnahme der Eltern und Geschwister und deren psychosoziale Begleitung, wofür es auch keine gesetzlichen Kostenträger gab.

Viele Familien würden nicht in der Lage sein, so einen Aufenthalt aus eigener Kraft zu finanzieren, da alle Ressourcen für die Pflege des erkrankten Kindes aufgewendet wurden. Für alle jene Kosten, die von gesetzlichen Kostenträgern nicht übernommen wurden, mussten Spender gefunden werden. Nur sehr langsam wurde aufseiten der Kostenträger realisiert, dass die gesamte Familie in dieser schwierigen Lebensphase Unterstützung benötigt und dass durch eine bessere gesetzliche Finanzierung von Kinder-Hospizen auch Folgekosten in anderen Zweigen der Sozialversicherung für betroffene Familienmitglieder eingespart werden können. Deshalb müssen 50 Prozent aller Ausgaben bis heute aus Spendenmitteln bestritten werden.

Peer Gent sammelte all diese Informationen, und sowohl er als auch ich standen unserem Projekt jetzt 24 Stunden zur Verfügung. Ich hatte jedem meine Handynummer gegeben und sie auch auf unsere Broschüren drucken lassen. Jeder konnte mich also zu jeder Zeit anrufen, und das taten die Menschen auch. Abends, am Samstag, am Sonntagabend, Ostern, Heiligabend oder am Neujahrsmorgen. Es riefen Spender an, Menschen, die uns etwas Gutes tun wollten, oder einfach Familien, die sich informierten. Für mich war das vollkommen in Ordnung. Mit jedem Anruf spürte ich die Notwendigkeit von dem, was ich tat, und erfuhr, wie viele Menschen sich diesen Gedanken öffnen wollten.

Als ich eines Morgens nach einem langen und harten Nachtdienst bei mir zu Hause schon im Bademantel saß und gerade zu Bett gehen wollte, war mein Mann im Begriff, zur Arbeit zu gehen. An der Tür drehte er sich noch einmal zu mir um:»Du wartest darauf, dass ein Anruf kommt und jemand sagt: ›Frau Nerge, Sie haben da ein tolles Projekt. Ich habe ein Haus für Sie, in dem Sie Ihre Sternenbrücke eröffnen können.‹ Stimmt's?«

»Ja, das wäre großartig«, sagte ich.»Aber das bleibt wohl ein Traum.«

Einen Ort für unser Kinder-Hospiz gab es noch nicht, denn bislang hatten wir nicht die finanziellen Mittel, um regelmäßig Miete bezahlen zu können. Viele Menschen fragten immer wieder danach. Wir spürten, wie wichtig es war, einen Ort benennen zu können.

»In Hamburg stehen so viele Gebäude leer«, sagte ich zu meinem Mann.»Wir werden schon etwas finden. Wir haben ja auch gewisse Vorstellungen von dem Haus.«

»Dein Optimismus ist wirklich bemerkenswert.« Er lächelte kurz, bevor er ging.

Wenige Tage später klingelte das Telefon am Morgen. Mein Mann schaute mich an. Es gab schon eine Art Ritual zwischen uns. Wenn ich winkte oder gestikulierte, brauchte ich einen Stift und einen Zettel. Nach jedem Melden am Telefon sah er mich aufmerksam an, was für Zeichen ich ihm gab.

Doch als ich an diesem Morgen den Hörer abnahm, sagte ich anfangs gar nichts, sondern hörte nur still zu. Mein Mann setzte sich hin, er wusste, dass irgendetwas Besonderes in der Luft lag. Fragend sah er mich an, malte nach einer Weile mit den Fingern ein Haus in die Luft, als er sah, dass ich die Hand vor Aufregung und Sprachlosigkeit vor den Mund hielt.

Ich saß dort wie hypnotisiert, und dann nickte ich langsam.

Die Frau am Telefon sagte, sie hätte ein größeres Grundstück, und dieses Grundstück wollte sie uns gern zur Verfügung stellen.

»Sie wollen doch ein Kinder-Hospiz bauen. Ich habe selbst meinen Sohn Philipp verloren. Auf diesem Grundstück wollte ich ein Haus für uns bauen, doch dann kam die Krankheit von Philipp, und es ist nie dazu gekommen. Dieses Grundstück für das Kinder-Hospiz zu nutzen fühlt sich für mich gut und richtig an.«

Ich war sprachlos und wusste einfach nicht, was ich sagen sollte. Eine Unterstützung in dieser Größenordnung hätte ich mir niemals vorgestellt.

Nur wenige Tage später traf ich mich mit der Frau an ihrem Grundstück. Es lag in der Nähe des Flughafens. Die Nachbarn hatten schon von unserem Vorhaben gehört. Die Grundstückseigentümerin berichtete mir von den Reaktionen der Anlieger. Sie waren nicht nur positiv. Etwas, das wir in den kommenden Monaten noch sehr häufig erleben sollten.

Viele Menschen fanden unsere Idee lobenswert, doch bitte nicht in ihrer unmittelbaren Nähe. Die Berührungsängste, denen wir uns täglich stellen mussten, wurden auch jetzt deutlich.

Die Frau war von Beruf Kauffrau. Sie begrüßte mich herzlich und berichtete mir dann, wie sehr sie der Gedanke eines Kinder-Hospizes berührt und beschäftigt hätte. Wir gingen das Grundstück ab, und dabei erzählte sie mir von Philipp. Ich erinnerte sie sehr an die Kinderkrankenschwester, die ihren Sohn in der Klinik oft gepflegt und die sie damals sehr geschätzt hatte. Ein Kinder-Hospiz wäre für sie in der Zeit eine große Hilfe gewesen.

Ihre Geschichte bewegte mich, und doch spürte ich, dass das Grundstück, so wie es gelegen war, nicht den Vorstellungen und Anforderungen unseres Kinder-Hospizes entsprach. Es war inmitten eines Wohngebiets gelegen, und die Anwohner waren jetzt schon skeptisch.

Nur, wie sagt man einem Menschen, der uns etwas so Gutes tun will, dass es nicht das Richtige ist? Es war für mich sehr schwer, dieses Gespräch zu führen. Wir trafen uns ein weiteres Mal, und ich fasste mir ein Herz und erklärte der Frau, wo meine Sorge lag. Wir brauchten ein großes Grundstück, mit Spielmöglichkeiten und einem Bereich der Ruhe. Es musste vor allem groß genug sein, damit die Nachbarn sich nicht mit dem Kinder-Hospiz beschäftigen müssten, wenn sie es nicht wollten. Es wird Eltern geben, die mit ihren Kindern im Garten spielen wollen, aber es wird auch Eltern geben, die gerade ihr Kind verloren haben, weinen und trauern. Das Grundstück musste groß genug sein, dass Leben und Tod sein dürfen. Dass sich nichts ausschließt in dieser besonderen Situation, mit der wir täglich umgehen würden.

Die Frau verstand sofort meine Gedanken und brachte sehr viel Verständnis auf. Sie konnte meine Beschreibung so gut nachvollziehen, denn sie musste diesen schweren Weg ja selbst gehen. Ich war unendlich erleichtert über so viel Verständnis und hatte größten Respekt vor ihrer Haltung und ihrem Umgang mit dem schweren Verlust, den sie in ihrem Herzen trug.

»Wir werden gemeinsam einen guten Weg finden«, sagte sie lächelnd, als wir uns verabschiedeten.

Wir hielten weiterhin Kontakt. Sie gründete mit dem Geld aus dem Verkauf des Grundstücks 2001 die Stiftung, die unser großer Wunsch war. Mithilfe der Stiftung war es möglich, dass Spender ihre Spende besser steuerlich geltend machen können als über den Förderverein. Die Mitglieder des Kuratoriums wurden von der Stifterin berufen. Zusammen mit dem Vorstand der Stiftung wurden angesehene Persönlichkeiten aus dem öffentlichen Leben (Forschung und Lehre, Wirtschaft und Politik, Kirche und Kultur) gewonnen, die dem Vorstand bis heute zur Seite stehen. Doch das alles lag noch in weiter Zukunft. Die Zeit bis dahin würde von viel Aufregung geprägt sein.

Die Botschaft in die Welt tragen

Zunächst hieß es, weitere Spendengelder zu sammeln und Aufklärungsarbeit zu leisten. Vor allem beschäftigte uns in der ersten Zeit die reine Aufklärungsarbeit. Peer Gent und ich wurden von Lions-Clubs, Rotariern, Logendamen und Soroptimistinnen eingeladen, bei ihnen über unser Projekt zu sprechen. Wir nutzten jede Möglichkeit. Immer wieder wurde über unsere Arbeit in kleinen lokalen Zeitungen berichtet, sogar das Fernsehen fragte irgendwann an. Der erste TV-Beitrag, den ich wahrnehmen sollte, lief beim Offenen Kanal in Hamburg. Bisher kannte ich diesen Kanal nicht und habe somit auch nicht gewusst, wie viele Menschen diesen Sender guckten. Doch es gab nach dem Bericht über uns viele Reaktionen.

Wir saßen mit dem kleinen Team und dem Journalisten zusammen und sprachen das erste Mal vor Fernsehzuschauern über unser Projekt. Es war ungewohnt, die vielen Menschen nicht sehen zu können, die uns zuhörten. Auf Veranstaltungen bekamen wir direkte Reaktionen, hier vor der Kamera nicht.

Eine andere Veranstaltung, auf der ich sprach, werde ich wohl nie vergessen. Ich bekam einen Anruf aus dem Gemeindehaus der Jakobikirche in Hamburg und wurde gefragt, ob

Die Sternenbrücke: Inseln der Ruhe finden sich hier ebenso wie Plätze zum Spielen und zum Lachen.

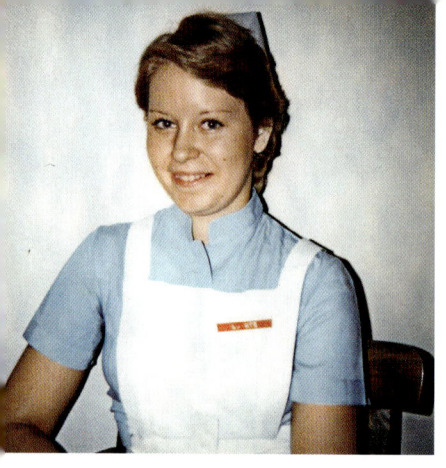

Schon als Schwesternschülerin wusste
Ute Nerge, wie wichtig es ist, Kinder
in den Arm zu nehmen, sie zu trösten,
ihnen Mut zu machen (links und Mitte).

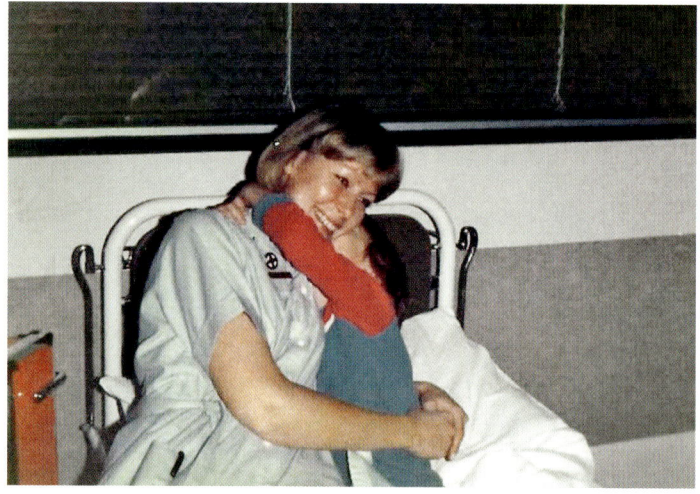

Jenny ist neun Jahre alt, als sie
unheilbar erkrankt. Mit ihr zusammen
lässt Ute Nerge Gedanken spielen,
wie ein Kinder-Hospiz, das Jennys
Wünschen entspricht, aussehen könnte:
»Es muss ganz gemütlich sein. Es darf
nicht weiß sein, und es soll nicht
aussehen wie ein Krankenhaus. Es muss
alles haben, was kranke Kinder
brauchen.«

Bis Ute Nerge das ideale Haus in Hamburg-Rissen findet, vergehen Jahre. Die Wochenenden verbringen sie und ihre Mitstreiter am Infostand und lernen, wie man Öffentlichkeitsarbeit macht (oben).

Ein Traum wird Wirklichkeit: das Kinder-Hospiz Sternenbrücke (unten).

Zur Erinnerung an die Abschlussveranstaltung startsocial beim Bundeskanzler am 18. Dezember 2001

Jedes Jahr unterstützt startsocial viele ehrenamtliche Projekte. Am 18. Dezember 2001 werden Peer Gent (unten links) und Ute Nerge (unten rechts) ins Kanzleramt nach Berlin eingeladen und für ihr Engagement ausgezeichnet.

Der heutige Stiftungsvorstand: Dr. Isabella Vértes-Schütter (Vorsitzende), Ute Nerge (stellv. Vorsitzende) und Peer Gent (Geschäftsführung) bei der Eröffnung der Sternenbrücke am 17. Mai 2003 (oben, von rechts nach links).

Ein Regenbogen am Eröffnungstag (unten).

Die Halle vor dem Speiseraum mit Aquarium.

Die neun Kinderzimmer im Erdgeschoss der Sternen-brücke sind in warmen Farbtönen gehalten und kindgerecht ausgestattet. Hier sind alle Möglichkeiten der professionellen Pflege gewährleistet.

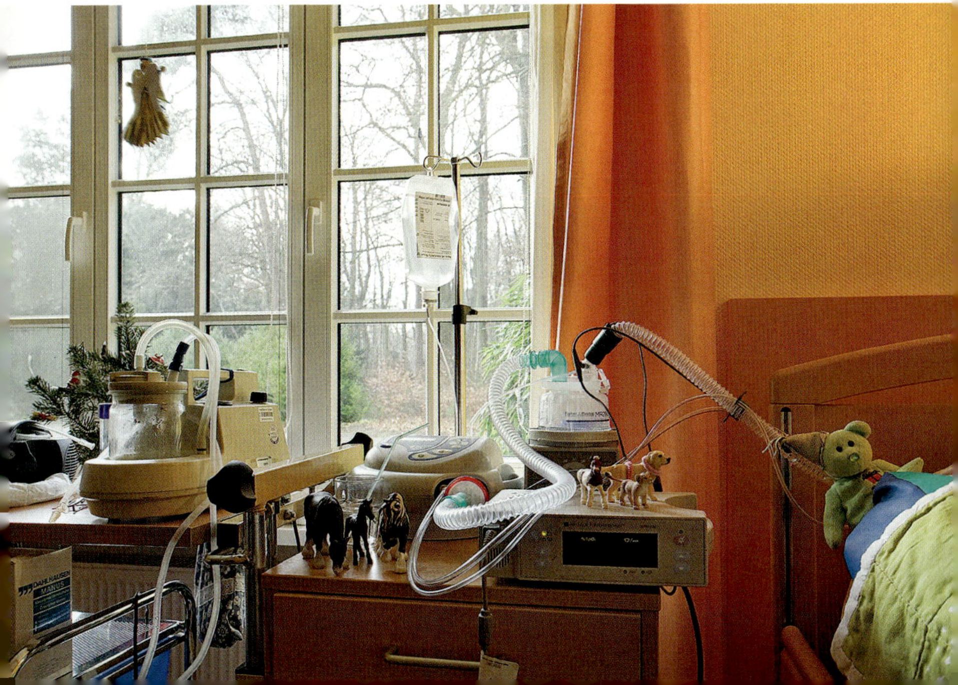

Der Musiktherapieraum:
Die Musiktherapie ermöglicht
den erkrankten Kindern
tiefenentspannende
Erholungsmomente (oben).

Auf der Klangwelle werden
Töne als lebendig vibrierende
Schwingungen spürbar (links).

Das Kaminzimmer: ein Ort für Begegnungen und Austausch.

Der Snoezelen-Raum – ein Sinn-, Fühl- und Hörraum: Plexiglassäulen mit sprudelnden Wasserblasen, bewegliche Projektionen, ein Wasserbett und ein Sternenhimmel unterstützen die Entspannung.

Die unheilbar kranken Kinder haben ihr eigenes Zimmer. Sie kommen oft mehrmals im Jahr in die Sternenbrücke (oben).

Das Therapiebad: Im warmen Wasser erfahren die erkrankten Kinder Entlastung und Schmerzlinderung (unten).

Der Abschiedsraum: Hier haben die Familien die Möglichkeit, mehrere Tage Abschied zu nehmen (oben).

Vor dem Abschiedsraum liegt der Raum der Stille: ein Ort der Besinnung (unten).

Ute Nerges großer Wunsch für den Erinnerungsgarten in der Sternenbrücke: ein Engel, der über die Kinder wacht.

Der Garten der Erinnerung: Hier stehen Kerzen für die verstorbenen Kinder (oben).

Segenskreis nach dem Verlust eines Kindes: Die Familien finden Raum für Trauer und Erinnerung (unten).

Ein Trauerritual am Tag der Erinnerung: Zusammen mit den Geschwister-kindern verbrennt Ute Nerge Erinnerungsbriefe, damit die Worte im Rauch die Sternenkinder im Himmel erreichen (oben).

Ein Kind hat Geburtstag. Ute Nerge feiert mit (unten).

Handpuppe Willi unterstützt Ute Nerge in der Trauerarbeit mit einem kleinen betroffenen Geschwisterkind. Andere Geschwisterkinder begleiten ihn (oben).

»Jedes Kind, dem es über die Jahre immer schlechter geht, berührt mein Herz sehr, auch wenn ich den Verlauf von Anfang an gewusst habe. Aber nur wenn wir das akzeptieren, können wir unsere Arbeit so leisten, dass sie trägt. «

Ute Nerge

ich zu ihnen kommen könnte, um von unserem Projekt zu erzählen.

Diese Einladung nahm ich natürlich gern an. Ich suchte den Gemeinderaum und begegnete einer Dame, die sich mir vorstellte und sich freute, dass ich gekommen war.

»Wir warten schon auf Sie – bitte kommen Sie mit.« Ich folgte ihr, und sie führte mich direkt ins Kirchenschiff. Ich begriff in diesem Moment, dass ich nicht wie sonst vor einer kleinen Gruppe im Gemeinderaum sprechen sollte, sondern hier. Ich schluckte.

»Bitte schön, kommen Sie.« Etwas zögernd folgte ich ihr. Die Frau führte mich zur Kanzel, auf der sonst der Pfarrer stand. Vor mir saßen 800 Frauen mit gespannten Gesichtern. Mein Herz schlug mir bis zum Hals. Das kannst du nicht. Das hast du noch nie gemacht!, dachte ich bei mir.

Aber was war das für eine Möglichkeit, unsere Idee an viele Menschen heranzutragen! Ich musste es versuchen, wollte auch die Menschen nicht enttäuschen.

»Warum sind so viele Menschen hier und warum nur Frauen?«, fragte ich die Dame.

»Heute ist der Weltgebetstag der Frauen – wussten Sie das nicht?«

Die Frauen kamen von überall her, sogar aus dem Ausland. Vor ihnen stand ich nun. Die Dame gab mir ein Mikrofon und sagte: »Wir freuen uns.« Dabei nickte sie mir aufmunternd zu.

»Wie lange soll ich erzählen?«, fragte ich noch.

»Wir haben gut eineinhalb Stunden Zeit.«

Ich glaube, ich habe in meinem ganzen Leben noch nie so geschwitzt wie in diesem Moment und dachte nur: Lieber Gott, hilf mir. Ein naheliegender Gedanke an diesem Ort.

Wer noch nie in ein Mikrofon, noch nie in einer Kirche gesprochen hat, geschweige denn von einer Kanzel, der kann sich ungefähr vorstellen, wie ich mich gefühlt habe. Als Erstes bemerkte ich den enormen Hall. Meine Worte überlagerten sich. Ich sprach langsamer. Nun ging es besser. Meine Aufregung legte sich. Und so erzählte ich von dem, was ich täglich mit Überzeugung tat. Von meiner Arbeit mit den Kindern, von den Sorgen und Problemen der Familien, von meiner ehrenamtlichen Tätigkeit, von den damit verbundenen Erfahrungen und von der dringenden Notwendigkeit, ein Kinder-Hospiz in Hamburg zu eröffnen.

Am Ende hatte ich eineinhalb Stunden ohne Pause gesprochen, und ich hätte noch weitere eineinhalb Stunden sprechen, können. Es war die ganze Zeit über still in der Kirche gewesen. Als ich mich bei den Frauen für ihre Aufmerksamkeit bedankte, gab es einen großen Applaus. Ich hatte es tatsächlich geschafft.

Als ich aus der Kirche ins Freie trat, fragte ich mich, was ich alles erzählt hatte. Meine Aufregung war zu groß, um es im Nachhinein zu rekonstruieren. Habe ich die Menschen erreichen können? Ich erfuhr es später aus Briefen der Frauen, die mich erlebt hatten.

Wir lernten daraus, genauer zu hinterfragen, wenn der Wunsch nach einem Vortrag kam. Zum Beispiel: Welcher Zeitrahmen ist gewünscht? Wie viele Personen werden anwesend sein? Sind es Privatpersonen oder Menschen mit einem medizinischen Hintergrund? Aber erst einmal hatte ich eine Feuerprobe gemeistert und über das Kinder-Hospiz den bis dahin längsten Vortrag vor den meisten Zuhörern gehalten.

Alle aus unserem Förderverein waren erleichtert, dass sie nicht dort oben stehen mussten, als sie sich meine Geschichte anhörten. Als am nächsten Tag eine Zeitung positiv darüber berichtete und wir in den nächsten Wochen von den nach Hause zurückgekehrten Frauen die ersten Spenden aus dem Ausland bekamen, freute ich mich sehr darüber, dass so viele Wort gehalten hatten. Eine Spende kam sogar aus Amerika. Als Empfänger stand auf der Überweisung: Starbridge. Danach kamen das Fernsehen, weitere Zeitungen und viele Interviews. Ich musste lernen, Formulierungen zu finden, die die Menschen erreichten. Ich hatte alle Antworten und alle meine Ideen in meinem Herzen, aber wie sollte ich sie transportieren?

Ich wurde zu größeren Fernsehsendungen eingeladen und wusste um deren Wichtigkeit. Es gab keine andere Möglichkeit, auf einmal mehr Menschen zu erreichen, als über dieses Medium. Also machte ich mir Gedanken darüber, was wohl von mir erwartet wurde. Ich stand vor meinem Kleiderschrank und dachte darüber nach, was ich tragen sollte. Wie sahen Menschen aus, die im Fernsehen Interviews gaben? Wie sprachen sie? Ich versuchte mich zur Ruhe zu zwingen und war doch furchtbar aufgeregt.

Ich beschloss, einfach ich selbst zu sein. Einfach so, wie die Kinder mich kannten, die ich über zwanzig Jahre gepflegt hatte. Niemand kann aus seiner Haut, und ich wollte authentisch sein und mich auf das Wesentliche konzentrieren. Es ging um meine Idee und um nichts anderes. Von dieser Idee bin ich bis heute so beseelt, dass ich niemals Zettel brauchte und noch nie ein Manuskript mit auf das Rednerpult genommen habe. Ich brauchte nur von dem zu berichten, was ich jeden Tag erlebte und tat. Ich bekam eine direkte Reaktion von den Menschen, und ich lernte, welche Fragen sie beschäftigten.

Ich spürte immer wieder die Berührungsprobleme der Menschen mit diesem Thema. Sie öffneten sich nur zögernd dem

Gedanken, dass Kinder sterben. Passanten gingen zunächst schnell an unserem Stand vorbei, und wenn wir im Gespräch mit anderen Menschen waren, kehrten sie zurück und steckten sich doch schnell einen Flyer ein. Wir lernten, dass Zurückhaltung uns den Menschen näherbrachte. Nicht auf sie zuzugehen, sondern zurückhaltend da zu sein, wenn es Fragen gab, aber auch zu respektieren, wenn Berührungsängste vorhanden waren. Wichtig war, die Informationen über Flyer und Broschüren anzubieten. Dieser Flyer-Ständer stand immer etwas separat neben unserem Stand.

Der Satz, den ich am häufigsten hörte, lautete: »Da kann man wirklich froh sein, dass man gesunde Kinder hat.« Nach all den Jahren, in denen wir schon unserer Arbeit nachgehen, höre ich zu diesem Satz immer häufiger einen Zusatz: »Falls es mal nicht so ist, ist es gut zu wissen, dass es so ein Haus gibt.« Oder: »Wie dankbar bin ich, dass unsere Kinder gesund sind, aber für die Eltern, denen es nicht so geht, möchte ich gern etwas tun.« Eine große Freude für mich.

Wir waren froh um jede Veranstaltung, zu der wir eingeladen wurden. Tankstelleneröffnungen, Supermärkte, Stadtteilfeste. Bis heute sind wir jeden Monat auf vielen dieser Veranstaltungen mit unserem Stand vertreten. Allerdings ist der Stand inzwischen handlicher geworden, man kann ihn leichter transportieren. Mittlerweile haben wir ehrenamtliche Mitarbeiter, die, geschult, unermüdlich an unserer Seite und immerfort für die Sternenbrücke am Stand stehen und informieren.

Viele Menschen, mit denen wir sprachen, waren erstaunt, dass es so viele schwer kranke Kinder gibt und dass die Eltern kaum Unterstützung bekamen. Ich habe mir viele Erwachsenen-Hospize angesehen und habe die Verantwortlichen gefragt, ob sie Anfragen von Eltern mit erkrankten Kindern haben und was sie dann tun.

Natürlich nahmen sie die Kinder auf. Niemand schickt weinende und verzweifelte Eltern wieder nach Hause, die am Ende ihrer Kräfte sind, wenn sie vor der Tür stehen. Doch die Pfleger und Krankenschwestern waren auf die Arbeit mit Kindern und ihren Familien nicht vorbereitet. Die Krankheitsbilder waren ihnen oft unbekannt. Sie halfen einfach, so gut sie konnten. Und ich hörte immer wieder, wie wunderbar es wäre, wenn es endlich Kinder-Hospize gäbe.

Ich erlebte Moderatoren, denen das Thema sehr naheging, wenn ich berichtete, und spürte ihre tiefe Anteilnahme für die betroffenen Eltern und Kindern. Das Thema war sehr sensibel, und ich konnte die manchmal vorsichtig gestellten Fragen vor allem deshalb so gut beantworten, weil ich sie jahrelang gelebt hatte.

Eine Frage, die ich in der Anfangszeit immer wieder gestellt bekam, war: »Wo soll das Haus denn entstehen?« Darauf gab es noch immer keine Antwort; wir hatten noch kein Haus und noch keinen Ort. Ich antwortete meistens, in dem ich beschrieb, wie wir es uns vorstellten. Inzwischen hatten wir ein noch klareres Bild davon.

Ein altes Haus mit Raum für das Leben und die Trauer

Wir wünschten uns ein altes Haus. Ein Haus mit Geschichte, ruhig gelegen und auf einem großen Grundstück. Es sollte nicht wie eine Pflegeeinrichtung wirken. Die Zimmer sollten unterschiedlich sein, mit Kuschelecken, Winkeln und Erkern. Kein klarer langer Flur, von dem alle Zimmer abgehen, die gleich aussehen. Man sollte sich wohlfühlen. Eltern, die jahrelang ihre Kinder pflegen, Tag und Nacht für sie da sind, ihre eigenen Bedürfnisse in den Hintergrund treten lassen und sich selbst vergessen, diese Eltern sollten sich gut aufgehoben fühlen und Luft holen können. Sie sollten getröstet und getragen werden, unter einem Dach, das schützt. Wenn möglich, in der Ruhe des Stadtrandes, aber gut an die Stadt angebunden, um auch die Möglichkeit zu haben, mit der Familie etwas zu unternehmen. Nicht isoliert.

Wir suchten und suchten nach einem geeigneten Grundstück. Eine Zeit lang taten wir uns mit einer Hamburger Stiftung zusammen. Sie hatten uns ein Grundstück angeboten. Dann gab es aber in diesem Vorort eine Bürgeranhörung im Gemeindehaus, bei der wir unser Projekt vorstellten. Diese Anhörung entwickelte sich zu einer traurigen Erfahrung. An diesem Abend ging es eigentlich gar nicht mehr um die Kinder, sondern nur um die Belange der Anwohner.

Ich hatte bereits im Vorfeld erklärt, mir sei es sehr wichtig, dass die Eltern sich willkommen fühlten, dass sie angenommen werden. Es würde keinen Sinn ergeben, wenn ich eine Mutter motivieren konnte, mit ihrem erkrankten Kind unter Menschen zu gehen, öffentlich zu zeigen, dass sie ihr Kind liebt wie jede Mutter, auch wenn es vielleicht etwas anders aussieht, wenn dann die Anwohner die Vorhänge zuziehen, die Straßenseite wechseln oder den Blickkontakt meiden. Das wollte ich für unsere Eltern nicht. Das Haus sollte in einem Umfeld stehen, in dem sie willkommen waren.

An diesem Abend gab es eine Frage, die ich nie vergessen werde. »Wie viele Mitarbeiter werden Sie denn in etwa haben?«, fragte ein Bürger. Ich fand die Frage zunächst etwas ungewöhnlich, da es ja mit dem Inhalt unserer Arbeit nichts zu tun hatte. Außerdem konnte ich das noch nicht genau überblicken. Ich antwortete also mit einer Gegenfrage, warum er das gern wissen würde.

»Ich möchte als Anwohner gern wissen, wie viele Autos ankommen und wegfahren und wie oft die Autotüren klappen, denn das Klappen ist ja auch eine Geräuschbelastung für uns. Vielleicht arbeiten Sie ja auch in drei Schichten, Autos kommen und gehen. Das ist ja eine Zumutung.«

Es war das erste Mal, dass ich für kurze Zeit meine Haltung verloren habe und in meiner Äußerung etwas scharf wurde: »Ich glaube, wenn ein Kind im Sterben liegt, wird die betreuende Schwester nicht wegfahren, sondern das Kind bis zum Ende begleiten. Sie können dann also einmal Türenklappen abziehen.«

Im Raum herrschte für einen Moment Stille. Dann gab es weitere Äußerungen in dieser Art: »Dann werden wir ständig Müttern begegnen, die ihr Kind im Rollstuhl schieben und dabei weinen.«

Für Peer Gent, Uwe Sanneck und mich war dieser Abend ein Lernprozess. Ein Abend, an dem wir mit Dingen konfrontiert wurden, die konträr zu allem standen, wofür wir uns einsetzten. Ich hatte an diese Fragen vorher nie gedacht. Ich schwieg also die meiste Zeit, bis ich wieder versuchte, den Anwohnern zu erklären, worum es mir ging. Ich beschrieb die Eltern, die Kinder und wie ich eine Möglichkeit des Kraftschöpfens für sie schaffen wollte. Aber natürlich kann es passieren, dass eine Mutter weint. Mir wurde an diesem Tag erneut klar, wie wenig Raum der Trauer in unserer Gesellschaft eingeräumt wird. Trauer passiert in der Stille und Einsamkeit. Nicht öffentlich. Wir schreiben SMS oder verschicken E-Mails, unsere Trauer und unser Leid wird nicht sichtbar. Anstatt sich zusammenzusetzen und gemeinsam zu trauern, füreinander da zu sein, wie es früher in den Familien üblich war. Es war mir ein Hauptanliegen, ein Haus zu schaffen, in dem Trauer sein darf.

An diesem Abend fuhren wir sehr niedergeschlagen und nachdenklich nach Hause. Wir fragten uns das erste Mal, ob unsere Idee überhaupt zu realisieren sei. Ich fühlte mich aber in meiner Vorstellung bestätigt, dass es auf jeden Fall ein großes Haus mit viel Land drumherum sein müsste. Ich versuchte die Anwohner zu verstehen, versetzte mich in ihre Lage und konnte ihre Bedenken sogar nachvollziehen.

Später habe ich gehört, dass Eltern mit gesunden Kindern Unterschriften für unser Haus gesammelt haben. Einige Anwohner haben deutlich Unverständnis für das Verhalten ihrer Nachbarn gezeigt. Leider ergab sich kein weiteres Gespräch, aber die Unterschriftenaktion hat mich im Nachhinein gefreut. Auch wenn wir uns bereits gegen das Grundstück entschieden hatten, weil es uns zu klein erschien und durch die Anbindung an ein »Mutterhaus« eine Atmosphäre vermittelte, die einem Krankenhaus ähnelte. Das war es aber, wovon ich für diese Familien räumlich Abstand suchte.

Die Stiftung hatte ursprünglich selbst vorgehabt, ein Kinder-Hospiz zu errichten. Darum war es ihnen auch so wichtig gewesen, mit uns gemeinsam dieses Haus auf den Weg zu bringen. Sie unterstützten uns, wo immer sie konnten, nahmen jedoch in der Folgezeit von ihrem Vorhaben Abstand und spendeten uns das bereits gesammelte Geld.

Die Solidarität dieser Menschen hat mich sehr berührt. Wir waren von ganzem Herzen dankbar dafür. Zeigte es doch deutlich, wie ernsthaft und wichtig ihnen die Idee eines Kinder-Hospizes war.

Unser Problem, ein Haus zu finden, hatten wir aber dadurch noch immer nicht gelöst. Wir bekamen viele Häuser angeboten. Einige waren verfallen, andere waren von der Lage her nicht sinnvoll. Viele leer stehende Gebäude kamen nicht infrage, da sie nicht behindertengerecht umzubauen waren.

Eines Morgens rief mich eine Mutter an und fragte, ob ich heute schon die Zeitung gelesen hätte.

»Nein, warum?«

»Kauf sie dir einfach«, sagte sie mit einem Lächeln in der Stimme. »Ich rufe dich heute Abend wieder an.«

Erstaunt legte ich auf.

Ich bat meinen Mann, mir die Zeitung abends mitzubringen, und als er von der Arbeit nach Hause kam, hielt er sie mir vors Gesicht.

»Dein Haus ist gefunden!«

Er war inzwischen der Vierte, der das im Laufe des Tages zu mir sagte. Mich riefen noch weitere Bekannte an, und alle sagten nur: »Kauf dir die Zeitung und staune!«

Ich war gespannt.

Es war direkt auf der Titelseite abgebildet. Darunter eine Schlagzeile. In dem Artikel ging es darum, dass dieses wunderschöne alte Haus leer stand und dass die Eigentümerin geäußert hatte, es zu einem Asylbewerberheim umbauen zu wollen. Das war es! Genau das! Es war alt, hatte einen großen Park. Alles war grün, und es hatte sogar einen Turm, mit langen Ranken. Ruhig lag es da, inmitten des Parks. Wie eine wunderschöne Oase der Ruhe. Eine große Terrasse, die sich wunderbar eignete, dass die Kinder in ihren Bettchen dort ausruhen oder an dem Geschehen im Garten teilnehmen könnten. So hatte ich es mir gewünscht und beschrieben.

Später am Abend riefen mich viele Freunde an, und sie alle fragten:»Hast du nicht genau dieses Haus immer gesucht?«

Ich rief Uwe Sanneck an, denn ich hatte am nächsten Morgen Frühdienst. Ich bat ihn dort anzurufen und herauszufinden, mit wem wir über dieses Haus sprechen könnten und wo es genau lag. Eine Adresse stand nicht in dem Artikel. Mein Frühdienst wollte an diesem Tag einfach nicht enden. Als ich es endlich geschafft hatte, fuhren mein Mann und ich sofort dorthin. Uwe Sanneck hatte mir bereits berichtet, dass er schon vor Ort gewesen war, dass es sich um ein riesiges Haus handeln würde, aber auf das Grundstück konnte er nicht kommen.

Wir gingen um das Grundstück und bestaunten es von allen Seiten. Es war großartig. Zuletzt befand sich ein Seminarhotel in den Räumen. Auf allen drei Seiten des Gebäudes befanden sich große Fenster, aus denen man auf die alten Bäume und die großzügige Rasenfläche schauen konnte. Das Haus selbst bestand aus einem doppelstöckigen Hauptgebäude mit links und rechts im rechten Winkel angebauten doppelstöckigen Seitentrakten. Der begrünte Turmerker verlieh dem Ganzen etwas Verwunschenes.

Plötzlich sah ich eine ganze Karawane teurer Autos vorfahren und vor dem Eingang anhalten. Wir waren gerade um die Hälfte des Grundstücks herumgegangen. Ich sagte zu meinem Mann: »Geh ruhig weiter – da muss ich hin.« Ich sprach eine Frau an und stellte mich vor. Erzählte, was wir vorhatten, wie dringend wir ein Haus suchten und wie gut mir dieses gefiel. Ich berichtete, wie ich in der Zeitung darauf aufmerksam geworden war, und erwähnte, dass es wohl unklar war, was damit passieren sollte. Die Männer trugen teure Anzüge. Man sah ihnen den Reichtum an.

Ich stand dort in Jeans, und das Einzige, was mich beschäftigte, war die Frage, ob diese Männer das Haus vielleicht gekauft hatten. Sie schwiegen und musterten mich von unten bis oben.

»Ich bin die Eigentümerin«, sagte die Frau. »Wenn Sie möchten, können Sie mit hineinkommen und es sich anschauen.«

Ich betrat die Räume und erzählte dabei von unserer Idee. Sie wurde immer stiller, und schließlich begann sie zu weinen. Ihre Kinder waren Frühgeburten gewesen, und sie musste selbst lange um das Leben ihrer Kinder bangen. Sie hatten überlebt, aber sie konnte nachvollziehen, wie wichtig eine solche Einrichtung war.

Sosehr ich das Haus auch auf Anhieb mochte, auch ich musste einsehen, dass es sehr groß war. Ich hatte nie in dieser Größenordnung gedacht. Das sagte ich zu Peer Gent am Telefon. Auch er hatte sich das Haus in der Zwischenzeit angesehen und war so begeistert wie ich, aber die Größe ließ ihn zweifeln.

»Ja, es ist groß, du hast recht. Aber man könnte eine Krankengymnastikpraxis mit hineinnehmen, oder wir könnten

Zimmer an Praxen untervermieten, die für unsere Arbeit Sinn ergeben«, erwiderte ich.

Peer Gent schnappte nur nach Luft und sagte:»Das ist verrückt!«

Ich wusste, er hatte recht, und trotzdem … Es war doch so geeignet …

Unsere Schirmherrinnen teilten diese Meinung, und nach vielen schlaflosen Nächten und unzähligen Telefonaten bewarben wir uns offiziell um das Haus. Die Entscheidung musste nun von anderer Seite getroffen werden. Wir warteten. Dann kam der Bescheid. Das Haus wurde als Asylbewerberheim für ungeeignet befunden, und die Bezirksversammlung hatte sich für das Kinder-Hospiz ausgesprochen. Unbändige Freude überschlug sich bei uns allen. Wir hatten endlich ein Haus. Aber die Miete war hoch. Sehr hoch. Wir würden es schaffen!

Wenn die Menschen nun erfuhren, wo das Kinder-Hospiz stehen würde, es sehen könnten, dann würde das Sammeln der Spenden sicher besser gehen.

Nun stand unsere Vision in dem Hamburger Stadtteil Rissen, war riesengroß und musste komplett behindertengerecht umgebaut werden. Aber wir waren bereit, alles dafür zu tun. Und wenn wir Tag und Nacht Spenden sammeln mussten. Wir würden es schaffen.

Für zwei Gebäude Miete zu zahlen kam für uns nicht infrage, und so zogen wir aus unserem kleinen Büro in der Hamburger Innenstadt mit drei Stühlen, zwei Schreibtischen und unserem Ecktisch nach Hamburg-Rissen. Immerhin, wir hatten ein riesiges Büro und konnten uns den Raum aussuchen. Der Rest des Hauses stand erst einmal leer. Endlich hatten auch die wenigen ehrenamtlichen Mitarbeiter genügend Platz, und ich konnte all die Sachspenden, die sich in meinem privaten Keller stapelten, in unser neues altes Haus bringen. Das war so verwinkelt gebaut, dass wir uns zunächst ständig darin verliefen. Ich weiß nicht mehr, wie oft Peer Gent und ich uns mit dem Handy anriefen, uns suchten und uns dabei erklärten, wo wir gerade waren. Das Haus stammte aus dem Jahr 1939. Immer wieder hatte man augenscheinlich angebaut, sodass die Orientierung nicht leichtfiel.

An die Renovierung konnten wir noch gar nicht denken. Jetzt mussten wir erst einmal mit Hochdruck Spenden sammeln. Unsere beiden Schirmherrinnen unterstützten uns dabei großartig. Wann immer es möglich war, sprachen sie in der Öffentlichkeit über unser Haus. Die Presse kam und berichtete.

Es gab einen richtigen Schub bei all unseren Unterstützern und in der Presse. Alle wollten nun den Ort sehen, an dem unser Kinder-Hospiz entstehen sollte. Unser Haus wurde unaufhörlich fotografiert und gefilmt. Je mehr Presse es gab, umso mehr Spenden gab es auch, und die Kreativität von Spendern überraschte uns immer wieder.

So rief uns eines Tages ein TV-Powershopping-Sender an, und die Frau am Telefon erzählte mir freudestrahlend, dass sie eine Spende für uns hätte und ob sie sie uns bringen dürften. Ich fragte, was es denn so sei, und sie sprach von Wolldecken und Kissen. »Das werden wir später gut gebrauchen können«, antwortete ich.

Einen Tag später hielt ein Lkw in unserer Einfahrt und lud zwölf Paletten ab. 200 Wolldecken, 100 Schaffellschuhe, zwölf Bügelbretter, sechs Bügeleisen, Tiger-Bettwäsche – schlichtweg alles, was der Sender verkaufte. Es war eine gigantische Menge Material, und der Lkw lud alles auf unserem Innenhof ab.

Ich war sprachlos und wusste zunächst überhaupt nicht, wo wir das alles verstauen sollten. Wir waren nur zu sechst, und unsere beiden ehrenamtlichen Helfer waren zwischen sechzig und siebzig Jahre alt. Wir haben viele Tage nur gepackt, treppauf, treppab, bis wir endlich alles oben auf dem Dachboden verstaut hatten. Denn das Haus und der Keller mussten für den Umbau frei bleiben.

In dieser Zeit schrieben Peer Gent und ich unermüdlich weiter an dem Konzept des Kinder-Hospizes. Über die inhaltliche Arbeit, die Ziele, die Nutzung der Räume, die Unterstützungsmöglichkeiten und die Kosten.

☆ Der Umbau der »Wundertüte« beginnt

Nach vielen Monaten hatten wir annährend genug Spendengelder gesammelt, um mit den Umbaumaßnahmen beginnen zu können. Die Baupläne waren in monatelanger Planung von Architekten mit Peer Gent und mir nun fertig gestellt. Wir mussten nicht nur behindertengerecht bauen und strenge gesetzliche Auflagen beachten, sondern dem Haus auch Wärme und Geborgenheit verleihen.

Vieles im Haus war in einem dunklen Braunton getäfelt. Die winzigen Badezimmer waren mit dunkelgrünen Kacheln gefliest. Es gab keinen Grundriss und keine Baupläne. Das erfuhren wir erst jetzt. Es war in keiner Karte eingezeichnet. Eigentlich existierte es gar nicht. Jeder Besitzer hatte dem Haus offenbar noch einen weiteren Flügel hinzugefügt, und es gab unendlich viele Zimmer und Kammern auch für die damaligen Hausangestellten. Wir fanden bei der Renovierung sogar Luftschutzkeller; in einem der Kellerräume wurde offensichtlich das Fleisch gelagert. Es roch noch immer danach. Riesige Haken hingen an den Decken. Angeblich gibt es in dem Haus auch einen Geheimgang, der zu einem Weinkeller führt, aber den haben wir bis heute nicht gefunden. Dafür jede Menge Kriechkeller.

Viele Wände mussten abgerissen oder versetzt werden und jede Menge Stufen entfernt, damit es behindertengerecht wurde. 2000 Quadratmeter Wohnfläche mussten umgebaut werden. Die Erker waren wie aus Apfelsinenkisten gebaut, die Wände waren in Leichtbauweise errichtet. Als in der Küche die Kacheln abgeschlagen wurden, kippten genau die Wände ganz langsam um, die eigentlich stehen bleiben sollten. Wir stützten die Decken notdürftig mit Besenstielen und Metallrohren ab. Was uns eben auf dem Bau gerade in die Hände fiel in dieser akuten Situation, bis uns professionelle Verstärkung zu Hilfe eilte.

Die Kabel waren nicht wie heute nach Farben sortiert, außerdem waren sie auf einfachste Weise verlegt. Wir mussten alles neu planen.

»Dieses Haus ist eine richtige Wundertüte«, sagten wir nun alle.

Eines Tages kam die Tochter des ehemaligen Hausbesitzers auf unser Grundstück. Sie ritt in den Hof, wie sie es früher wahrscheinlich schon immer getan hatte. Nur ist heute da, wo früher die Pferdeställe waren, der Eingangsbereich. Hufgeklapper in unserem Haus zu hören war aufgrund der Geschichte des Hauses eigentlich selbstverständlich, aber für das, was wir vorhatten, eher ungewöhnlich. Sie wollte einmal sehen, was wir aus der Villa machten, und schenkte uns eine alte Luftaufnahme des Hauses. Bis heute steht sie bei uns im Besucherraum.

Einer der ehemaligen Architekten, ein Herr in sehr fortgeschrittenem Alter, fand noch alte Baupläne auf seinem Dachboden. Er hatte einst einen Anbau in diesem Haus geplant und errichtet – davon gab es noch Pläne.

Diese Pläne waren das Einzige, was wir besaßen, zusammen mit der alten Luftaufnahme des Hauses. Sonst gab es nichts Schriftliches. Wir mussten das ganze Haus vermessen. Immer wenn wir ein Dach öffneten oder eine Wand entfernten, wussten wir nicht, was uns dahinter erwartete. Es gab weder für unseren Architekten noch für uns eine Basis.

Großer Besuch kündigte sich an: Die damalige Gesundheitsministerin Ulla Schmidt wollte uns vor dem Umbau besuchen und sich vor Ort über unser Vorhaben informieren, nachdem wir sie angeschrieben hatten. Um vorab die Sicherheitsfragen zu klären, kam das Bundeskriminalamt. Doch sie riefen an und fragten: »Wo sollen wir denn hinkommen? Das Haus gibt es ja gar nicht.«

»O doch, ich sitze ja dort. Keine Sorge, das Haus gibt es«, erwiderte ich schmunzelnd.

Zusätzlich musste natürlich auch unsere Spendenarbeit weitergehen und unsere Post erledigt werden. Wir waren in einen Baucontainer umgezogen und saßen jetzt vor unserem Haus. Es gab Tage, an denen ich aus den Gummistiefeln direkt in die Pumps schlüpfte, um eine Spende angemessen entgegennehmen zu können. Mein Kostüm hing an der Innentür des kleinen Containerbüros. Wenn Spender kamen, nahm ich den Bauhelm ab, zog mich um und empfing unsere Gäste. Peer Gent ging es ähnlich.

Unsere kleinen Büros waren vollgestopft mit Bauplänen, Mustern von Hölzern, Farben, Teppichen, Tapeten, Türgriffen und Ähnlichem. Im Containerflur standen gelbe Plastikkisten mit Post, über die wir stiegen, und vor der Containertür standen Palmen, die wir gespendet bekommen hatten.

Nachdem Peer Gent und ich wochenlang mit dem Architekten den Bau geplant und viel über unsere Arbeit berichtet hatten, damit er verstand, warum das eine oder andere so besonders gebaut werden sollte, übernahm Peer Gent den Rohbau und ich den Innenausbau.

Einen Innenarchitekten konnten wir uns nicht leisten, also versuchte ich es, so gut ich konnte. Aber diese Größe war unvorstellbar, und ich war Kinderkrankenschwester. Wie eine Farbe, ein Teppich, Holzwände oder Fenstereinbauten in dieser Größe wirkten, das war für mich absolutes Neuland. Ich selbst hatte eine kleine Wohnung.

Als ich eines Abends noch einmal auf den Bau gehen wollte, bemerkte meine Schwester, die für uns noch immer ehrenamtlichen Telefondienst leistete, dass ein Auto mit offenem Kofferraum am Bau stand.

»Ute, sind das nicht die Kacheln, die du für die Bäder ausgesucht hattest?«, fragte meine Schwester. Der Kofferraum des Autos war voll mit ihnen. Ich fragte den Mann am Auto, was es mit diesen Kacheln auf sich hätte.

»Die sind falsch geliefert worden und müssen auf eine andere Baustelle«, sagte der.

Ich rief sofort unseren Bauleiter an und der wiederum die Polizei. Die Kacheln wurden uns direkt von der Baustelle gestohlen. Ich war außer mir. Wie schwer war es, diese ganzen Spenden zu sammeln, und wie unglaublich war es, uns die Kacheln zu stehlen! Jeder wusste doch, was dort für eine Einrichtung entstand. Doch es war nicht der einzige Diebstahl. Sogar eine ganze Kücheneinrichtung verschwand eines Tages.

Wir erzählten diese Erfahrungen einem lieben Spender. Er war genauso empört wie wir und spendete uns spontan einen Wachmann mit Schäferhund. Ab dann war Ruhe. Es war in dieser Zeit eine unendlich hilfreiche Spende.

Peer Gent und ich hatten inzwischen unsere Arbeitsstellen gekündigt und standen nun von morgens bis tief in die Nacht dem Bau zur Verfügung. Es hat unendlich Freude gemacht, das Haus wachsen zu sehen.

Meine Schwester hatte inzwischen den kompletten Telefondienst übernommen. Sie arbeitete lange Zeit ehrenamtlich. Ohne ihre Hilfe hätten wir es damals kaum geschafft. Noch heute arbeitet sie bei uns und ist für die Elternanmeldung verantwortlich. Sie ist für unsere Familien eine sehr vertraute Person und wird auch von ihnen nur mit ihrem Spitznamen Manschi angesprochen. Wir werden sie alle sehr vermissen, wenn sie Ende des Jahres in den wohlverdienten Ruhestand geht. Vor allem ich. Sie wird eine große Lücke hinterlassen.

Weitere ehrenamtliche Mitarbeiter unterstützten uns nach allen Kräften. In unseren kleinen Bürocontainern wurde es immer enger. Kranke Kinder mit ihren Eltern besuchten uns und wollten das Haus ansehen, fragten, wann es denn fertig sein würde, damit sie kommen konnten.

Aber schon da standen wir vor der ersten Herausforderung, was die Kinder im Rollstuhl betraf. Sie konnten nicht in den Container kommen, da er Stufen am Eingang hatte. Mithilfe eines ehrenamtlichen Mitarbeiters wurde schon dort eine Rampe gebaut.

Jetzt gab es auch die ersten Großspender. Eine Anschubfinanzierung wurde von der Hermann-Reemtsma-Stiftung für die ersten fünf Jahre des laufenden Betriebes mit einem namhaften Betrag zugesagt. Dadurch wurden auch andere Spender zur Unterstützung animiert. Die Hermann-Reemtsma-Stiftung unterstützt uns bis heute und steht an unserer Seite.

Wir stellten beim Bundesministerium für Gesundheit und Soziales einen Antrag auf Unterstützung und erhielten die Zusage für eine Modellprojektförderung. Bedingung dafür war allerdings der Besitz des Hauses. Wir benötigten die Unterstützung dringend und mussten eine Lösung finden, die für alle Seiten tragbar war. Schließlich hatten wir das

Haus zu diesem Zeitpunkt nur gemietet. Doch nach langwierigen und schwierigen Verhandlungen, die sich über viele Monate hinzogen, und nach der Zusage der Banken zur Finanzierung wurde auch diese Angelegenheit zu einem guten Abschluss gebracht, und wir konnten das Haus kaufen. Endlich.

Unsere Schirmherrinnen waren eng an unserer Seite, und die Anwaltskanzlei Freshfields, Bruckhaus und Deringer übernahm mit großem Engagement pro bono die rechtliche Vertretung der Sternenbrücke. Bis heute stehen sie uns zur Seite, wann immer wir Hilfe benötigen.

☆ Selbstständig leben

All unsere Kraft floss nun in den behinderten- und vor allem kindgerechten Umbau. Wir bauten ein Kinder-Hospiz. Nur, dafür gab es eigentlich kein Vorbild. Wie sollte ein behindertengerechtes Haus für Kinder aussehen, die am Lebensende stehen? Jede Kleinigkeit mussten wir selbst entwickeln. Ich versetzte mich in die Lage von Kindern, versuchte alles mit ihren Augen zu sehen. Wie sehen sie die Welt, was können sie aus ihrer Perspektive bedienen, was nicht? Wo kommen sie mit ihren Händen heran, wo nicht?

Das oberste Gebot war, dass die Kinder mit ihren Bettchen überall hinkommen können, damit sie teilnehmen können, überall, wann immer sie möchten. Lebensqualität bedeutet für erkrankte Kinder auch, dass sie die vielleicht schon eingeschränkten Fähigkeiten so lange wie möglich nutzen können. Dafür benötigen sie aber viele unterschiedliche Hilfsmittel. Alles wollte ich danach ausrichten. Dieser Gedanke stand ausschließlich im Vordergrund.

Die Kinder sollten ohne Hindernisse in den Garten kommen. Das Haus hatte eine große ebenerdige Grundfläche, ein Vorteil. Heute werden die Gebäude aus Kostengründen meist in die Höhe gebaut. Allein diese Tatsache sprach von Anfang an für unser altes Haus.

Um den Kindern ihre Wege hürdenlos zu konzipieren, bauten wir die ersten neun Kinderzimmer unten ins Erdgeschoss und die neun Eltern- und Geschwisterzimmer direkt darüber. Keine Fahrstühle oder gar Treppen sollten die Kinder einschränken. Sie sollten so wenig wie möglich isoliert auf ihren Zimmern liegen. Es sei denn, sie möchten es. Ich wollte vermeiden, dass jedes Kinderzimmer gleich aussieht; sie sollten individuell gestaltet sein. Genau das machte aber beim Umbau wiederum große Schwierigkeiten, denn wo immer ich zum Beispiel eine Schiene für den Lifter anbringen wollte, gab es Probleme. Kanten, Überstände oder nicht symmetrische Wände. Dafür ist es ein Altbau, ein Haus mit Geschichte und mit einem Eigenleben.

Heute schließen die Türen und morgen nicht, und keiner weiß, warum. Man spürt, wie das Haus lebt und atmet. Es brachte alles mit, was ich auch für die Kinder wollte, und es ist ein Haus, in dem früher, bevor es ein Seminarhotel wurde, viele Kinder lebten. Als uns eine Familie besuchte, die früher einmal hier gelebt hatte, sagten sie: »Wie schön, dass in diesem Haus jetzt wieder Kinder leben.«

Ich versuchte beim Umbau an all die verschiedenen Erkrankungen zu denken. Wir würden Kinder mit den unterschiedlichsten Einschränkungen bekommen. Einige würden nicht laufen können, andere würden nicht greifen können, wieder andere würden taub oder blind sein. Für alle Kinder sollte mein Leitsatz gelten: »Die Kinder sollen ihre Selbstständigkeit behalten, so lange wie irgend möglich.«

Aus meiner Erfahrung in den Kliniken war es dort leider selten der Fall. Ich fragte mich oft, warum die Kliniken nicht grundsätzlich behindertengerecht gebaut werden. Fast alle

Menschen dort sind, wenn auch oft nur eine kurze Zeit, in ihrer Bewegung eingeschränkt. Es wäre förderlich für die Selbstständigkeit und würde oft auch Personal einsparen. Wie oft hatte ich Kinder beobachtet, die von ihrem Rollstuhl aus nicht an das Waschbecken kommen konnten. Das wollte ich bei uns vermeiden. Unsere Waschbecken sollten nach unten und oben verstellbar sein, je nach Bedarf. Viele Kinder konnten beim Zähneputzen oder Kämmen nicht in den Spiegel gucken. Ständig waren Kinder in den Kliniken auf fremde Hilfe angewiesen. Sie kamen nicht an den Zahnputzbecher, weil die Halter zu hoch waren. Einige Kinderkliniken sind auch heute noch wie für Erwachsene gebaut. Verstehen konnte ich das nie.

Vieles, was ich in unserem Haus plante, gab es in der Form vorher noch nicht. Die Türgriffe sollten immer erreichbar sein. Wir bauten sie auf fünfundachtzig Zentimeter Höhe ein. Auch die Toiletten sind niedrig. Besonders diese waren eine Herausforderung, weil es Kinder gibt, die sich durch Muskelerkrankungen nicht aufrecht halten können. Dadurch können sie auch nicht alleine auf der Toilette sitzen. Aber die Begleitung auf die Toilette nimmt jedem Menschen ein Stück Würde, auch den kleinen. Solange es irgendwie ging, sollte die Intimsphäre gewahrt bleiben.

Wir bauten die Toiletten auf eine Höhe, dass der bestehende Toilettenstuhl, der Halt gibt, über die Toilette gefahren werden kann und, wenn möglich, anstatt des Topfes sich dann die Toilette darunter befindet. Kinder brauchen bei uns oft also nicht die Bettpfanne zu benutzen, sondern können mit dem Toilettenstuhl zur Toilette fahren. Er passt genau darüber, und die Kinder haben so das Gefühl, auf der Toilette zu sitzen. Es ist einfach und erhält den Kindern viel Würde. Eine behindertengerechte Toilette hat zwar zwei Bügel an den Seiten, aber sie dienen zum Festhalten beim Hinsetzen, nicht, um die Stabilität des Behinderten beim Sitzen zu unterstützen. Auch die modernen Toiletten, bei denen der Wasserkasten in die Wand eingelassen ist, sind für Kinder, die sich nicht halten können, ein Problem, denn sie nutzen die Wand, um sich abzustützen. Dabei bedienen sie aber mit dem Rücken fortwährend die Taste für die Spülung.

Meine Erfahrungen in den Kinderkliniken waren bei dem Umbau des Hauses ungeheuer wertvoll. Schon im Krankenhaus probierte ich bei einem Kind aus, ob denn der Toilettenstuhl über die Toilette passen könnte. Und er passte. Das Kind konnte nun eine Tür zumachen, wenn es auf die Toilette ging. Leider war das aber eine Ausnahme. In anderen Zimmern passte es nicht. Anscheinend hatte ein Handwerker dieses WC versehentlich zu niedrig gebaut. Nur, warum wurden die nicht immer so gebaut?

Es gab so viele Dinge, die ich in Kinderkliniken über zwanzig Jahre lang beobachtet hatte. Ich brauchte keinen Notizblock, um beim Umbau unseres Hauses an alles zu denken. Die Dinge waren präsent. Oft lag es an der finanziellen Situation, ob wir sie umsetzen konnten. Wir lebten von Spenden, auch von Sachspenden. Viele Unterstützer fragten uns, was wir denn bräuchten. Ich stellte auf unsere Internetseite einen Wunschzettel. Viele Spender wollten unserem Haus etwas Nützliches schenken, nur wussten sie nicht, was. Kurz vor Weihnachten schrieb ich eine lange Liste mit den Dingen, die wir brauchten. Lampen, Spiegel, Waschtische, Bettdecken, Kopfkissen, Bettwäsche – die Liste wurde immer länger. Doch sie war hilfreich. Die Leute riefen uns an und sagten uns, was sie gerne spenden wollten. Spendensammeln geht auch immer mit Kreativität einher.

Als wir einige Jahre später die Elternzimmer ein zweites

Mal renovierten, hatte ich auf einer Gala plötzlich eine Idee. Wir brauchten unbedingt Duschtüren. Ich ging also zum Mikrofon und sagte in die Menge: »Ich bin eine leidenschaftliche Tänzerin, und wir brauchen neue Duschtüren. Meine Herren, wenn Sie mit mir einen Walzer tanzen möchten, dann herzlich gern. Er kostet Sie nur eine Duschtür.« Es gab großes Gelächter, und ich tanzte den ganzen Abend. Ich gebe zu, dass meine Wege, Spendengelder zu sammeln, oft unkonventionell sind, aber sie sind effektiv. Einen Wunschzettel auf eine Internetseite zu stellen widerspricht allem, was ein Profi uns geraten hätte. Wir waren die Ersten, die das gemacht haben. Heute haben viele Einrichtungen einen solchen Wunschzettel auf ihrer Webseite. So wissen Spender schnell, wo besonderer Bedarf besteht. Auch wenn die Spenden hauptsächlich für den laufenden Betrieb benötigt werden, so können wir doch auch Spendern Möglichkeiten aufzeigen, wenn sie uns lieber eine Sachspende zukommen lassen möchten.

Ein prüfender Blick

Bereits im Jahr des Umbaus, 2001, hörten wir von der Organisation startsocial. Sie veranstalteten seit dem Jahr 2000 einen Wettbewerb für soziales Engagement und unternehmerischen Sachverstand. Menschen, die sich mit ihren Ideen und Projekten in den Dienst ihrer Nächsten stellen, werden dabei von erfahrenen Fachleuten beraten. Startsocial testet, ob die Organisation eine gesicherte finanzielle Basis für ihr Engagement hat und eine passende Organisationsstruktur vorweisen kann. Fachleute aus Wirtschaft und Verbänden unterstützten mit professionellen Analysen und Tipps.

Wir bewarben uns. Auch wir wollten uns prüfen lassen und weiterlernen. Wollten erfahren, wie unsere Zukunftsaussichten sind. Ist das Projekt auch in anderen Städten denkbar, und wie tragfähig ist der Plan?

Jedes Jahr unterstützt startsocial hundert ehrenamtliche Projekte durch ein dreimonatiges Beratungsstipendium. Nach dem Abschluss der Beratungen werden die effizientesten fünfundzwanzig der hundert Stipendiatenprojekte im Rahmen einer festlichen Abschlussveranstaltung im Bundeskanzleramt in Berlin prämiert. Gleichzeitig wird ein Preisgeld in

Höhe von je 5 000 D-Mark (heute Euro) an damals noch fünf (heute sieben) herausragende Projekte vergeben. In unserem Bewerbungsjahr stellten 2003 Projekte diesen Antrag. In der ersten Runde wurden wir ausgewählt. Peer Gent und ich sollten unser Projekt präsentieren. Inzwischen waren wir geübt darin und schafften es in die nächste Runde des Wettbewerbs. In der zweiten und dritten Runde mussten wir weitere Aufgaben bewältigen. Wir mussten vor einem Gremium erklären, wie unsere Öffentlichkeitsarbeit aussehen sollte und in welchen Bereichen wir uns Unterstützung suchen würden.

Peer Gent kosteten die schriftlichen Vorbereitungen viel Arbeit, doch wir lernten dabei. Wir hatten es mit Fachleuten zu tun, die dort saßen und uns prüften. Wir erfuhren von dem beeindruckenden Engagement der unterschiedlichsten Interessensgruppen und Bürger, die sich für einen bestimmten sozialen Bereich einsetzten.

Die letzten fünfundzwanzig Organisationen wurden schließlich ausgewählt und ins Bundeskanzleramt eingeladen. Von den fünfundzwanzig Projekten sollten fünf am Ende ausgezeichnet werden. Allen Projekten, die es bis hierher geschafft hatten, wurde ein Coach aus einem Wirtschaftsberatungsunternehmen zur Seite gestellt. Wir waren inzwischen so perfekt vorbereitet, dass der Coach nur staunen konnte, was wir schon alles bewegt hatten. Peer Gent und ich entwickelten uns in dieser Zeit noch mehr zu einem wunderbaren Team.

Und dann wurden wir tatsächlich nach Berlin ins Kanzleramt eingeladen.

Als wir auf dem Weg dorthin im Zug saßen, gingen uns tausend Dinge durch den Kopf. Hatten wir eine Chance, unter die letzten fünf zu kommen und ausgezeichnet zu werden? Peer Gent überlegte, wie unsere Stimmung wohl bei der Rückfahrt sein würde. Darüber mochten wir nicht nachdenken.

In das Kanzleramt zu kommen, die Sicherheitskontrollen zu erleben ist eine besondere Erfahrung. Wir waren unheimlich aufgeregt, achteten auf jeden Schritt und wurden in einen großen Saal geführt. Ein Rednerpult war unter dem großen Bundesadler aufgebaut. Davor gab es Stuhlreihen, und auf jedem Stuhl stand der Name eines Gastes. Auch wir waren dabei.

»Wir sitzen drei Reihen hinter dem Bundeskanzler Gerhard Schröder. Meinst du, das hat etwas zu bedeuten?«, fragte Peer mich, als er unsere Plätze gefunden hatte. Unsere Nerven waren zum Zerreißen gespannt.

Pinnwände waren aufgebaut. Jedes der fünfundzwanzig Projekte konnte sich dort präsentieren. Wir sahen, welche anderen Projekte es mit uns bis hierher ins Kanzleramt geschafft hatten. Daneben lag ein Stapel mit Büchern von startsocial aufgebaut. Sie waren eingeschweißt. Die Gewinner würden irgendwo dort drinstehen. Die Zeit schien stehenzubleiben.

Als die Zeremonie endlich begann, wurden zunächst Fotos gemacht: Alle gemeinsam auf der Treppe mit Bundeskanzler Schröder. Ich stand direkt neben ihm und musste mich kneifen. Ich dachte kurz daran, dass ich eigentlich nur eine Kinderkrankenschwester war und jetzt plötzlich im Bundeskanzleramt neben Gerhard Schröder stand.

Schließlich versammelten wir uns alle in dem Nebenraum. Unzählige Kameras waren dort aufgebaut. Wir setzten uns auf unsere Plätze, und der Bundeskanzler ergriff das Wort. Das erste Projekt wurde ausgezeichnet. Wir waren es nicht. Dann sagte Gerhard Schröder: »Es gibt Dinge in unserem

Leben, über die wir ungern nachdenken, die es aber trotzdem gibt, und es betrifft 22 000 Kinder in Deutschland.«
Wir machten uns auf unseren Stühlen gerade und trauten uns kaum zu atmen. Wir hatten zwei Coachs von der Beratungsfirma McKinsey dabei, beide lächelten uns nun an. Unser weiblicher Coach war hochschwanger. Ich hatte etwas Sorge um sie, aber sie wollte es sich nicht entgehen lassen. Sie umschlang vor Erwartung mit beiden Händen ihr Bäuchlein. Als ich sie erschrocken ansah, bekam ich ein Zeichen, dass alles in Ordnung war. Die Aufregung bewegte auch den kleinen ungeborenen Erdenbürger.
Peer Gent und ich schauten uns an. Gleich würden wir vielleicht nach vorn gehen und vor all diesen Menschen aus Politik, Wirtschaft und sogar vor dem Bundeskanzler eine Dankesrede halten müssen. Das Herz schlug mir bis zum Hals.
Jede Organisation hatte einen Laudator. Wir wurden von Klaus Zumwinkel vorgestellt, dem damaligen Vorstandsvorsitzenden der Deutschen Bundespost AG. Unser Projekt war für ihn eine Herzensangelegenheit. Er hatte selbst ein Kind verloren und erzählte uns später, wie nahe ihm unser Engagement ging. Nach seiner Laudatio wurden wir gemeinsam mit einem Projekt aus Berlin aufgerufen, das die gleichen Ziele hatte wie wir, und nach vorne gebeten. Wir standen auf und versuchten eine ruhige und angemessene Haltung zu bewahren, als wir zum Bundeskanzler gingen.
Peer raunte mir zu: »Sprich du.«
Ich war kreidebleich geworden, und wir wussten, wir hatten nur zweieinhalb Minuten für unsere Dankesrede. Wir wurden geehrt, und es war eine große Auszeichnung für uns, doch ich hatte das Gefühl, kein Wort herauszubekommen. Mich zur Ruhe zwingend, schaffte ich es. Der Nachrichten-

sender N24 übertrug die Zeremonie. Wir wurden jetzt gehört, und das war der erste Schritt zu allem, was wir später in die Wege leiten konnten.

Ich bedankte mich, erzählte in wenigen Sätzen über die Notwendigkeit einer solchen Einrichtung und forderte die Menschen auf hinzuschauen. Wie gut, dass meine weichen Knie nicht sichtbar waren. Hinterher gab es ein Kaffeetrinken, und der Bundeskanzler sprach mit uns.

Wir waren so unendlich stolz und dankbar.

2001 war ich solche Ereignisse noch nicht einmal im Kleinen gewohnt – jetzt sprach ich mit dem Bundeskanzler. Ich kann mich nicht mehr daran erinnern, ob ich etwas gegessen habe. Ich war diese Art der Gesellschaft nicht gewohnt, fühlte mich noch unsicher und staunte über das, was plötzlich um mich herum passierte. In dem Moment, in dem ich über unser Projekt sprechen konnte, verließ mich alle Unsicherheit. Ich hatte mich so nachhaltig mit unserer Idee beschäftigt, alles bis zu Ende durchdacht, dass ich wusste, was ich sagen wollte. Es gab keine Frage, die ich nicht beantworten konnte.

Als Erstes riefen wir nach dem offiziellen Teil Isabella Vértes-Schütter und Annegrethe Stoltenberg an. Ich glaube, ihre Freude in Hamburg war bis nach Berlin zu hören. Ebenso wie die der gesamten ehrenamtlichen Mitarbeiter, die wir informierten.

Aber was für Erwartungen werden in mich gesetzt? Die Menschen haben wohl eine besondere Vorstellung davon, wie eine Hospizleitung aussieht. Eine Besucherin einer Veranstaltung sagte mir nach einem meiner Vorträge wieder einmal, dass sie eine ganz andere Vorstellung von mir gehabt hatte.

»Welche denn?«, fragte ich.

»Na ja, dunkel gekleidet. Ernst. Still. Traurig, bei all diesem Leid. Ich hätte nicht gedacht, dass Sie so lebendig, voller Lebensfreude und mit so viel Zuneigung von den Kindern berichten, aber auch von so viel getragener Sorge um sie.«

Mir ist ganz wichtig, dass ich auf die Kinder nicht fremd wirke. Ich möchte Zugang zu ihnen finden. Sie lieben Farben, ein Lachen, Späße, so wie gesunde Kinder, wenn ihr Gesundheitszustand stabil ist.

Der Weg der Trauer ist immer gegenwärtig, aber auch er wird nicht in Schwarz begangen – es sei denn, es ist der Wunsch der Eltern.

Wenn ich heute im Haus einen Kindergeburtstag mitfeiere und wir Späße treiben, dann tue ich das nie aus einem Kalkül heraus, sondern immer, weil ich es liebe, mich den Gedanken und Wünschen der Kinder anzupassen. Manchmal wünschte ich mir, mich nur um das Wohl der Kinder in unserem Haus kümmern zu können. Doch als Initiatorin musste ich mich vor allem mit der Organisation und der Perspektive des Hauses beschäftigen. Mit der inhaltlichen Arbeit, den Gesprächen mit den Eltern und Kindern.

Ich erinnere mich schmunzelnd an eine Situation, die inmitten unseres großen Flurs geschah: Ich kam mit einem bunten Sommerrock an einem heißen Sommertag ins Haus. Die Kinder warteten in ihren Rollstühlen vor dem Zimmer der Pflegekräfte aufgeregt darauf, dass es gleich ins Planschbecken ging. Ich begrüßte jedes Kind einzeln. Ein kleiner behinderter Junge lachte mich an, sah auf meinen Rock und zog mit einem Ruck daran. Er hatte einen Gummizug und saß nun von einer Sekunde auf die andere in Kniehöhe. Mein verdutztes Gesicht rief schallendes Gelächter hervor. Eltern, Kinder, ehrenamtliche Mitarbeiter, Pflegekräfte, alle lachten Tränen, und ich mit. Was für ein Geschenk – dieser Moment! Gemeinsam lachen, gemeinsam weinen – bei uns so nah beieinander.

Ärzte gesucht

Eine der wichtigsten Aufgaben für unser Haus stand noch aus. Wir würden neben all den wunderbaren freiwilligen Helfern und Unterstützern auch ein hohes Maß an medizinischem Wissen benötigen. Einen Kinderarzt, der uns zu jeder Zeit zur Verfügung stehen kann. Wieder einmal mussten wir kreativ werden.

Schließlich war es die Kinderärztin meines Sohnes Thorben, die mich auf eine Idee brachte, die sich zu Anfang sehr gut anhörte. Sie bot sich an, einmal in der Woche bei uns einen Dienst zu übernehmen. Ich überlegte, ob es uns vielleicht gelingen würde, mit den Kinderärzten in und um Hamburg für jeden Tag jemanden zu finden, der ehrenamtlich bereit war, einen Bereitschaftsdienst zu übernehmen. Bei der Unterstützung, die wir erfuhren, hielt ich es nicht für ausgeschlossen.

Doch genauso wichtig war mein festes Vorhaben, einen Kinder-Schmerztherapeuten im Haus zu haben. Ich wusste, nur dann ergibt die Pflege der schwerstkranken Kinder bei uns überhaupt einen Sinn. Wir können den Kindern nur Lebensqualität schenken, wenn sie keine Schmerzen haben. Nur dann würden sie überhaupt dazu in der Lage sein, schöne Dinge aufzunehmen. Mit Schmerzen sollte kein Kind leben müssen.

Ich telefonierte überall herum und fand schließlich heraus, dass es bundesweit nur zwei Schmerztherapeuten für Kinder gab. Ich versuchte zunächst vergebens Kontakt aufzunehmen, denn es war sehr schwierig, überhaupt die Namen herauszufinden. Dann kam mir das Glück zu Hilfe, denn einer der beiden Schmerztherapeuten, Dr. Raymund Pothmann, rief mich an. Ich saß in dieser Zeit noch in meinem Baucontainer vor unserem Haus. Er sagte, er hätte von unserem Projekt gehört und würde gern sein Wissen bei uns einbringen.

»Sie schickt der Himmel«, hätte ich am liebsten gesagt. Wenige Tage später saß er bei uns. Er lebte mit seiner Familie in Oberhausen und leitete dort das sozialpädiatrische Zentrum als Chefarzt. Ich erfuhr, dass er im Bereich der Kinder-Schmerztherapie ein Vorreiter war und dass er auch schon vieles zu diesem Thema veröffentlicht hatte.

Je mehr ich mich mit dem umfangreichen Gebiet der Schmerztherapie beschäftigte, desto unklarer wurde mir, warum es in ganz Deutschland nur zwei Kinder-Schmerztherapeuten gab. Ich erfuhr, dass Schmerztherapie bei Kindern immer noch in den Kinderschuhen steckte. Unfassbar!

Dr. Raymund Pothmann beschäftigte sich seit Jahren intensiv mit chronischen Kopf- und Bauchschmerzen bei Kindern. In der Klinik gab es ständig diese Fälle von Kindern, die unter permanenten unklaren Schmerzen leiden. Er sagte mir gleich im ersten Gespräch, dass er bereit wäre, hoch in den Norden zu ziehen, um für die Sternenbrücke tätig sein zu können. »Schmerztherapie bei Kindern ist genau das Gebiet, dem ich mich weiterhin intensiv widmen möchte«, sagte er. Unser Haus sei genau der richtige Ort für ihn, versicherte er, um all sein Wissen den Kindern zugutekommen zu lassen.

Ich sagte ihm, dass unsere finanziellen Möglichkeiten begrenzt seien. Allerdings hätte ich einen Spender gefunden, der die Kosten für eine halbe Stelle zunächst für ein Jahr tragen würde. Dr. Pothmann war Chefarzt – wie sollte er sich mit dem Gehalt einer halben Arztstelle arrangieren?

Ich nahm Kontakt zu meinem damaligen Klinikchef auf. Ich erzählte ihm von Dr. Pothmann und wie wichtig aus meiner Sicht das Thema Schmerztherapie bei Kindern sei. Das Krankenhaus hätte jetzt die Möglichkeit, eine Vorreiterrolle zu übernehmen. Man könnte sich Dr. Pothmann gewissermaßen teilen. Und tatsächlich: Dr. Raymund Pothmann machte sich mit einer Kinder-Schmerzambulanz auf dem Klinikgelände selbstständig und wurde mit einer halben Stelle unser Schmerztherapeut. Für unser Kinder-Hospiz war diese Lösung eine der wichtigsten Voraussetzungen, den Kindern hochprofessionell zu helfen. Dr. Pothmann schaffte dafür die Voraussetzung.

Bis er seine eigene Praxis außerhalb der Klinik eröffnete, fanden wir mit diesem Abkommen eine glänzende Lösung. Jeden Tag fuhr Dr. Pothmann eine Stunde lang von der einen Seite der Stadt zur anderen, um bei uns sein zu können. Doch die Anfangszeit war schwerer als gedacht, denn ich fand keine weiteren Kinderärzte, die bereit waren, uns ehrenamtlich zu unterstützen.

So war es dann, dass Dr. Pothmann und ich nach der Eröffnung den Bereitschaftsdienst alleine vierundzwanzig Stunden täglich übernahmen. Die niedergelassenen Ärzte konnten neben ihrer Arbeit in der eigenen Praxis keine weiteren Aufgaben übernehmen.

Viele der Kinderärzte sind auch aus den Klinken gegangen, um keinen Nachtdienst und keinen Bereitschaftsdienst mehr machen zu müssen. Die Arbeit in einem Kinder-Hospiz würde aber genau das erfordern. Wir mussten es akzeptieren. So begannen wir mit vollem Einsatz alleine. Dr. Pothmann mit Rufbereitschaft für die ärztliche Betreuung und ich in gleicher Weise für die pflegerische Seite, die ich auch heute noch mache, aus der Notwendigkeit heraus.

Ich war mir sicher, dass es der richtige Weg sei, von vornherein immer einen Arzt abrufbereit zu haben. Es war jedoch unüblich. In einem Erwachsenen-Hospiz gibt es auch keinen Arzt, der ausschließlich für alle Bewohner da ist. Dort kommt der Hausarzt oder auch der Schmerztherapeut des jeweiligen Patienten ins Hospiz. Dieses Modell kam für uns nicht infrage, da die Kinder aus dem ganzen Bundesgebiet zu uns kommen würden. Es war also ein Weg, der für ein Hospiz neu war.

Ich hatte Glück, denn Dr. Pothmann war auch Facharzt für Kinder und Jugendliche, und so hatte ich einen Schmerztherapeuten und einen Kinderarzt in einer Person.

Beste Bedingungen für schwere Arbeit

Je mehr Pflegekräfte sich schon bei uns bewarben und je mehr ehrenamtliche Mitarbeiter sich fanden, um uns zu unterstützen, desto klarer wurde mir auch, dass sie unter den bestmöglichen Arbeitsbedingungen bei uns tätig sein sollten. Die besonders hohe Belastung, unter der sie stehen, durfte nie aus den Augen verloren werden.

Ich machte mir Gedanken über die Arbeitsabläufe, musste dabei immer wieder an meinen Vater denken, wie er betonte, dass man für einen gut funktionierenden Betrieb vor allem zufriedene Arbeitskräfte benötigte.

Die Aufgabe der Pfleger und Kinderkrankenschwestern im Kinder-Hospiz würde ihnen körperlich und psychisch viel abverlangen, das wusste ich aus meiner Zeit als Kinderkrankenschwester.

Wir Kinderkrankenschwestern hatten durch das ständige Heben und Tragen der Patienten alle Probleme mit dem Rücken. Besonders Kinder, die lange in einem Rollstuhl saßen, neigten auch zu einer Gewichtszunahme. Sie ständig aus dem Stuhl zu heben oder umzubetten ist eine körperliche Herausforderung. Umso mehr, je größer sie sind. Wir alle trugen mehr, als wir eigentlich sollten, und das meistens allein. Denn eine Kollegin zu rufen, die erst den ganzen Gang hinunterlaufen musste, hätte zu viel Zeit gekostet, also standen wir Schwestern oft alleine vor dieser Aufgabe. In verdrehter Haltung musste man nicht selten ein vierzig bis fünfzig Kilo schweres Kind aus dem Rollstuhl in das Bett heben und umgekehrt.

Über diese Arbeitsabläufe machte ich mir Gedanken. Supervisionen, sorgsamer Umgang mit der eigenen Trauer, das Angebot eines Sabbaticals und vieles mehr sollte unterstützend helfen. Ich wollte gesunde Mitarbeiter, auch wenn sie schon jahrelang bei uns arbeiteten. Es ging mir beim Umbau also vor allem um diese zwei Fragen: Was brauchen die Kinder? Und was benötigen die Mitarbeiter?

Jedes Kind würde früher oder später körperlich so eingeschränkt sein, dass es die Hilfe unserer Kinderkrankenpfleger und -schwestern intensiv benötigte. Ich musste eine Lösung finden, denn bei uns würde mit der Zeit so gut wie jedes Kind ein schwerer Pflegefall werden. Auf der Station hat man es als Kinderkrankenschwester mit vielleicht einem Kind in diesem Zustand zu tun; bei uns könnten es sehr viele sein. Das alles kam zusammen, und es war wichtig, dass es trotz all dieser Hilfsmittel in den Arbeitsabläufen am Ende nicht wie in einer Klinik aussah. Ich wollte keine Sauerstoffschläuche, die aus der Wand kommen, oder Monitore, die fest installiert sind. Ich wollte keine Deckenlifter an einem festen Gestänge, sondern ein mobiles System, mit Schienen in der Decke eingelassen, das bei Bedarf leicht anzubringen war.

Dasselbe galt für das Klingelsystem. In den Kliniken gibt es einen Knopf, mit dem man die Schwester rufen kann. Moderne Geräte sind sogar wie eine Gegensprechanlage aufgebaut. Ich würde aber Kinder in der Sternenbrücke haben, die nicht klingeln können, die nicht sprechen können. Ich benötigte eine Anlage, mit der auch der Alarm von Monitoren und Beatmungsgeräten auf die Pieper des Pflegepersonals übertragen werden kann. Mich beschäftigte die Frage, wie es möglich sein könnte, all diese Technik so unterzubringen, dass es trotzdem nicht nach einer Intensivstation aussehen würde. Wie können sich Kinder bemerkbar machen, die nicht mehr klingeln können?

Peer Gent und ich schauten uns viele Klingelanlagen an. Eine fanden wir, die unseren Vorstellungen schon sehr nahe kam. Man gestaltete sie dann sogar nach unseren Ansprüchen um. Jetzt ist es eine Akustikanlage, die je nach Bedarf eingestellt werden kann. Bis zu einer Sensibilität, die die Schwestern die Atmung des Kindes hören lassen. Es ist mit dieser Anlage möglich, dass das Pflegepersonal auf der Terrasse mit einem Kind spielt, während es über seinen Pieper die Atmung eines zweiten Kindes lückenlos überprüfen kann.

Die Einstellung des Geräts bereitete uns zu Anfang aber auch Sorgen. Wenn man es so fein einstellte, dass man die Atmung hören konnte, dann mussten wir uns auf Strumpfsocken über die Flure bewegen. Lautes Sprechen, Husten oder Niesen wurde auch übertragen. Das Gerät schlug sofort Alarm. Unsere Schwestern hatten ihre Mühe mit dem Umgang, denn selbst, wenn sie leise waren – die Kinder waren es nicht.

Wenn sie mit einem Spielzeug auf dem Flur spielten, ging das Gerät an, selbst wenn jemand nebenan die Toilettenspülung betätigte, ging der Alarm los. Unsere Kinderkrankenschwestern liefen ständig von einem Zimmer ins nächste. Erst mit der Zeit lernten wir, damit so umzugehen, dass es für uns alle Sinn ergab.

Wir ließen viele dieser Sondergeräte herstellen. Oft kostete es sehr viel Geld, manchmal bekamen wir aber auch Inhalations- oder Sauerstoffgeräte gespendet. Ich musste meine Wünsche an die Firmen klar formulieren. Sonderanfertigungen waren aufwendiger umzusetzen und teurer als die Lieferung bereits vorhandener Geräte – das machte meine Aufgabe nicht einfacher.

In der letzten Umbauphase

Je mehr Öffentlichkeit wir hatten, umso mehr begannen betroffene Eltern, sich bei uns zu melden.
»Frau Nerge, wann eröffnen Sie? Wann können wir kommen?«
Die Zeit lief, und es war noch immer viel zu tun. Ich suchte die Tapeten aus und beschäftigte mich mit den Farben, die die Zimmer haben sollten. Die Kinder hatten nach meiner Befragung deutlich geäußert, dass Gelb ihre Lieblingsfarbe sei. Also entschied ich mich für Gelb. Nur – es gab sechzig unterschiedliche Gelbtöne. Wie würden sie auf den Wänden aussehen?
Die Maler bemalten eine Wand mit vielen verschiedenen Gelbtönen. Ich sollte aussuchen. Auch die Heizungen wollte ich gelb lackieren lassen. Weiß ist die Farbe in Krankenhäusern, also sollten auch die Heizungen nicht weiß sein. Ich wollte kein Zitronengelb, das kühl wirkte, sondern einen Ton, der mehr ins Orangefarbene geht. Wenn die Sonne durch die Fenster scheint, dann soll es hell und warm wirken. Ich versuchte mir vorzustellen, wie es aussähe, wenn das ganze Haus in diesem Gelbton sein würde. Eigentlich für meine Vorstellungskraft unmöglich.

Bis heute sind die Gelbtöne immer wieder eine Herausforderung, denn schon, wenn wir eine Stelle nachstreichen wollen, beginnt die Diskussion von vorn, da sich die Farbnummern immer wieder ändern. Bei jedem Gelbton, den wir an die Wand malen, gucken mich meine Mitarbeiter gespannt an:»Und, ist es das?«

Ich habe nie ein Haus renoviert. Mir ging es um die Stimmung im Haus, um die Anmutung, um das Lebensbejahende. Nachdem ich mich für einen Gelbton entschieden hatte und das Haus nach zwei Wochen freundlich und hell wirkte, erstellte ich am Abend zu Hause den ersten Raumplan.

Wir hatten viele unterschiedliche Stoffe und Gardinen in allen möglichen Größen gespendet bekommen. Welcher wohin? war nun die Frage. Unterschiedliche Mengen und Größen bei achtzig unterschiedlichen Fenstern. Ich war vollkommen überfordert, und wer sollte die Gardinen nähen? Es war wieder die Presse, die mich unterstützte. Eine kleine Lokalzeitung wollte über die Fortschritte an unserem Haus berichten, und sie fragte mich während des Interviews, was wir denn noch dringend benötigten.

»Ich brauche dringend Menschen, die nähen können«, sagte ich. Wieder erfuhr ich eine enorme Hilfsbereitschaft. Kaum war der Zeitungsartikel gedruckt, schon klingelte unser Telefon. Es gab unendlich viele Frauen, die uns unterstützen wollten. Die Schule in unserem Stadtteil hatte uns die Turnhalle angeboten, falls Raum benötigt wurde. Ich fragte an, ob wir das Angebot nun annehmen dürften.

»Frau Nerge, wofür brauchen Sie denn unsere Turnhalle?«

»Zum Nähen«, sagte ich.

Wenige Tage später wurde die Turnhalle zu einer Fertigungshalle für Gardinen. Die Nähmaschinen surrten den ganzen Tag. Hausfrauen, Mütter und Schneiderinnen waren mit ihren Nähmaschinen gekommen. Ich freute mich sehr über die Unterstützung und stellte immer wieder fest, dass es so viele Menschen gab, die uns helfen wollten und sogar ihre Zeit zur Verfügung stellten. Das war großartig und ist unendlich wertvoll – bis heute.

Seit der Eröffnung des Hauses werden alle ehrenamtlichen Mitarbeiter geschult und auf ihre Aufgabe vorbereitet. Ich bin ihnen von Herzen dankbar für ihre unermüdliche Unterstützung.

Jetzt ging es um die konkrete, oft handwerkliche Hilfe, und auch da bekamen wir bei Bedarf immer wieder Unterstützung. Wir saßen noch immer in unserem Container und liefen zwischen ihm und dem Haus mit seinem Umbau hin und her.

Peer Gent kämpfte mit unserem Architekten gegen den ständigen Wassereinbruch im Rohbau. Lösungen mussten gefunden und Änderungen vorgenommen werden. Ständige Baubesprechungen und die Suche nach Problemlösungen bestimmten die Tage. Wir saßen immer wieder über den Bauzeichnungen, die ich erst lernen musste zu lesen und zu deuten. Was sind abgehängte Decken? Was gibt es für Auflagen seitens der Feuerwehr? Wo müssen Brandschutztüren hin und warum? Wo müssen Stahlträger in die Decken? Was bedeutet ein Holzdachstuhl? Was sind F-90-Türen?

Eine große Herausforderung für mich war die Planung von Steckdosen in Wände, die noch nicht existierten. Wie viele? Wofür? Wie hoch? Sollten die Überwachungsgeräte an die Wand? Wie werden sie am Ende endgültig stehen? Gibt es an den unterschiedlichen Betten immer die gleichen Stromanschlüsse? Sie wurden erst am Ende des Umbaus geliefert.

Im Haus gab es kaum gleichgerade Wände. Der Flur war teilweise abschüssig. Ein Problem für die Kinder im Rollstuhl und für das Schieben der Betten. Eine Herausforderung ohne Ende.

Unser Container wurde durch Muster von Tapeten, Holz, Farben, Stoffen und Gardinen langsam sehr eng, als eines Tages plötzlich ein Bauarbeiter aufgeregt zu uns kam. »Frau Nerge, Herr Gent, schnell, ich glaube, auf der Wiese will ein Hubschrauber landen.«

Verdutzt sahen Peer Gent und ich uns an. Wir hörten Rotoren und liefen nach draußen. Ich wusste aus der Klinik, wie viel Bewegung in Büsche, Bäume und Ähnliches kommt, wenn ein Hubschrauber landet. Ich dachte nur: O nein. Bitte nicht!

Überall lagen Sandhaufen. Die neuen Scheiben waren gerade zur Wiesenseite in die Fenster eingebaut worden, und die Maler strichen nun die Rahmen. Und doch passierte es! Der große SAR-Hubschrauber stand in der Luft kurz vor dem Aufsetzen. Vor lauter aufwirbelndem Sand konnten wir kaum sehen. Alle Bauplanen und alle Dinge, die so auf dem Bau und im Umfeld herumlagen, flogen durcheinander.

Als der Hubschrauber stand und wir uns wieder verständigen konnten, hörte ich ein Stöhnen der Maler vom Balkon im ersten Stock.

»O nein, Frau Nerge, das kann nicht sein!«

Alle gestrichenen Fenster waren mit Sand überzogen und einige der gerade eingesetzten Scheiben zersplittert. Unser Umzug in diese Räume stand unmittelbar bevor.

Wir holten tief Luft. Jetzt hatten wir wieder ein Problem zu lösen. Wir liefen zum Hubschrauber. Der Pilot und die Crew fragten gleich, ob sie großen Schaden angerichtet hätten. Sie kannten das Problem und reichten uns gleich das Formular für die Schadensmeldung.

Der Pilot berichtete, dass in Hamburg-Rissen ein Kind aus

dem dritten Stock gefallen sei und sie leider nirgendwo einen anderen geeigneten Landeplatz gefunden hätten. In diesem Moment kam die Polizei auf unser Grundstück. Sie erklärten dann, dass das Kind schon auf dem Weg ins Krankenhaus sei und Gott sei Dank nicht so schwer verletzt. Kurz darauf hob der Hubschrauber wieder ab. Mit hängenden Schultern und etwas ratlos blickten wir uns um. Welch ein Chaos sah uns da an!

Aber gut, dass es Hubschrauber gibt, die schnell helfen können – und irgendwo müssen sie ja landen. Der Pilot gab uns den Ratschlag, Bäume zu pflanzen, als er von unserem Projekt hörte. Dann würde es in Zukunft nicht noch einmal passieren. Wir entschlossen uns dagegen, baten aber um eine vorherige Information beim nächsten Mal, um die Kinder, die vielleicht draußen spielten oder in den Betten auf der Terrasse standen, in Sicherheit zu bringen. Das sei kaum möglich, wie man uns erklärte. Sie wollten sich aber bemühen.

Wie gut, dass wir den Rasen nicht bepflanzt haben. Denn danach wurde die Fläche schon weitere Male angeflogen. Mit Kindern für uns. Und es war alles gut abgesprochen.

Nach den notwendigen Reparaturen am Haus bekam es langsam ein immer eigenständigeres Gesicht. Ich beschäftigte mich jetzt mit all den einzelnen Zimmern. Sie alle waren so individuell wie möglich. Jeder Raum hatte eigene Vorgaben, denen ich mich anpasste. Jetzt sollte jedes der Zimmer einen eigenen Namen erhalten. Mir war wichtig, dass die Zimmer nicht nur Nummern bekamen wie in einer Klinik. Es war bei dem Namen »Sternenbrücke« naheliegend, dass sie die Namen von Planeten bekamen. Natürlich sollten es einfache Namen sein, Namen, die die Kinder sich merken konnten. Merkur, Pluto, Mars. Auf alle Fälle sollten auch die Namen der Kinder mit auf den Türschildern stehen. Ich fand eine Firma, die uns bis heute unterstützt und sich bereit erklärte, diese Schilder herzustellen.

Ich hatte aber etwas nicht bedacht: Als ich den Bettenplan später fertigstellte und einer Schwester erklärte, in welchen Zimmern die nun schon angemeldeten Kinder liegen sollten, stockte ich bei der Verteilung der Zimmer. Sie hießen: Mars, Pluto, Sonne, Saturn, Venus, Neptun, Uranus, Erde, Mond.

»Wo liegt Kim?«

Im Mond.

»Wo liegt Anette?«

Im Uranus.

»Und wo liegt Dennis?«

In der Erde.

O nein, das ging natürlich nicht. Theorie und Praxis passten eben nicht immer zusammen. Das sind Situationen, bei denen man glaubt, man hätte an alles gedacht, doch in der Praxis sieht es anders aus. Wie gut, dass es rechtzeitig aufgefallen war.

Ich lernte jeden Tag dazu. Auch im Umgang mit Handwerkern und Architekten. Manchmal waren es schwere Entscheidungen, die bei der Renovierung getroffen werden mussten, denn natürlich hatten wir immer zu schauen, was unsere finanziellen Möglichkeiten erlaubten.

Alle Fenster sollten heruntergesetzt werden. Es war unumgänglich, denn die Kinder sollten hinaussehen können, auch wenn sie im Bett lagen, nicht nur den Himmel oder die Krone eines Baumes sehen. Es gehört auch zur Lebensqualität, wenn man nach draußen sehen kann. Teilnehmen kann an dem Geschehen rundherum. Gerade wenn ein Kind sich nicht mehr bewegen kann. Wir legten fest, dass alle Türen besonders breit sein mussten, damit die Betten hindurchpassten. Die Kinder sollten mit ihren Betten zum Beispiel auch in den Garten kommen können. Sollte wirklich in jede Kinderzimmertür ein kleines Fenster eingebaut werden? Ja, unbedingt. Der Nachtdienst sollte immer die Möglichkeit haben, auch bei geschlossener Tür nach dem Kind zu sehen. Die Pflegekräfte mussten Werte auf den Monitoren überprüfen und ständig nach dem Kind sehen. Viele von ihnen würden schwer zur Ruhe kommen. Eine sich öffnende Tür oder ein knarrender Boden würde die Ruhe beim Betreten des Zimmers stören. Natürlich bekamen alle Fenster eine Jalousie, sodass die Kinder die Möglichkeit hatten, ihre Privatsphäre zu wahren, wenn sie nicht wollten, dass jemand durch das Fenster sieht.

☆ Der Abschiedsraum

Eine große Herausforderung bei der gesamten Renovierung und Einrichtung war der Abschiedsraum. Er sollte ins Haus integriert sein, hell, luftig und groß. In dem Raum sollte man atmen können, auch seelisch, er sollte nicht erdrücken. Vielen Menschen fällt es schwer, mit einem verstorbenen Menschen in einem Raum zu sein. Das zeigte mir die Erfahrung im Krankenhaus. Somit gab es Voraussetzungen, die geschaffen werden mussten. Ich wollte den Raum nicht grundsätzlich herunterkühlen, auch wenn wir in Ausnahmen die Möglichkeit benötigen würden, zum Beispiel an heißen Sommertagen. Es sollte aber kein Abschiedsraum sein, in dem man sich aus Temperaturgründen nur kurze Zeit aufhalten konnte und mochte. Er sollte das Beieinander fördern und ein Miteinander in Wärme und Geborgenheit ermöglichen.

Ich hatte die Idee, stattdessen das Bett zu kühlen, in dem das verstorbene Kind liegen würde. Ich wollte den Familien die Möglichkeit geben, mehrere Tage Abschied nehmen zu können. Dafür benötigte es aber bestimmte Voraussetzungen. Doch so ein Bett gab es nicht.

Ich recherchierte im Internet und stieß dabei auf Seiten von Bestattungsunternehmen und Firmen für Trauerwaren, die mir dort sehr fremde Gegenstände präsentierten. Urnen, Katafalkdecken, Friedhofstechnik, verschiedene Bestattungskulturen und die dazugehörigen Dinge, wie zum Beispiel Ringurnen. Mir wurde leicht unwohl bei dem, was ich sah, und ich fragte mich, ob ich das wissen musste und so genau wissen wollte. War dieses Wissen nicht dem Bestatter zuzuordnen? Ja, aber wie sollte ich kommende Fragen der Eltern beantworten oder Möglichkeiten aufzeigen, wenn ich sie selbst nicht kannte? Ich holte tief Luft. Das waren Dinge, mit denen ich mich beschäftigen sollte. Ich musste mich mit Bestattungen und all den unterschiedlichen Möglichkeiten auseinandersetzen. Ich hatte diese Aufgabe gewählt und wollte den Eltern ein guter Gesprächspartner sein. Auf dem langen Krankheitsweg gab es immer wieder Fragen und Gedanken, die Raum bekommen sollten.

Schließlich stieß ich im Internet auf eine Truhe, die allerdings zum Kühlen eines Sarges gedacht war. Ich rief beim Hersteller an und erkundigte mich. Gab es dafür eine Matratze? Gab es nicht. Gab es ein Bett, das zum Aufbahren geeignet ist und kühlt? Gab es auch nicht. Könnte man das Bett dafür umbauen? Könnte man vielleicht, aber diese Firma hatte die Möglichkeit nicht.

Ich fragte nach einer Kunststoffhaube, die dort abgebildet war. Es gab sie in zwei Ausführungen, ganz flach und sehr hoch. Ich wollte keine flache Haube, denn das würde sich für die Eltern sicher nicht gut anfühlen. Die Haube sollte hoch sein, und ich wollte eine Klappe darin, damit die Eltern ihr Kind weiterhin berühren konnten.

»Das ist unmöglich«, sagte mir der Konstrukteur. »Das ist Kunststoff, der bricht weg.«

»Wie wäre es denn möglich?«, fragte ich. Es war zu einem meiner häufigsten Sätze während der gesamten Umbauphase geworden.

»Wir könnten einen Deckel aus Holz bauen lassen«, äußerte mein Gesprächspartner.

»Nein, das ist nicht geeignet. Die Eltern müssen hindurchsehen können.« Der Deckel sollte so leicht wirken, wie es nur irgendwie ging.

»Alles andere wird wegbrechen«, wurde mir entgegnet.

»Dann bauen Sie es bitte so, dass es nicht wegbricht«, sagte ich.

Ich erzählte ihm von unserem Haus und schilderte ihm meine Vorstellungen. Ich wusste, es ist ein Pilotprojekt, und ich versuchte ihm deutlich zu machen, wie unendlich schwer der Weg der Eltern ist. Was diese Möglichkeit für eine Bedeutung hat.

Das Kind so zu sehen zerreißt ihnen das Herz. Die Möglichkeit eines langen Abschieds hilft zu erfassen, zu begreifen. Das ist auch für die Geschwister überaus wichtig. Eine Haube gemeinsam mit den Eltern auf das Bett zu setzen wäre ein weiterer langsamer Schritt auf diesem schweren Weg, eine Vorbereitung auf das Betten im Sarg.

»Bitte helfen Sie mir, den Eltern diese Möglichkeit geben zu können.«

Sie bauten uns diese Haube – und sie erfüllt ihre Aufgabe. Heute weiß ich, wie wichtig es war, sich dafür einzusetzen und auf der Konstruktion zu beharren. Das Durchsehen, Anfassen, Berühren ist für die Eltern, Geschwister und Verwandte ein sehr wichtiger Bestandteil des Abschiednehmens.

Die Haube und das Bett wurden schließlich angeliefert. Überall waren Schienen und Halterungen angebracht. Es wirkte funktionell. Ich ließ als Erstes alles entfernen, was technisch und mechanisch aussah. Ich spürte, dass das Bett sonst auf die Familie fremd wirken würde. Ich fühlte ähnlich. Ich nahm Kontakt zu einem Tischler auf und fragte ihn, ob er das Bett umbauen könnte. Ich malte ihm meinen Vorschlag auf, doch wieder bemerkte ich, wie zurückhaltend Menschen auf meinen Umgang mit dem Tod reagierten. Der Tischler zeigte sich betroffen und sagte, dass er so etwas noch nie gemacht hätte. Ich habe lange mit ihm gesprochen, ihm alles erklärt und ihm meine Gedanken nahegebracht. Stück für Stück verstand er den Hintergrund und das Ziel. Anstelle der Schienen fertigte er eine Nut an, in die die Haube gesetzt wurde. Das komplette Bett, aus dunklem Eichenholz, wurde blau verschalt. Wunderschön gearbeitete Holzsterne, Mond und Wolken zierten nun das Bett. Er hat es meisterlich hinbekommen.

Es gab aber noch ein weiteres Problem, denn das Bett war sehr tief. Der Sarg hätte gut hineingepasst, aber um das Kind zu betten, ging es so nicht. Ich ging zu einer Schaumstofffirma, doch die hatte natürlich nicht die passende Matratze. Ich würde auch das anfertigen lassen müssen. Es war kompliziert, denn am Boden des Rahmens war ein Gebläse, und das musste frei bleiben. Eine weitere Sonderanfertigung bedeutete weitere Kosten.

Dann kam ein von uns gerufener Innendekorateur. Das Bett hatte Rollen, damit die Eltern es so hinstellen können, wie sie es als richtig empfinden. Die Rollen sollten mit einem Vorhang verdeckt werden, um auch diese unschöne Funktionalität unsichtbar werden zu lassen.

An die Wand ließ ich von einer ehrenamtlichen Mitarbeiterin einen großen Engel malen, der dem Kind die Hände entgegenreicht. Diese Geste sollte sichtbar sein, egal wo das Bett im Zimmer stand. Die Hände sollten sich immer dem Kind entgegenreichen, und der Engel sollte sanftmütig auf das Kind sehen. Auch das ist wunderbar gelungen.

Da wir für die Funktion des Bettes mehrere Steckdosen benötigten, damit es beweglich ist, brauchten wir solche, die im Boden verschwanden. Wir taten alles, um den Eltern in dieser besonderen Situation nicht noch zusätzliche Schwierigkeiten durch technische Barrieren zu schaffen.

Da Eltern während dieser Zeit für sie wichtige und unterschiedliche Vorstellungen haben, wollte ich den Raum so einrichten, dass er schnell nach ihren Bedürfnissen umzugestalten war. An den Fenstern ließen wir Rollläden anbringen, falls Dunkelheit gewünscht wurde. Es gibt Jalousien, die von innen heruntergelassen werden können. Auf diese Weise ist der Raum nur leicht abgedunkelt. Die Fenster sind ganz zu öffnen, nicht nur zu kippen. Zusätzliche Vorhänge, die man zuziehen kann, verleihen dem Raum etwas Gemütliches und Wohnliches. Ich wollte den Eltern die Möglichkeit geben, diese letzten Tage mit ihrem Kind so zu gestalten, wie es sich für sie richtig anfühlt.

Später beobachtete ich, wie die meisten Eltern die Fenster und auch die Tür zum Garten öffneten. Geschwisterkinder spielten draußen, gingen spazieren, ab und zu kamen sie herein, berührten das verstorbene Kind, umarmten die Eltern und gingen wieder draußen spielen.

Durch das gekühlte Bett kann das Kind mehrere Tage in unserem Abschiedsraum liegen. Mir war aus der Erfahrung bewusst, dass ich kein kirchliches Umfeld wollte, sondern eine Art Wohnraum. An die Wand hängte ich nur ein einziges Kreuz – bemalt von Kindern.

Dieses Kreuz kann jederzeit abgenommen werden. Viele Eltern hatten ihren Glauben auf dem langen Krankheitsweg ihres Kindes verloren. »Was ist das für ein Gott, der mir mein Kind nimmt?« Dies ist ein Satz, den ich schon sehr häufig gehört habe. Andere Familien haben einen sehr festen Glauben, der ihnen Halt gibt. Wie auch ihr Weg ist, sie sollten sich in diesem Raum so wohlfühlen, wie es nur irgend geht. Alle Rituale dürfen sein. Ein Koran, ein Lebensbaum, eine Möglichkeit für rituelle Waschungen, eine Kinderbibel und viele andere Dinge sind Bestandteile dieses Raumes und des Raumes der Stille davor.

Ein großes Sofa am Fenster lädt zum »Verweilen« ein. Eine Mutter oder ein Vater kann sich dort hinlegen, ausruhen, bei dem Kind bleiben. Eine Wolldecke hilft Wärme zu spenden, wenn die Trauer sie innerlich frieren lässt.

Es zeigte sich dann später, dass diese Gedanken richtig waren. Ich war froh, dass ich mich gegen alle Widrigkeiten durchgesetzt hatte, nur das Bett, nicht aber den ganzen Raum herunterzukühlen.

Auch wenn kein verstorbenes Kind in dem Abschiedsraum liegt, lege ich Wert darauf, dass er immer warm ist. Es stehen stets frische Blumen im Zimmer. Im ganzen Haus gibt es bis heute nicht eine künstliche Blume. Das Haus soll lebendig sein, für das Leben stehen – bis zum Ende.

Besonders wichtig war mir auch die Beleuchtung. Im Abschiedsraum gibt es einen Sternenhimmel. Sterne haben für unser Haus eine starke Symbolkraft, es gibt sie überall im Haus. Jeder angebrachte Stern, jeder Kerzenhalter an der Wand, alles ist am Ende so geworden, wie ich es mir vorgestellt und für die Familien gewünscht hatte.

Ein freundliches Willkommen

Über einen weiteren Bereich machte ich mir sehr intensive Gedanken: den Eingang unseres Hauses. Wenn Eltern zu uns kommen, dann ist diese Tür eine besondere Haustür. Den Eltern, die durch diese Tür gehen, ist bewusst, wie der Weg ihres Kindes sein wird. Sie haben schon viele schwere Krankheitsphasen ihres Kindes miterlebt. Mithilfe der Medizin, ihrer Liebe und Fürsorge ist es den Eltern oft gelungen, Stabilität in schwierige Lebenssituationen zu bekommen.

Es wird der Tag kommen, an dem eine Grenze erreicht ist. Die Emotionen und Gedankenwelt der Eltern, die unser Haus betreten, sind also bei jeder einzelnen Familie besonders und außergewöhnlich. Sie kommen mit dem Wissen, dass hier auch Kinder sterben.

Auch Menschen, die zu uns kommen und mit einer Spende unterstützen möchten, atmen vor dem Betreten des Hauses oft tief durch. Was wird sie erwarten?

In ein Hospiz gehen in der Regel Erwachsene, oft alte Menschen, zum Sterben. Bei uns ist es eine andere Situation. Unsere Aufgabe besteht zu achtzig Prozent darin, die Eltern zu entlasten, ihnen immer wieder Pausen zum Kraftschöpfen für die lange Krankheitsdauer ihres Kindes zu schenken. Die Krankheiten und Krankheitsverläufe sind bei Kindern anders als bei Erwachsenen, und so kommen Eltern über Jahre hinweg zu uns.

Ich stellte mir bei der Renovierung des Hauses immer wieder vor, wie der Eingangsbereich beschaffen sein sollte, um die Eltern herzlich willkommen zu heißen. Er sollte Berührungsängste nehmen. Ein Regenbogen empfängt die Besucher heute. An der Decke sind Wolken und Sterne. Ich habe bewusst diese Symbolik gewählt, denn sie entspricht der Fantasie der Kinder. Wolken, Sterne, Sonne, das sind die Begriffe, die immer wieder erwähnt werden. Es sind Dinge, die greifbar und sichtbar sind. Keine Dinge, die Angst machen, sondern sie in ihrer Fantasie tragen.

Wir haben in unserer Sprache viele Umwege gefunden, um das Wort Tod nicht auszusprechen. Die ältere Generation benutzt Worte wie:»Er ist von uns gegangen«, oder:»Er ist verblichen.« Diese Sätze verstehen Kinder nicht. Wenn einer gegangen ist, dann kommt er auch wieder.»Und wann kommt er wieder?«, fragen sie dann.

Jugendliche sagen:»Der hat ins Gras gebissen«, oder:»Der guckt die Radieschen von unten an.« Sie wählen aus Unsicherheit eine burschikose Sprache, die Kinder ebenfalls nicht verstehen.

In meinen Seminaren habe ich schon sehr besondere Beschreibungen gehört, wie der Tod umschrieben wird, nur um das Wort»Tod« nicht auszusprechen. Verstorben oder gestorben sind die Worte, die am häufigsten gewählt werden, um den Tod zu beschreiben. Das Wort Tod benutzen wir nur, nachdem wir tief Luft geholt haben. Ich muss mit vielen dieser Ängste täglich umgehen, sie sind in meinem Tun oft wegweisend.

Ich lernte aber auch, dass nicht jeder Angst vor dem Tod hat, dass es deutliche Unterschiede gibt. Viele Menschen, gerade Erwachsene, haben keine Angst vor dem Tod, aber Angst vor dem Sterben. Das sind zwei grundsätzlich verschiedene Dinge. Wir haben Sorge, dass wir pflegebedürftig werden, unsere Selbstständigkeit verlieren, unser Leben nicht mehr so leben können, wie wir es gewohnt sind: »Ich bin auf andere angewiesen, ich werde zur Last.«

Eines sollte oberste Priorität haben: die Würde eines jeden Menschen – und sie ist bei jedem Menschen so unterschiedlich, wie wir Menschen selbst es sind. Nur in einem sorgsamen und vertrauten Miteinander, in dem ich den Menschen mir gegenüber kennenlerne, erfahre ich, was ihm wichtig ist, wovor er Ängste hat, was er liebt und was für ihn eine Bedeutung hat. All diese Dinge sind wichtig, um würdevoll mit den Menschen umzugehen.

Die Würde der Menschen zu erhalten. Bis zum Schluss in seinem Sinne zu handeln, wenn er es alleine nicht mehr kann. In jedem Alter und in Krankheit. Das ist keine Fantasie, sondern es kann erreicht werden. Auch die letzten Tage sind ein Teil des Lebens, den wir leben müssen, ob wir wollen oder nicht.

Es ist also in unser aller Interesse, den Menschen, die das Leben auch in den letzten Tagen lebenswert machen, die für uns sorgen, uns liebevoll pflegen und sich für die Schmerzfreiheit verantwortlich fühlen, also dem Pflegepersonal und den Ärzten, die Möglichkeiten zu schaffen, ihre Aufgabe so zu leisten, wie ein jeder von uns es sich am Lebensende wünschen würde. Wir sollten ihnen Wertschätzung entgegenbringen.

Kinder aber sehen das nahende Lebensende mit anderen Augen. Die Erwachsenen blicken auf ein Leben zurück, das sich dem Ende neigt. Ihre Hoffnungen auf eine weitere Zukunft schwinden. Kinder machen sich nicht diese Gedanken über die Zukunft. Sie sagen sich nicht: Nun werde ich nie heiraten, nie Kinder haben, keinen Beruf erlernen. Sie leben im Jetzt. Sie haben ihr Leben behütet von den Eltern genossen, bis zu dem Zeitpunkt, als sie erkrankten. Kinder beginnen erst mit der Zukunftsplanung, wenn sie älter sind. Was junge Kinder vermissen, liegt viel näher in der Zukunft. »Jetzt kann ich morgen nicht mit zum Ausflug in der Schule«, sagen sie. Oder: »Meine Schulfreunde werden mich morgen beim Schwimmen vermissen.« Oder: »Gestern habe ich noch ein Eis gegessen, da ging es mir so gut. Heute ist kein guter Tag für mich, aber vielleicht geht es mir morgen wieder besser.«

Ihr Leben findet im Hier und Heute statt. Die Trauer, die die Eltern in den Gedanken an die Zukunft mit sich tragen, haben die Kinder selten. Auch bei den Geschwisterkindern findet sie in einer anderen Weise statt. Sie können »von einer Pfütze zur anderen« springen. Sie erleben tiefe und schmerzhafte Trauer und können im nächsten Moment doch eine positive und schöne Sache aufnehmen und Freude empfinden. Allerdings ist Trauer von Kindern, je nach Alter, unbedingt zu unterscheiden.

Die Arbeit in einem Kinder-Hospiz ist in vielerlei Hinsicht sehr unterschiedlich. Besondere Situationen der Familien im Haus bestimmen jeden Tag. Es gibt häufig Anrufe von Familien, die schon bei uns waren. Oft müssen schnell Lösungen gefunden werden, wenn das Kind zu Hause zum Beispiel unklare Schmerzzustände bekommt oder die ersten Krampfanfälle. Oder wenn ein Elternteil durch Krankheit ausfällt und die Pflege des kranken Kindes nicht mehr gewährleistet werden kann. Auch das Geschwisterkind kann erkranken, muss ins Krankenhaus, die Mutter möchte es begleiten. Wer pflegt nun das lebensbegrenzend erkrankte Kind?

Akute Verschlechterungen des Gesundheitszustands eines Kindes zu Hause machen eine sofortige Aufnahme bei uns notwendig. Alles muss schnell in die Wege geleitet werden. Die Ärzte und Trauerbegleiter werden informiert, der Bereitschaftsdienst der Pflege geholt und die Eltern im Haus informiert, damit auch sie darauf vorbereitet sind, dass ein Kind am Lebensende aufgenommen wird. Trotz alledem muss die Öffentlichkeitsarbeit weitergehen, um die benötigten Spenden zu bekommen. Es müssen Gespräche geführt werden und vieles mehr.

Der Gesundheitszustand jedes einzelnen Kindes bestimmt die Situation der Familie. Geht es dem erkrankten Kind einigermaßen gut, ist auch die Familie relativ stabil und in der Lage, positive Dinge mit dem Kind aufzunehmen. Ist das Kind in einer kritischen Krankheitssituation, gelten alle Gedanken und Sorgen dem Kind. Ängste bekommen allen Raum, die Situation ist hochsensibel.

Immer wieder beschäftigen wir uns mit dem Gedanken, wie offen und ehrlich ein Gespräch mit den Kindern sein sollte. Kinder spüren sehr häufig, dass ihr Gesundheitszustand sich verschlechtert. Dass Hoffnungen sich nicht erfüllen wie erwartet. Sie erfahren, dass sie Kraft und Fähigkeiten verlieren. Weiterer Zuspruch auf Besserung, gut gemeinte Motivation, lässt sie in einen Zwiespalt geraten. Sie fühlen, dass sie den Erwartungen vielleicht nicht mehr entsprechen können, dass sie eigentlich nur noch Ruhe möchten, da sie keine Kraft mehr haben. Aus Rücksicht äußern sie sich oft nicht, da sie die Eltern nicht traurig machen möchten. Vorsichtige Fragen und Signale des Kindes werden vielleicht überspielt oder nicht wahrgenommen, mit vagen Erklärungen beantwortet.

Wenn es keine Hoffnung mehr gibt, dann ist es an der Zeit, langsam den Weg der Ehrlichkeit und Aufrichtigkeit zu gehen. Mit dem Kind zusammen. Auch wenn es den Eltern unendlich wehtut, so bekommt man das Vertrauen des Kindes vielleicht geschenkt und erhält ihm seine Würde. Diese Gedanken, die ich schon sehr früh bei meiner Arbeit als Kinderkrankenschwester hatte, haben sich in den Jahren meiner häuslichen Betreuung bei lebensbegrenzend erkrankten Kindern immer wieder bestätigt.

Wir Erwachsenen halten uns daran fest, wenn wir etwas bekommen, von dem wir uns Besserung erhoffen. Die Hoffnung trägt uns. Irgendwann aber brauchen wir auch Klarheit und das ehrliche Wort. Wenn das nicht fällt, dann hadern wir mit unseren Nächsten und den Ärzten. Wir fordern das Recht auf Wahrheit ein, um unseren weiteren Lebensweg klären und wichtige Dinge vielleicht noch regeln zu können.

Kinder tun das nicht. Aber heißt das, sie haben kein Recht auf die Wahrheit? Nein.

Einige Kinder, die zu uns kommen, kennen den Verlauf ihrer Erkrankung noch nicht. Sie bewundern die Sterne, die vielen neuen Dinge, die sie sehen. Sie sind gespannt, freuen sich auf die Zeit bei uns. Die Eltern jedoch kommen bei ihrem ersten Aufenthalt oft mit einem schweren Stein im Herzen. Es sind meistens die Kinder, die in ihrer Freude ihren Eltern über diese Schwelle helfen. Die Geschwister, die sich auf die gemeinsame Zeit freuen, denn hier haben ihre Eltern auch einmal mehr Zeit für sie.

Bei der Planung habe ich darauf geachtet, dass immer jemand da ist, der die Familien empfängt. Ich wusste, dass sie in dem Moment, in dem sie die Schwelle unseres Hauses übertreten, nicht alleine gelassen werden durften. Durch den schützenden Empfang würden die Eltern auch nicht direkt in den Hospizbereich geführt. Bei der Planung war das sehr wesentlich.

Das gilt auch für den Empfang von Menschen, die uns als Spender unterstützen. Auch für sie musste es einen Bereich geben, in dem sie nicht sofort direkten Kontakt zu den Kindern und den Familien haben würden. Sie müssen die Möglichkeit haben, sich langsam auf die Situation einzulassen.

Am Eingang hängt ein Bild von Jenny. Es war immer mein Wunsch, dass ihr Foto diesen besonderen Platz bekommen sollte. Für mich gehört sie dorthin, schon weil sie sich so sehr für das Haus interessierte und so oft danach fragte. Viele Ideen stammten von ihr, also sollte sie auch einen Ort in dem Haus haben.

☆ Platz für alle Bedürfnisse

Die Kunst ist, bei der Renovierung und Dekoration in einem Kinder-Hospiz genauso an die Eltern und Geschwisterkinder wie an das erkrankte Kind zu denken. Wenn sie bei uns einziehen, für einige Wochen, dann kommen sie mit viel Gepäck und vielen medizinischen Geräten. Die Zimmer sind daher groß und geräumig. Eltern und Geschwisterkinder haben ihre eigenen Zimmer. Sie haben aber auch die Möglichkeit, im Zimmer des Kindes zu schlafen, wenn besondere Situationen eintreten oder es ihr Wunsch ist.

Wir bauten einen Freizeitraum nur für Eltern und Geschwister. Der Gedanke war, dass Geschwisterkinder die Möglichkeit haben sollten, sich zurückzuziehen, dass das Thema Krankheit einmal keinen Raum bekommt, sondern sie sich mit anderen Geschwistern austauschen können, ohne Rücksicht auf das erkrankte Geschwisterkind.

Die erkrankten Kinder haben auch einen besonderen Raum bekommen. In einer Fachzeitschrift las ich von einer Idee aus Holland, einem sogenannten Snoezelen-Raum. Die Idee gefiel mir. Wir wählten dafür, wie in dem Konzept vorgeschlagen, einen kleinen, fensterlosen Raum aus. Die Idee ist, die Sinneswahrnehmungen der Kinder zu fördern und zugleich zu entspannen. Ein Sinn- und Fühlraum.

Im Snoezelen-Raum steht ein großes Wasserbett, unter dem sich Musikboxen befinden. Der Klang der Musik wird durch das Wasser in Schwingungen umgesetzt. Auf diese Weise können auch gehörlose Kinder die Musik spüren. Das Wasserbett mit dem warmen Wasser lädt zusätzlich zum Kuscheln ein.

Das Licht im Raum kommt von einem kleinen Sternenhimmel und aus hohen Wassersäulen, in denen sich blubbernd Blasen bilden und nach oben steigen. Die Farben wechseln dabei langsam. Die Erfahrungen der Holländer besagten, dass behinderte Kinder sie sehr gern anschauten und berührten, was wir später nur bestätigen konnten.

An die Wand projizieren wir Bilder, die dem Kind entsprechend ausgesucht werden. Wolken, Sterne, die Sonne oder Luftballons ziehen langsam darüber hinweg.

Die einzelnen Funktionen des Raumes müssen sorgsam ausgewählt werden, denn es besteht sonst die Gefahr einer Reizüberflutung. Besonders bei erkrankten Kindern, die zu Krampfanfällen neigen, muss sehr bewusst damit umgegangen werden.

Auch das sich bewegende Wasserbett muss gezielt genutzt werden, da es auch Kinder gibt, bei denen das Fehlen der stabilen Lagerungsfläche, die sie zur Orientierung benötigen, eine gewisse Unruhe auslöst. Auch Kinder mit Fieber sollten sich dort nicht aufhalten, da das warme Wasser der Fiebersenkung entgegenwirken würde.

Für die meisten Kinder ist es ein Ort geworden, an dem sie gern ihre Zeit verbringen, kuscheln, zur Ruhe kommen und leise Musik hören oder vorgelesen bekommen.

Das Spielzimmer dagegen ist für jedes Kind gedacht. Ich habe dafür einen großen Raum ausgewählt, in dem vieles berücksichtigt werden musste. Die Kinder liegen viel, und die Eltern und Mitarbeiter begeben sich auf ihre Höhe. Viel Zeit verbringen sie also auf dem Boden, einer Matte oder in der dafür vorgesehenen Kuschelecke.

Das Zimmer bietet sowohl erkrankten als auch gesunden Kindern die Möglichkeit, miteinander zu spielen. Es schafft Begegnungsmöglichkeiten, und dafür gibt es sehr unterschiedliches Spielzeug. Ein Teil des Spielzeugs muss weich sein, denn behinderte Kinder werfen oft unkontrolliert. Aber es soll auch das aktive Spiel miteinander fördern, interessant genug sein, sodass auch gesunde Geschwisterkinder damit spielen können und möchten.

Wir achteten ebenfalls darauf, dass nie zu viel Spielzeug im Zimmer liegt. Bei besonders erkrankten Kindern kann es zu einer Desorientierung führen und verhindern, dass es ihnen möglich ist, sich auf eine Spielsituation zu konzentrieren.

Von Anfang an war es die Idee, gerade der Kreativität der Kinder Möglichkeiten zu geben. Malen, Basteln, Gestalten mit Gips oder im großen Puppenhaus Familiensituationen zu spielen, gibt ihnen die Möglichkeit, sich im tatkräftigen Miteinander gut kennenzulernen. Dafür sollte ein Kreativraum eingerichtet werden. Doch dieser Raum erhielt am Ende zusätzlich eine ganz besondere Bestimmung.

☆ Die Angst nehmen

Wir suchten für den Kreativraum ein Zimmer aus, das ursprünglich ein in rustikaler Eiche ausgestatteter Partykeller gewesen ist, mit schwarzen Stühlen und einer dunkelbraunen, sehr tief hängenden Decke. Ein Raum, der auf den ersten Blick nicht gerade einladend für Kinder war.

Nach der Renovierung ist er zu einem Raum geworden, in dem Geschwisterkinder – denn für sie ist er gedacht – sich sehr wohlfühlen und in den sie sich gern zurückziehen, um einmal ganz in Ruhe mit unseren Erziehern oder mit den Eltern gemeinsam etwas zu gestalten.

Es ist aber auch ein Raum, in dem sie sich zusammen mit dem Lebensende auseinandersetzen können. Hier wollte ich etwas versuchen, von dem ich glaubte, es würde den Familien helfen. Ich musste mit Bedacht und Vorsicht handeln.

Ich musste immer daran denken, wie Verwandte und Familie sich kurz vor der Trauerfeier vor der Kirche oder dem Trauerraum versammeln. Sie haben den Sarg ausgesucht, die Musik und die Blumen, haben sich unendlich viele Gedanken gemacht, und die Trauer macht das Herz furchtbar schwer. Die Kirchentür geht auf, und sie blicken das erste Mal auf den Sarg, der nun zwischen all den Kerzen steht, mit dem Wissen, dass in ihm ihr Kind liegt, das sie so unglaublich schmerzhaft vermissen. Es nimmt ihnen die Luft zum Atmen, und sie sind kaum in der Lage, auf ihn zuzugehen. Das feierliche und beeindruckend mächtige Umfeld – und dann steht dort klein, oft in einem Meer von Blumen, der Sarg. Wie konnte ich es schaffen, den Eltern diesen unerträglichen Anblick nur ein wenig zu erleichtern? Gibt es eine Möglichkeit, die Geschwisterkinder auf diesen Moment vorzubereiten? Sie stellen bei diesem Anblick den Eltern oft Fragen, die diese in diesen Minuten und Stunden nicht beantworten können. Ihnen fehlt die Kraft, und doch sind sie so wichtig. Wie wird es möglich, dass die Kinder ihre Fragen stellen können, die sie früher oder später beschäftigen werden? Wie kann ein Zugang möglich werden, der hilft?

Ich hatte immer wieder von Sargbemalungen gehört. Es gab verschiedene Versuche und Projekte, die aber auch oft scheiterten und wieder verworfen wurden. Trotzdem sah ich darin eine Chance. Ich wollte im Kreativraum die Sargbemalung unter sorgfältiger Begleitung anbieten. Wollte herausfinden, ob der Gedanke hilfreich war. Ich war mir nicht sicher, ob die Eltern es annehmen würden, doch es war einen Versuch wert.

Nicht jeder Mensch ist ein Künstler, und auch ein Künstler wird möglicherweise in dieser Situation nicht malen können. Das musste ich bei der Planung bedenken, denn es würde eine doppelte Belastung sein, den Pinsel zu nehmen, um den Sarg des eigenen Kindes zu bemalen. Eltern und Geschwisterkinder würden es perfekt machen wollen. Doch die seelische Belastung könnte zu groß sein.

Um ihnen aber die Möglichkeit zu geben, dass der Sarg am Ende so aussieht, wie sie es sich vorgestellt haben, brauchte ich eine neutrale Person, die ihnen Hilfestellung geben würde. Ich hatte Kontakt zu einer Künstlerin, Marion Vina, die schon viele Kindermotive und wunderschöne Wandbilder für uns gemalt hatte. Sie würde die Richtige sein, denn mir war klar, dass es auf dem Sarg viele Kindermotive geben würde. Und sie hatte eine große Sensibilität, die ich in Gesprächen immer wieder wahrnahm. Doch mir war nicht klar, wie weit es diese Idee einmal bringen würde. Sie sollte den Eltern kreative Hilfestellung geben, wenn ihnen die Kraft fehlte, sie aber trotzdem einen schön gestalteten Sarg haben wollten.

Ich besprach mit ihr diese Idee. Sie bat sich einige Tage Bedenkzeit aus, um sich selbst zu prüfen, ob sie sich in der Lage fühlt, die Eltern in dieser besonderen Situation zu unterstützen. Nach wenigen Tagen sagte sie zu. Sie wollte es versuchen. Ich spürte, wie sehr sie der Sternenbrücke verbunden war, und war ihr von Herzen dankbar für die Unterstützung.

Sie stand den Eltern zwei Jahre lang, immer wenn sie gebraucht wurde, liebevoll zur Seite. Fast jede Familie äußerte nun den Wunsch, den Sarg ihres Kindes zu bemalen. Gemeinsam mit Geschwistern, Großeltern und Freunden. Auch die Mitarbeiter in der Sternenbrücke werden immer wieder gebeten mitzuhelfen und sind inzwischen selbst in der Lage, den Eltern bei der Sargbemalung Hilfestellung zu leisten.

Die Eltern und Geschwisterkinder nähern sich dieser sensiblen Situation anders. Nicht in einem offiziellen Umfeld, in dem sie versuchen, mühsam Haltung zu bewahren, was in dieser Situation kaum möglich ist, sondern in einem vertrauensvollen Kreis, umgeben von unseren Armen. Auch dieser erste Moment ist schwer, aber sie können ihren Gefühlen jeglichen Ausdruck verleihen. Etwas ganz Wesentliches ist dabei hilfreich: In dem Sarg vor ihnen liegt noch nicht ihr Kind.

Sie berühren ihn, sie bemalen ihn. Manchmal lassen sie ihn auch austauschen, wenn er ihnen doch nicht gefällt. Das kommt vor. Sie wollen doch lieber einen weißen Sarg oder einen aus Kiefernholz. Wenn er angekommen ist, stellen wir ihn in den Kreativraum. Es spielt die Musik, die das Kind gern gehört hat, und überall stehen Pinsel und Farbtöpfe. Glitzersteine und Schablonen stehen in den Regalen. Es ist ein bewusst ausgewähltes ungewöhnliches Umfeld. Mehr ein kleines Atelier, das den Umgang mit dem Tod in kreativer Bewältigung möglich machen kann. Sie können jetzt noch etwas für ihr Kind tun. Erinnerungen an gute und schwere Tage füllen nun die unendliche Leere und Stille dieser Tage aus. Die Zeit, die die Eltern mit einem Mal zur Verfügung haben, Zeit, die vorher die Pflege für ihr Kind in Anspruch genommen hat, lässt sie oft hilflos in ein großes Loch fallen. Arme, die sonst ständig gepflegt, getragen, gestreichelt und getröstet haben, sind nun leer. Sie zeigen und sagen es uns oft. Ein anderes Leben hat für sie begonnen. Ein Leben, das sie so nicht wollten. Das sie sich kaum vorstellen können. Die Sargbemalung gibt ihnen das Gefühl, weiterhin etwas für das Kind zu tun.

In den Jahren ist die Kreativität für Motive und Sinnbilder immer mehr gewachsen. Die Geschwisterkinder malen die Haustiere auf den Sarg. Den Hund, die Katze oder die beiden Wellensittiche, oft auch Kuscheltiere. Andere erzählen, wie das verstorbene Geschwisterkind das Meer liebte. Sie malen Sanddünen, Boote und Leuchttürme. Viele verzieren den Sarg mit Glitzersteinen und schreiben ihren Namen darauf. Eine Familie hatte den Wunsch, das Lenkrad eines Bobbycars auf dem Sargdeckel zu montieren: Mithilfe unseres Hausmeisters ist es gelungen. Mit unseren Mitarbeitern gestalteten sie den Sarg so, dass er aussah wie ein großes Bobbycar. Bobbycarfahren – das war für den verstorbenen Sohn immer die Lieblingsbeschäftigung gewesen.

Inzwischen kommen auch die Großeltern, Freunde und Verwandte in den Kreativraum, und manchmal sogar Schulfreunde. Viele Eltern bitten andere Eltern, etwas auf den Sarg zu malen und sie in den Kreativraum zu begleiten. Sie kennen sich, haben vielleicht viele Stunden vor dem Versterben ihres Kindes während vergangener Aufenthalte mit anderen betroffenen Eltern im Kaminraum gesessen. Es ist ein wichtiger Ort, an dem sie sich über ihre Erfahrungen und Sorgen austauschen können. Gerade weil sie oft isoliert leben und mit all ihren Fragen sehr alleingelassen sind.

Der Kreativraum aber wird ebenso als ein Raum der Kommunikation genutzt. Wenn Eltern eines verstorbenen Kindes andere Eltern bitten, auf den Sarg zu malen, dann schaffen sie eine tiefe Verbindung zueinander, und diese kann in regem Austausch oder ganz im Stillen stattfinden, jeder mit seinen Gedanken bei sich. Die Eltern haben jetzt etwas, was sie miteinander verbindet, ein Ereignis, das sie ihr Leben lang in sich tragen werden.

Immer häufiger beginnen Eltern in jüngster Zeit, den Sarg auch von innen zu bemalen. Das Kind liegt dann auf Wolken, schaut in den Himmel, sieht einen Engel oder die Sonne.

Ich habe es erlebt, dass fünf Geschwisterkinder mit anderen Kindern gemeinsam eine Eisenbahn auf den Sarg malten und für einige Stunden nur mit der Ausarbeitung beschäftigt waren. Am Ende waren sie stolz. Für diese Stunden ging es um die Eisenbahn und um die Leidenschaft des verstorbenen Kindes für Lokomotiven. Sie beschäftigten sich in diesem Moment intensiv mit dem Sarg, nahmen den Deckel ab, schauten hinein.

Die Eltern entscheiden während der Malarbeit auch oft, was sie in den Sarg geben wollen. Ihr Kind soll zum Beispiel auf seinem eigenen Kopfkissen liegen. Die meisten Kinder bekommen auch ihre Patchworkdecke mit in den Sarg. Das ist die Decke, die jedes Kind in unserem Haus bekommt, wenn es bei uns zu Gast ist. Die Kinder mögen diese bunten Decken sehr. Eine Patchworkgruppe näht sie uns liebenswerterweise immer.

Andere Eltern nähen sogar eigene Kopfkissen. Für sie gibt es eine Nähmaschine im Haus. Andere kaufen neue Bettbezüge und waschen sie, damit sie weich und gemütlich sind.

Geschwisterkinder überlegen manchmal, ob sie ein Handy mit in den Sarg legen sollten. Für den Fall, dass es vielleicht irgendwie benötigt wird. Sie fragen sich, ob es diesen Himmel auch wirklich gibt und ob das Kind den Weg findet. Sonst könnte es ja anrufen. Dann haben sie die Sorge, dass der Akku nicht reicht, und überlegen, ob sie noch einen zweiten mit hineingeben sollen. Der Gedanke daran, nicht wirklich tot zu sein, begegnet mir immer wieder. Aus der Tierwelt kennen die Kinder das Verhalten der Tiere, sich in gefährlichen Situationen tot zu stellen, wobei sie es nicht sind. Aber sie sehen so aus, so die Worte der Kinder.

Die Schwestern und Ärzte versichern, dass sie es genau prüfen würden, und sie erklären auch, wie, doch in der Fantasie des Kindes bleibt eine große Restangst. Ich verstehe es auch als Aufgabe der Hospizarbeit, diese Angst ernst zu nehmen und einen Weg zu finden, sie den Kindern, soweit es geht, zu nehmen. Ich habe immer versucht, auf diese Frage Antworten zu finden.

Eines Tages hörte ich von einem Ritual aus England. Dort bohrt man ein Loch in den Sarg. Die eine Seite eines Bandes wird um den Finger des Verstorbenen gewickelt. Durch das

Loch im Sarg wird das Band nach außen geführt und auf dem Grab an einem Stöckchen mit einer kleinen Glocke befestigt. Ich lernte ein Kind kennen, das diese Ängste hatte. Eines Morgens ging ich in eine Zoohandlung und kaufte ein Glöckchen, das eigentlich für Wellensittiche gedacht war. Ich habe dieses Ritual dem Kind erklärt und dann versprochen, dass ich ihm ein Bändchen um den Finger machen würde, wenn es so weit wäre. »Wenn du das Glöckchen läutest, dann hören wir dich.« Diese kleine Glocke durfte von da an nicht einmal die Reinigungsfrau beim Saubermachen des Zimmers verrücken. Sie stand immer auf einer Serviette und wurde zum Heiligtum dieses Kindes, dem dadurch eine große Angst genommen werden konnte.

Es sind diese kleinen Rituale und oft die einfachen Ideen, die den Kindern helfen können, ihnen auf Augenhöhe zu begegnen. Ihre Ängste wahrzunehmen ist mir das Wichtigste.

Den Eltern nimmt die Sargbemalung und das ständige Beschäftigen damit die Furcht vor etwas Fremdem, Unausweichlichem. Sie halten das Betreten der Kirche, den Anblick des Sarges besser aus. Zusammen mit Freunden und Geschwistern haben sie liebevoll den neuen Ort des Kindes vorbereitet und sich unendliche Mühe gegeben, ihn dem Kind gerecht werden zu lassen. Ein Vater sagte einmal: »Das ist doch das zweite Zuhause unseres Kindes, und ein Zuhause sollte doch schön sein.«

Unter dem Sargdeckel werden Bilder der Familie befestigt. Die Familie berührt, befühlt und setzt sich mit diesem »Zuhause« auseinander. Begreifen hat etwas mit »anfassen« und »greifen« zu tun.

Der Sarg beängstigt nicht mehr, er wird zum Thema gemacht. Über einen Sarg zu sprechen wäre sonst in dem Moment des Schmerzes undenkbar. Durch die Gestaltung spricht man immer wieder über das Kind. Zu jeder Figur gibt es eine Erinnerung. Manchmal ein Lächeln zu der Geschichte, manchmal Tränen. Andere Familienmitglieder bewundern die Bilder, sprechen darüber oder loben das Geschwisterkind, das sich so viel Mühe gemacht hat.

Für ein griechisches Mädchen, das immer im Sommer zur Oma auf eine griechische Insel gefahren ist, musste unbedingt diese Insel auf den Sarg gemalt werden. Wir sollten diese Aufgabe übernehmen, nur hatten wir nicht die geringste Vorstellung davon, wie diese Insel aussieht. Also haben wir die Oma in Griechenland angerufen und uns eine Postkarte der Insel schicken lassen. Die Karte haben wir bei uns vergrößert und auf den Sarg geklebt, um sie abzumalen. Es ist dann wunderschön gelungen, genau diese Insel auf den Sarg zu malen. Mit Anlegesteg und Boot. Der Sarg ist ein kleines Kunstwerk geworden, wie so viele, die in den Jahren entstanden sind. Eltern fotografieren am Ende sogar den Sarg. Eine Mutter sagte vor Kurzem zu mir: »Ich stehe hier und fotografiere den Sarg meines Kindes, ich kann es nicht glauben.«

»Ja, und das ist wichtig für dich«, antwortete ich. »Du suchst das Bettchen für dein Kind auch mit viel Bedacht aus. Wo es liegt und sich aufhält, ist es in deinem Sinne angemessen. Hier stehst du jetzt und erlebst etwas, was du nie wolltest, an das du nie denken wolltest. Doch diese Entscheidung wurde von irgendjemandem getroffen. Jetzt habt ihr mit ganz viel Liebe diesen Platz für euer Kind gestaltet, und darum dürft ihr ihn auch fotografieren, denn er gehört jetzt leider auch zu eurem Leben.«

Die Eltern konnten die Tage nach dem Tod ihres Kindes mit Erinnerungen füllen, andere Menschen daran teilhaben lassen und etwas Sinnvolles tun. Das abrupte Ende, der Moment, in dem die Eltern gar nichts mehr tun können, findet auf diese Weise einen etwas sanfteren Übergang.

Sie haben nun einen unendlich schweren Weg mit ihrem Kind am Lebensende begangen, und mit unseren Ritualen versuchen wir ihnen und ihrem Kind einen würdigen weiteren Weg zu bereiten.

Der Weg über den Regenbogen

Wenn das Kind »über den Regenbogen geht«, öffnen wir, wenn die Eltern es möchten, die Fenster, damit die Seele zum Himmel fliegen kann. Ein Glaube, der sehr weit verbreitet ist.

Am Eingang des Hauses wird eine Kerze angezündet. Ein Zeichen für jeden, der das Haus betritt. Wenn die Eltern es wünschen, lassen wir sie mit ihrem Kind alleine, um Abschied zu nehmen.

Natürlich bleiben wir auf Wunsch der Eltern auch bei ihnen.

Je nach Situation benachrichtigen wir Menschen, die den Eltern wichtig sind. Eventuell auch einen Seelsorger. Eine Pflegekraft informiert alle anderen Pflegekräfte. Viele kommen dann spontan, um an der Seite der Eltern zu stehen und Abschied zu nehmen von »unserem« Sternenkind. Immer sind wir auch an der Seite der Geschwister und Großeltern. Beantworten Fragen, nehmen in den Arm, halten aus.

Je nach Wunsch wird das Kind gemeinsam mit den Eltern gewaschen und das letzte Mal gekleidet. Eine Kerze brennt auf dem Tisch. Unsere Familien haben sich häufig auf diesen Moment vorbereitet. Das Kind bekommt Dinge, die voller

Erinnerungen sind, mit auf seinen letzten Weg: den Ring von der Patentante, die selbst gestrickte Jacke von der Omi, das Kleid oder die Hose aus dem letzten Urlaub. Das Käppi, das es immer trug. Ein kleiner Bronze-Engel wird ihm von einem der Mitarbeiter der Sternenbrücke in die Hand gelegt. Er soll es von nun an beschützen.

Dann wird ein Lied gesungen: »Das wünsch ich sehr, dass immer einer bei dir wär, der lacht und spricht: Fürchte dich nicht.«

Auch Rituale anderer Glaubensrichtungen bekommen ihren Raum. Was auch immer der Wunsch der Familie ist – er wird erfüllt.

Zusammen mit der Familie bringen wir das Kind dann in den Abschiedsraum – in das Abschiedsbett. Der Sternenhimmel leuchtet, viele Kerzen brennen. Wir hören leise die Musik, die das Sternenkind gehört hat. Kinderlieder, Musicals oder Rockmusik. Alles, was erinnert, darf sein und findet hier seinen Platz.

Jeder, der Abschied nimmt, kann ein Licht an unserem Lebensbaum entzünden – im Andenken an dieses junge kurze Leben.

In Gedenken an ihr Kind bekommen die Eltern von uns einen silbernen Stern, in den der Name des Kindes eingraviert ist. Fast alle unsere verwaisten Mütter tragen ihn an einer Kette in der Nähe ihres Herzens.

Das Gespräch mit dem Bestatter, gemeinsam mit unseren Trauerbegleitern oder mir an der Seite, wird meistens im Kaminraum geführt. Alle besonderen Wünsche werden sensibel aufgenommen. Häufig haben sich die Eltern schon lange vorher Gedanken gemacht. Mit uns darüber gesprochen. Sie wissen genau um ihre Wünsche, teilen uns aber auch ihre Ängste mit, über die wir dann in Ruhe sprechen.

Wenn der Tag gekommen ist, an dem das Kind vom Bestatter abgeholt wird, haben die Eltern eine lange Zeit Abschied nehmen können. Immer wieder haben sie ihr Kind berührt, noch einmal auf den Arm genommen. Haben versucht zu begreifen, dass nun passiert ist, wovor sie so lange Zeit Angst hatten. Geschwister, die nun zum ersten Mal sehen und fühlen, was »tot« bedeutet. Je nach Alter nur schwer zu verstehen. Sie erleben ihre Eltern in einer Situation, die ihnen fremd ist. Sie sind unsicher, ängstlich oder fühlen sich hilflos und überfordert. Sie brauchen genauso unsere Hilfe wie ihre Eltern.

Bevor das Kind in den Sarg gelegt wird, kommen alle aus dem Haus zusammen, und wir sprechen noch einmal gemeinsam ein Gebet, oder ein Familienmitglied liest eine Sure aus dem Koran, wenn es ein muslimisches Kind ist. Viele Eltern legen ihr Kind gemeinsam in den Sarg. Auch die Geschwister sind immer dabei. Es werden Kuscheltiere, Blumen, Andenken, Bilder und alles mit hineingegeben, was der Familie wichtig ist.

Dann kommt der sensible Moment, wenn der Sarg verschlossen wird. Viele Hände der Mitarbeiter und Freunde sind um die Familie – im Arm die Eltern und Geschwister –, gemeinsam sehen wir dem langsam wegfahrenden Wagen nach, hoffend, dass die über hundert anderen Sternenkinder, die bei uns schon diesen Weg gehen mussten, dieses Kind am Ende des Regenbogens liebevoll in Empfang nehmen.

Ein kleiner Stern am Himmelszelt
lässt mich denken an ein Leben danach –
in einer anderen Welt.
In Gedanken wünschte ich, dass du es bist,
dass dein kleines Leben nun ein besseres ist.

Kein Schmerz, kein Leid, nur Sonnenschein,
kleine Freunde an deiner Seite.
Ich hoffe, so könnte es nun sein.
Wenn ich doch nur Gewissheit hätte,
wenn ich nur wüsste: Gut geht es dir nun,
dann könnte mein Herz wenigstens etwas ruh'n.

☆ Endlich Eröffnung

Es war zwei Tage vor der Eröffnung. Wir hatten vergessen, einen Schreibtisch zu entsorgen. Einen alten Eisenschreibtisch, der wohl schon ewig im Haus und jetzt im Wege stand. Peer Gent und ich sagten:»Los, wir bringen ihn schnell die Treppe hinunter.« Ich hob ihn etwas an und merkte, wie schwer er war.

»Nein, der ist zu schwer – da brauchen wir Hilfe.«

Aber es war niemand mehr im Haus.

»Komm, das kleine Stück. Meinst du nicht, dass wir das schaffen?«, meinte Peer Gent.

»Hast recht. Also los«, sagte ich mutig.

»Langsam, Stufe für Stufe.«

Etwa auf halbem Weg krachte es. Ich dachte noch, da ist die Treppe an dieser Stelle wohl noch zu prüfen, doch dann spürte ich, dass etwas mit meiner Schulter nicht stimmte. Unten angekommen, schwoll mein Arm sofort an. Ich spürte einen enormen Schmerz und sackte zusammen, als ich den Schreibtisch losließ und der Zug dadurch vom Arm genommen wurde.

O nein, dachte ich. Nicht jetzt. In zwei Tagen ist die Eröffnung.

Nachts aber merkte ich, dass es so nicht ging, und suchte morgens meinen Orthopäden auf.

»Sie müssen einen Gips bekommen, zumindest den Arm ruhigstellen und so schnell wie möglich operiert werden. Sie haben sich ein paar Sehnen abgerissen.«

»Das geht nicht! Wir haben Eröffnung!«

Ich fuhr in die Sternenbrücke und arbeitete weiter. Es ging nicht anders. Wir erwarteten am Tag der Eröffnung vormittags 400 geladene Gäste: Journalisten von Presse, Funk und Fernsehen, Vertreter der Politik, viele Spender und Fachleute aus der Medizin. Am Nachmittag hatten wir das Haus für alle geöffnet und rechneten mit bis zu 4000 Besuchern. Ein krankheitsbedingter Ausfall war zu diesem Zeitpunkt undenkbar.

Der Arm verheilte – irgendwie. Für eine Operation war es nach einigen Wochen zu spät.

Ich stand an dem Tag der Eröffnung vor unserem Haus, war unglaublich glücklich und gönnte mir den Moment, es für eine Sekunde einfach nur zu genießen.

Es waren so viele Dinge, die mich bis zur letzten Sekunde beschäftigt hatten. Bis spät in die Nacht putzten wir die Zimmer. Wie prophezeit, verließen erst da die letzten Handwerker das Haus. In dieser Nacht konnte ich vor Aufregung nicht schlafen und ging alles noch einmal von vorn bis hinten durch. Um fünf Uhr morgens fiel mir auf, dass ich etwas ganz Wichtiges vergessen hatte: Ich hatte keine Kerzen für die Wandhalter im Abschiedsraum besorgt. Gerade in diesem wichtigen Raum etwas zu vergessen schien mir unverzeihlich. Gerade dort sollte alles stimmig sein.

Ich wollte um acht Uhr morgens in die Sternenbrücke fahren. Um diese Uhrzeit würde noch kein Geschäft geöffnet haben. Morgens um sieben begann ich dann zu telefonieren, bis ich einen ehrenamtlichen Mitarbeiter erreichte, der in der

Innenstadt wohnte. Er schaffte es tatsächlich und brachte blaue Kerzen mit.

Der Zeitplan kurz vor der Eröffnung war so knapp bemessen gewesen, dass wir zwischendurch immer wieder einmal dachten, wir würden es nicht schaffen. Dass am Ende doch alles klappte, war ein Verdienst der vielen ehren- und hauptamtlichen Mitarbeiter, der Freunde, der Spender und meiner Familie. Mein Sohn Thorben und mein Mann halfen, wo sie konnten.

Ich werde das gemeinsame Frühstück am Morgen der Eröffnung niemals vergessen. Auf meinem Teller lag eine kleine Schachtel. Als ich sie öffnete, fand ich darin einen kleinen goldenen Anstecker. Der Regenbogen der Sternenbrücke. Dazu hatte mein Mann mir einen Brief geschrieben. Vor Rührung flossen mir die Tränen über die Wangen. Es war nicht das letzte Mal an diesem besonderen Tag. Im Auto gab mein Sohn mir einen Brief, den er verfasst hatte. Er schrieb mir, wie stolz er auf seine Mutter sei, weil ich mich um diese kranken Kinder kümmere, und dass er wisse, ich hätte mich immer darum gesorgt, dass er nicht zu kurz käme. Er schrieb, dass ich immer für ihn da gewesen sei und er nie etwas vermisst hätte. Jetzt würde es darum gehen, dass ich auch wieder an mich denken solle.

Dies war das zweite Mal an diesem Morgen, dass mir die Tränen kamen, und ich war noch nicht einmal in der Sternenbrücke angekommen.

Ich hatte einen Kloß im Hals, als ich in die Einfahrt der Sternenbrücke einbog. Alles war dekoriert, überall hingen Luftballons. Ich lief von einem Zimmer in das andere, kontrollierte, ob auch wirklich alles da war.

Im Garten wurden schon seit zwei Tagen die Zelte aufgebaut. Die ganze Technik zu verlegen dauerte viele Stunden.

Während der aufwendigen Renovierungsarbeiten in den letzten Wochen war immer wieder die Frage aufgekommen: Wen laden wir zu dem Empfang am Morgen ein? Wer sollte außerhalb der Presse noch zu uns kommen, bevor wir das Haus offiziell eröffneten? Welche Pressevertreter würden überhaupt kommen? Wem schicken wir eine Karte? Wir durften niemanden vergessen.

Wir bastelten unsere ersten Einladungskarten alle selbst. Bis heute haben wir daran nichts geändert. All unsere Karten sind ein Stück selbst gebastelt. Ich wollte immer liebevoll gestaltete Karten; sie sollten eine Kinderanmutung haben und aus der Masse an täglicher Post herausstechen. Das geht nur über eine individuell gestaltete Karte.

Vieles machten wir anders als andere gemeinnützige Organisationen. Wir legen unseren Flyern auch keine Zahlscheine bei, damit der Empfänger direkt spenden kann. Mir erschien das nie passend für uns. Wir wollten auf angemessene Weise auf die Sternenbrücke aufmerksam machen. Zurückhaltend, aber trotzdem nicht weniger dringlich. Menschen, die uns unterstützen möchten, werden es tun und die Zurückhaltung schätzen.

Die geladenen Gäste kamen pünktlich um 11 Uhr. Wir wussten, wenn am nächsten Tag in den Zeitungen über unsere Eröffnung berichtet werden sollte, dann brauchten sie diesen Vorlauf, um am Nachmittag ihre Artikel zu schreiben.

In unserem schön gestalteten Garten hatte der NDR uns eine große Bühne zur Verfügung gestellt. Hier fand der offizielle Teil der Eröffnungsfeier statt. Die Moderation des Bühnenprogramms übernahm der inzwischen leider verstorbene Radiomoderator Friedhelm Mönter. Auch Heidi Kabel, die uns schon vor der Eröffnung unterstützt hat und leider letztes Jahr verstorben ist, beehrte uns an diesem Tag. Ein großes Geschenk für uns, das wir in der Erinnerung bei uns tragen.

Zu der öffentlichen Einladung am Nachmittag kamen über 5000 Menschen zu uns. Es war ein gutes Zeichen und wohl ein Erfolg unserer Öffentlichkeitsarbeit, denn offensichtlich lösten sich langsam die Berührungsängste mit dem Thema.

Unseren unzähligen Vorträgen, der Arbeit unserer Schirmherrinnen Isabella Vértes-Schütter und Annegrethe Stoltenberg und den vielen Journalisten, die all die Monate über unser Haus und das Vorankommen berichtet hatten, war dieser Erfolg zu verdanken. Unsere Schirmherrinnen engagierten sich, waren trotz ihres engen Terminkalenders ständig an unserer Seite und halfen uns, in der Öffentlichkeit präsent zu sein, mehr, als wir uns zu wünschen gewagt hätten. Wir hatten von anderen Schirmherren gehört, die oft nur eine Grußbotschaft schrieben, aber selten anwesend waren. Das war mit Isabella Vértes-Schütter und Annegrethe Stoltenberg anders. Ihre Unterstützung und ihre Bemühungen, Menschen zu uns zu bringen, die unsere Idee weiter hinaustragen und mit auf den Weg bringen, waren eine unglaubliche Hilfe. Am Tag der Eröffnung konnten wir ihnen einmal öffentlich von Herzen »Danke« sagen.

Aus ihren Reden ging hervor, wie sehr die Sternenbrücke ihnen zu einem Herzensbedürfnis geworden war. Wir waren ihnen für diese Worte aus tiefstem Herzen dankbar. Isabella Vértes-Schütter überreichte uns einen Backstein, auf dem ein Zitat aus *Der kleine Prinz* stand: »Man sieht nur mit dem Herzen gut.«

Ja, das wollen wir immer tun.

Auch die Bürgerschaftspräsidentin der Stadt Hamburg und eine hochrangige Vertreterin des Bundesministeriums für Gesundheit hielten jeweils eine anerkennende und emotionale Rede. Als weitere besondere Gäste durften wir den ehemaligen Innensenator von Hamburg und den Polizeipräsidenten der Stadt begrüßen. Die Künstler Volker Lechtenbrink und Stefanie Kock machten uns mit ihren Auftritten eine große Freude.

In den Wochen vor der Eröffnung hatte ich mich zusammen mit ehrenamtlichen Mitarbeitern darum gekümmert, einen Unterstützer zu finden, der uns das Buffet und die Getränke spendete. Einer meiner Wünsche war es, einen Regenbogencocktail anzubieten – und auch den haben wir bekommen. Ein erfahrener Barmann schaffte es tatsächlich, einen Cocktail in den Regenbogenfarben zu mixen. Ehrenamtliche Mitarbeiter bastelten Strohhalme mit einem Regenbogen in mühsamer Kleinarbeit. Jeder, der eine Hand frei hatte, half beim Basteln und Gestalten. Es sah wunderschön aus. Die Symbolkraft war mir immer sehr wichtig. Eine Bäckerei spendete uns den Kuchen, und viele ehrenamtliche Helfer unterstützten uns mit anderen Dingen. Nach dem aufwendigen Umbau waren unsere finanziellen Möglichkeiten begrenzt.

Es war schön zu erleben, wie die Menschen, trotz ihrer nach wie vor spürbaren Berührungsängste mit unserem Thema, bereit waren, uns zu unterstützen, und mehr erfahren wollten. Ich lernte immer besser, damit umzugehen. Spürte, wo ich mit den Ausführungen unserer Arbeit nicht zu sehr ins Detail gehen und sorgsam mit ihnen umgehen sollte. Nur so ausführlich wurde, wie sie es aushalten konnten. In kleinen Schritten wurden dann die Fragen offener und detaillierter. Wir merkten es mit Freude jedes Jahr am »Tag der offenen Tür« bei den Führungen durch den Abschiedsraum.

Zu Beginn unserer Arbeit wurden diese Räume eher ge-mieden. Nur wenige Besucher wollten sie sich ansehen. Von Jahr zu Jahr wurden es mehr. Auch die ganz offenen Fragen. Heute sind es bis zu dreihundert Menschen, die sich an diesem Tag informieren, ganz gezielt Fragen stellen, um zu verstehen. Aber sie gehen auch nicht alleine, son-dern immer in Begleitung unserer Trauerbegleiter, unserer Vorstandsvorsitzenden der Stiftung Isabella Vértes-Schüt-ter oder mir. Wenn wir bei den Führungen bemerken, dass sich ein Besucher in einem eigenen Trauerprozess befindet, kümmert sich ein Trauerbegleiter nach der Besichtigung um ihn.

Den ganzen Tag reichte ich bei der Eröffnung die Hand oder nahm in den Arm. Jede Bewegung rief Schmerzen in meiner Schulter hervor. Ich glaube, es gibt nicht ein Foto, auf dem ich entspannt lächele. Glücklich war ich aber trotzdem, bis etwas passierte, was ich bis heute nicht fassen kann und wohl vielen Gästen in Erinnerung bleiben wird.

Die geladenen Gäste säumten den Weg zum Haupteingang, vor dem das Band zum Durchschneiden bereithing. Die Mit-arbeiter hatten es selbst gebastelt. Die Presse drängte sich dicht heran, denn jeder wollte das Foto haben, wie ich das Band durchtrennte. Es war mein Wunsch, Kinder neben mir zu haben, und es kamen vier Jungs dazu. Aber mir fehlte ein Mädchen.

Viele der Gäste hatten ihre Kinder mitgebracht, und mir fiel ein kleines Mädchen mit einem Strohhut auf. Ich ging zu ihr und fragte sie, ob sie mir auch beim Durchschneiden des Bandes helfen würde.

Ich hatte eine riesige Schere, die ich kaum allein tragen konnte. Wir hatten sie extra am Tag zuvor noch geschliffen, und natürlich gab es auch eine Ersatzschere für den Fall, dass die große versagen würde.

Jetzt hatte ich vier Jungs und das kleine Mädchen mit dem Strohhut bei mir, und wir trugen zusammen die riesige Schere und schnitten das Band durch. Ich konzentrierte mich in diesem Moment nur auf die Kinder, damit sie sich auch ja nicht verletzten. Die Kameras klickten, und ein großer Applaus folgte.

Nach dem Durchschneiden fragte ich die Kinder, ob wir uns jetzt alle zusammen das Spielzimmer ansehen wollten. Und wie sie wollten. Alle Kinder kamen mit mir ins Haus. Nur von den Erwachsenen folgte mir niemand.

Irritiert schaute ich mich nach meinen Gästen um und sah, wie sie alle noch immer am Weg standen. Sie riefen:»Frau Nerge, kommen Sie zurück! Das müssen Sie sehen!«Ich sah vereinzelte Taschentücher in ihren Händen.

Erschrocken fragte ich mich, was nur passiert sei, und eilte mit den Kindern wieder zurück. Keiner meiner Gäste stand dort ungerührt.

Es war der 17. Mai 2003. Die Sonne schien, nicht eine Wolke stand am blauen Himmel. All die Tage zuvor hatte es gegossen. Die Gäste sahen alle nach oben. Ich kam aus dem Haus, und unsere Schirmherrin und Landespastorin Annegrethe Stoltenberg stand vor mir und zeigte nach oben in den Himmel. Über dem Haus stand ein riesiger Regenbogen. Sie blickte mich mit einem Lächeln an und sagte:»Ute, auf diesem Haus liegt ein Segen.«

Das war so stimmig, so bewegend, auch dass unsere Landespastorin und Schirmherrin es mit diesen Worten benannte.

Es zeigte sich ein runder Regenbogen. Ihn gibt es nur sehr selten, wie mir erklärt wurde, und es gibt natürlich nie einen

Regenbogen, wenn es nicht geregnet hat. Nur, es hatte nicht geregnet. Der Himmel war blau, die Sonne schien.

Alle Menschen waren zutiefst bewegt. Die Kameras wurden nach oben gehalten, und ein lokales Nachrichtenmagazin zeigte dieses Naturphänomen über unserem Haus in seinen Nachrichtensendungen am Abend. Kurze Zeit später verschwand der Regenbogen genauso plötzlich, wie er gekommen war. Doch jeder der Gäste hatte ihn gesehen.

Auf der großen NDR-Bühne wurde uns am Nachmittag von einem Musikhaus aus Ahrensburg ein Klavier geschenkt. Ich hatte es mir gewünscht. Natürlich war es kein dringender Wunsch, aber ich wusste, dass besonders behinderte Kinder wunderbar durch Musik zu erreichen waren, und wollte ihnen so gern diese Freude machen.

Der Pianist Gottfried Böttcher übergab es mir unter großem Applaus. Als ich ermutigt wurde, den Deckel zu öffnen, sah ich dort auf den weißen Tasten eine Rose liegen. Ich war zutiefst gerührt. Gottfried Böttcher weihte das Klavier auf der Bühne mit wunderbaren Melodien ein. Ein schöner Augenblick, der alle still werden ließ. Das Klavier bekam einen Ehrenplatz in unserem Kaminraum.

Ein Tag, der so voller wunderschöner Ereignisse war, dass ich es kaum fassen konnte. Das schönste Geschenk bekamen wir aber von den betroffenen Familien, die sich schon angemeldet hatten und natürlich eingeladen waren. Als sie sich das Haus angesehen hatten, kamen sie mit einem Strahlen im Gesicht zu uns.

»Das Haus ist wunderschön geworden.«

»Wir werden uns hier sehr wohlfühlen, freuen uns schon auf den Aufenthalt bei Ihnen und sind so dankbar für diese Hilfe.«

Am Abend bekam ich noch einen riesengroßen Teddy geschenkt. Ich konnte ihn kaum tragen. Mit ihm auf dem Arm setzte ich mich fünf Minuten allein in einen kleinen Raum und reflektierte diesen bewegenden Tag, der uns geradezu überrollt hatte, aber schon zeigte, wie viel man gemeinsam bewegen kann – unter einem Dach, auf dem ein Segen liegt.

Etwas Bewegendes und geradezu Unglaubliches zugleich geschah einige Tage später. Ein Journalist rief mich an und fragte, ob ich das kleine Mädchen mit dem Strohhut kennen würde, das auf fast allen Fotos neben mir zu sehen war.

»Nein, leider nicht – ich habe es noch nie zuvor gesehen«, sagte ich

»Ich dachte, Sie sollten wissen, wie es heißt, denn ich kenne die Vorgeschichte der Sternenbrücke recht gut«, meinte er.

»Ja, das wäre schön, ich würde mich gern bei dem kleinen Mädchen für seine Hilfe bedanken.«

Er machte eine kurze Pause, und dann sagte er: »Das Mädchen heißt Jenny.«

Mir schossen die Tränen in die Augen, ich war sprachlos, konnte es nicht fassen. Ich stand gerade im Eingangsbereich, als der Anruf kam. Als ich aufgelegt hatte, sah ich auf das Bild von Jenny, das dort hängt, und fragte mich, ob das tatsächlich nur ein Zufall gewesen war.

Das erste Kind

Nun war er da, der Tag, auf den wir alle so lange hinge-arbeitet hatten. Das erste Kind sollte am Vormittag aufgenommen werden. Sabine war ein dreieinhalb Jahre altes kleines Mädchen aus einem Kinderheim, das von der Intensivstation eines Rostocker Krankenhauses zu uns kam, wo sie vier Monate gelegen hatte: »Lebensendphase«, hieß es. Viele Gedanken von mir gingen diesem kleinen Mädchen entgegen. Wie belastend würde die Fahrt für sie sein? Wir hatten dreißig Grad Wärme draußen. Haben wir alles, was dieses Kind benötigt? Sie wird verängstigt und unruhig sein. Wird unsere Fürsorge ihr helfen, Vertrauen zu fassen? Bein-haltet dieses Haus jetzt alles, was für sie notwendig ist? Hat-te ich an alles gedacht? Können nun meine vielen Gedanken zum Wohle dieser Kinder umgesetzt werden?

Dann kam der Anruf einer Mitarbeiterin: Sabine kommt!

Ein Ruck ging durch alle Menschen in der Sternenbrücke, von der Buchhaltung bis zum Hausmeister. Zusammen mit den Kinderkrankenschwestern liefen wir zum Eingang. Und dann kam er, der große Notarztwagen der Feuerwehr. Er fuhr rückwärts zum Eingang. Die Tür des Rettungswagens ging auf, und eine Trage wurde herausgehoben. Inmitten von Monitorkabeln, Sauerstoffschläuchen und Atemüberwachungsgeräten guckte uns ein kleines, erschöpftes Mädchen ängstlich an. Ich hatte einen Knoten im Hals, und wir alle kämpften mit den Tränen. Unser erstes Kind, »unsere« Sabine.

Der Notarzt lächelte uns an und sagte: »Auf so einen Empfang waren wir gar nicht vorbereitet. Wir sind stolz, Ihnen das erste Kind bringen zu dürfen.«

Sabine kam in das schönste Zimmer, das Rundbogenzimmer. Als ich sie sanft in ihr neues Bettchen legte, schaute sie mich mit riesigen Augen an. Es war Frühsommer, und ich öffnete das Fenster. Vogelgezwitscher drang in ihr Zimmer, und Sabines Hals wurde immer länger. Offensichtlich hatte sie nie Vögel singen hören, sie wollte sehen, woher die ungewohnten Töne kamen.

Bei jeder Berührung zuckte Sabine zusammen. Es dauerte lange, bis sie lernte, dass die liebevollen Hände unserer Kinderkrankenschwestern nur ihr Bestes wollten. Die ersten drei Tage machten wir nur das Notwendigste, denn sie sollte sich zunächst an die neue Umgebung gewöhnen, erst einmal bei uns ankommen. Schritt für Schritt ging es ihr tatsächlich besser.

Wir unternahmen Spaziergänge mit ihr in den umliegenden Wald. Sabines Bronchien waren sehr verschleimt, und das Fahren und Ruckeln mit der Karre über den unebenen Waldboden half mit, dass sich der Schleim löste. Die frische Luft, die sorgsame und intensive Pflege ließen es ihr immer besser gehen.

Auch als der Winter kam, unternahmen wir viele Spaziergänge mit ihr. In ihrem Zimmer hatten wir alle Fenster geöffnet, die frische Luft tat ihren Atemwegen gut. Sabine hatten wir warm in Schal, Mütze und Handschuhe gepackt. Sie lag auf einer dicken Matratze, eingemummelt in viele dicke Decken. »Die Prinzessin auf der Erbse«, nannte sie eine Kinderkrankenschwester.

Doch es half. Sabine stabilisierte sich und überstand die sehr kritische Situation. Körperlich und geistig war sie schwerstbehindert, konnte nicht sprechen und nur bedingt sehen. Wir aber lernten, sie zu »verstehen«. Sie war es gewohnt, nur über eine Sonde ernährt zu werden. »Essen kann sie nicht«, hieß es. Sie würde sich verschlucken.

Sabine war inzwischen vier Jahre alt, und sie hatte noch nie etwas Nahrhaftes im Mund gespürt, noch nie den Geschmack von Gemüse, Obst oder Schokolade erfahren. Bis zu dem Tag, an dem unser Hausmeister Geburtstag hatte. Es gab Schokoladenkuchen und Schokopudding. Sabine war immer bei uns. Wir hatten sie sehr lieb gewonnen, und sie fühlte sich sichtbar wohl. Sie genoss es, mit uns zu kuscheln, sich anzulehnen, Ansprache zu haben, in unserer Nähe zu sein. Gern verwöhnten wir sie, wann immer es ging, und als wir gemeinsam mit ihr am Geburtstagstisch saßen, wollte ich das erste Mal versuchen, ihr etwas von diesen Leckereien zu füttern.

Alle waren gespannt. Bei behinderten Kindern musste man mit diesen Dingen sehr sorgsam sein, damit sie sich nicht verschlucken. Vorsichtig gab ich ihr ein wenig des Kuchens an die Lippen. Ihren erstaunten Blick werde ich nie vergessen. Sie schmatzte genussvoll.

»Schmeckt es dir, Sabinchen?«, fragte ich.

Und wie, denn jetzt holte sie sich ein Stückchen von dem Kuchen mit der Zunge. Ihr Hals wurde Richtung Löffel immer länger.

Ein schöner Anblick für uns alle, und der Anfang für Sabine in die Welt des Geschmacks. Später aß sie auch viele andere Dinge. Wir versuchten sie immer wieder für herzhafte und gesunde Dinge zu begeistern, doch ihre Lieblingsmahlzeiten blieben die süßen Sachen.

Wir alle hatten das Gefühl, sie würde viel mehr wahrnehmen, als wir zu Anfang glaubten und als uns angekündigt worden war. Sie hörte uns zu, sah uns nach, ließ uns spüren, was ihr gefiel und was nicht, und fing an zu lautieren.

Sie entwickelte sogar immer mehr Fähigkeiten, die schon verloren schienen. Bis heute heißt das Zimmer »Venus«, in dem sie gelegen hatte, bei den Kinderkrankenpflegekräften, die sie gekannt hatten, »Sabinchens Zimmer«.

Sabine war zweieinhalb Jahre bei uns. Sie benötigte zusehends intensivere Pflege, die die Einrichtung, in der sie sonst lebte, nicht leisten konnte. Eine andere Möglichkeit gab es nicht, und so entschieden wir, sie bei uns zu behalten, um ihr die bestmögliche Pflege zukommen zu lassen.

Sie war bis zu ihrem Lebensende eine besondere pflegerische Herausforderung für uns. Sie gehörte inzwischen fest in unser Haus. Ob in der Küche oder im Aufenthaltsraum, an jeden Platz schoben wir sie mit ihrem Rollstuhl oder der Karre, in unsere Nähe. Sie musste die Zuneigung von vierzehn Kinderkrankenschwestern und allen weiteren Mitarbeitern im Haus aushalten. Und sie tat es gern, wie sie zeigte. Die Schwestern kauften ihr die ersten Turnschuhe, ein paar Haarspangen und eine Sonnenbrille. Als ich mit meinem Mann im Urlaub war, kaufte er ihr sogar eine kleine Kette.

»Mädchen in dem Alter haben sicher eine kleine Kette um, also braucht auch Sabine eine«, sagte er und kaufte eine kleine silberne Halskette mit einer Schildkröte. Er fand, dass sie zu ihr passte.

Sabine trug diese Kette fortan häufig, und als sie starb, haben wir sie ihr mit in den Sarg gelegt.

Sabine war in gewisser Weise »unser« Kind. Sie wuchs bei uns auf, und wir wuchsen mit ihr. Wir lernten viel über Bedürfnisse und Notwendigkeiten. Sie sollte auch das letzte Kind bleiben, das über eine so lange Zeit bei uns blieb.

Immer wieder wurden wir gefragt, ob wir auch Kinder zur Dauerpflege bei uns aufnehmen können, doch dafür ist unser Haus nicht gedacht. Die Pflegeentlastung auf dem langen Krankheitsweg ist eine unserer Hauptaufgaben. Auch unsere Bettenanzahl ist mit heute zwölf Zimmern begrenzt. Möglichst viele Familien sollen bei uns für eine Weile zur Ruhe kommen und Kraft schöpfen für den schweren Weg, den sie noch zu gehen haben.

Nach zweieinhalb Jahren ging es Sabine schlechter. Ich versuchte, die vorangegangene Zeit als ein Geschenk für sie zu betrachten. Sie kam mit einer nur noch sehr geringen Lebenserwartung zu uns, und gemeinsam schafften wir es, ihr noch eine den Umständen entsprechend schöne Zeit zu bereiten.

Als wir spürten, dass es ihr langsam schlechter ging, legte sich eine unendlich tiefe Trauer über unser Haus. Wir versuchten uns auf den Tag vorzubereiten, an dem wir sie verlieren würden, und fragten uns, wie wir damit umgehen könnten. Wie würden wir auch mit uns umgehen? Ich stellte mir das erste Mal in meinem Leben diese Frage: Wie werde ich mit mir umgehen? Wie können wir alle unsere Trauer leben, in der täglichen Pflege der anderen Kinder?

Jeder im Haus sollte die Möglichkeit bekommen, auf seine ganz eigene Weise Zeit allein mit Sabine zu verbringen. Jeder hatte inzwischen seine besondere Bindung zu dem kleinen Mädchen aufgebaut und sich überlegt, wie er Abschied nehmen wollte. Einige gingen mit Sabine hinaus in den Garten, andere saßen nur still an ihrem Bett.

Als Sabine dann starb, waren wir alle bei ihr. Sie lag in

einem Doppelbett, die Pflegekräfte um sie herum. Streicheln, liebe leise Worte, Ruhe. Sie hörte leise ihre Musik, ihre Kinderlieder. Dr. Pothmann war ganz eng bei ihr und sorgte dafür, dass sie keine Schmerzen hatte.

Als Sabine dann verstorben war, sagte ich zu Isabella Vértes-Schütter und Peer Gent: »Ich bitte euch um eins: Ich möchte bei meinem Team sein, aber ich möchte meine Trauer jetzt auch leben dürfen.« Sie unterstützten mich auf wunderbare Weise in meinem Wunsch. Sie wussten um die besondere Bindung zu Sabine.

Weinen und Trauern muss in unserem Haus für jeden erlaubt sein, denn nicht gelebte Trauer macht unsere Seele krank. Wir wussten das alle.

Die Mitarbeiter ließen mich auf meinen Wunsch hin noch eine Weile mit Sabine allein. Ich öffnete alle Fenster. Es war bitterkalt. Nun legte auch ich mich zu ihr. Die Schwestern breiteten eine Decke über uns beide, gaben mir die Klingel für die Rufanlage in die Hand, nahmen mich in den Arm und sagten leise: »Wenn du uns brauchst, dann klingle, ja?«

Wie liebevoll und achtsam alle miteinander umgingen! Was für ein wunderbares Team im ganzen Haus, die alle ihre Trauer lebten wie sonst »unsere« Eltern. Wissend, wie wichtig und richtig es war.

Auch die Eltern, die gerade bei uns waren, trauerten mit uns, denn auch sie kannten Sabine inzwischen durch ihre vielen Aufhalte bei uns gut.

Ich lag zwei Stunden dort mit Sabine und erzählte ihr alles. Wie sie zu uns gekommen war, wie wir sie pflegten, mit ihr spazieren gingen und wie sie bei uns den ersten Kuchen aß.

Ich musste daran denken, dass über diesem Haus ein Segen liegt, wie Annegrethe Stoltenberg es am Tag der Eröffnung zu mir gesagt hatte. Es grenzte an ein kleines Wunder, dass wir Sabine noch so lange behalten durften. Sie wird immer einen besonderen Platz in unserem Herzen behalten, vielleicht, weil sie ein Heimkind war, das eine schwere Zeit durchlebt hatte.

Eines hat sich deutlich gezeigt: Wenn ein Team trauern darf, gemeinsam oder jeder auf seine Weise, ist es trotzdem weiter in der Lage, die anderen Gäste zugewandt zu umsorgen.

Unterdrückte Trauer hinterlässt eine Spur, die uns verändert, bedrückt und beeinflusst. Sorgsam und aufmerksam damit umzugehen lässt uns unsere Sensibilität und Fürsorge erhalten und jedem neuen kleinen Gast, Jugendlichen und jungen Erwachsenen wieder offen entgegensehen.

Ein Jahr sind wir nun schon ohne dich –
können heute nur anzünden ein kleines Licht für dich.
Dein Lachen, deine Freude vermissen wir sehr,
der Sitzsack im Snoezelen-Raum scheint ohne dich
so leer.

Im Film dich lebend vor uns zu sehen,
macht schmerzlich deutlich – wir müssen nun ohne
dich gehen.

Was würden wir alle darum geben,
dass du noch hättest ein lebenswertes junges Leben!
Wir hoffen von ganzem Herzen, dass es dir nun gut
gehen möge –
wo immer du nun auch bist …
Und dein Zimmer bei uns nun leer und trist.

Als »Geschenk« hast du uns hinterlassen, ein bisschen zu
fühlen,
wie es den Eltern unserer Kinder in dieser Situation
gehen mag.
Hilfst uns damit, unsere Familien noch besser zu
verstehen –
ihren Weg noch besser mit ihnen zu gehen.

Danke für diese Erfahrung –
obwohl sie uns so wehgetan.
Danke, dass du bei uns warst –
auch wenn wir dich so gerne
noch einmal hätten in unserem Arm.

Eine besondere Herausforderung

Heimkinder waren auch in den kommenden Jahren immer wieder eine besondere Herausforderung für uns alle. So auch ein Drillingskind aus einem Kinderheim, das eines Tages zu uns kam. Die Eltern hatten es in Pflege gegeben, weil sie mit der Belastung nicht mehr leben konnten. Auch ihre anderen beiden Kinder waren Pflegefälle, und sie waren mit ihren Kräften am Ende. Dieses Kind überstand bei uns zunächst die kritische Phase, und wir wollten das Unmögliche versuchen und für dieses lebensbegrenzt erkrankte Kind eine Pflegefamilie finden. Die Aussichten waren nicht groß, denn wer war in der Lage, ein Kind aufzunehmen, das in wenigen Wochen sterben wird?

Doch es gibt diese Menschen, die so voller Liebe sind, dass sie einem schwerstkranken Kind für wenige Wochen ein Gefühl von Familie und Wärme geben möchten.

Die Mutter, die sich zu diesem bewundernswerten Schritt entschlossen hatte, war eine liebevolle Frau, die selbst drei Kinder hatte und das Drillingskind noch einmal in eine Familie einbetten wollte, bevor es uns verlässt. Es sollte einmal die Geborgenheit in einer Familie spüren.

Die Behörden waren zunächst der Meinung, dass das Kind

in einer stationären Einrichtung besser aufgehoben sei. Jedoch gab es damals keine, die dieses Kind pflegen konnte.

»Bitte, lassen Sie uns zum Wohle des Kindes entscheiden«, bat ich.

Vier Wochen lang geschah nichts. Auf meine Nachfrage hieß es, man müsse die Pflegemutter erst prüfen. Immer wieder erkundigte ich mich nach dem neuesten Stand. Vier Wochen sind wertvolle Lebenszeit.

Wir wünschten es dem Kind so sehr. Alle Pflegekräfte hatten sich gründlich und eingehend mit der Mutter beschäftigt. Sie pflegte das Kind liebevoll und sorgsam in Begleitung einer Pflegekraft bei uns. Mit großer Hartnäckigkeit erreichten unsere Mitarbeiter der sozialrechtlichen Beratung und ich die Genehmigung, dass sie die Verantwortung für das Kind übernehmen durfte. Die Pflegemutter fiel mir in die Arme und weinte vor lauter Glück. Jetzt hatte sie es eilig. Sie richtete, so schnell es ging, das Kinderzimmer zu Hause ein, schuf ein schönes und liebevoll gestaltetes Heim für das Kind.

Vorweg hatte ich viele lange Gespräche mit ihr und den Geschwisterkindern geführt. Könnten sie es verkraften, eine kleine Pflegeschwester zu bekommen, mit dem Wissen, sie bald wieder zu verlieren? Es musste alles bedacht und gut begleitet werden, denn es wäre in dem jungen Leben der Kinder ein Ereignis, das sie ihr Leben lang mit sich tragen würden.

Die Mutter wollte sich dieser Aufgabe stellen und alles dafür tun, dieses Kind für die letzte Zeit des Lebens so glücklich wie möglich zu machen. Ihre Kinder gut einbinden und sie nicht aus den Augen verlieren. Ich hatte auf alle Probleme und die besondere Situation aufmerksam gemacht. Die Entscheidung musste die Mutter nun selbst treffen. Sie nahm das Kind zu sich und gab ihm ein liebevolles, behütetes Zuhause im Kreis ihrer eigenen Familie. Ich achtete ihre Kraft und ihre Nächstenliebe für dieses kleine Menschenkind.

Jedoch der Alltag unserer Arbeit waren die Kinder mit liebenden und besorgten Eltern und Geschwisterkindern. Sie nahmen den größten Raum unserer Tätigkeit ein.

Schon zwei Tage nach der Aufnahme von Sabine kam der zweite kleine Gast zu uns: Ben, acht Jahre alt. Ben wurde aus einem Hospiz für Erwachsene aus Flensburg zu uns verlegt. Er lebte dort schon acht Monate. Wir hatten schon länger telefonischen Kontakt mit dem Hospiz gehabt, da es bei Ben Ernährungsprobleme und eine Schmerzsymptomatik gab, bei der sie Dr. Pothmann und uns um Hilfe baten. Da es ein Erwachsenen-Hospiz war, warteten sie auf unsere Eröffnung, um Ben zu uns verlegen zu können.

Im Rettungswagen wurde Ben von seinem Vater begleitet. Seine Mutter hatte er vor zwei Jahren verloren. Er litt an einer Stoffwechselerkrankung und blieb bis zu seinem letzten Tag bei uns. Ein kleines, zartes Wesen, das von seinem Vater, unseren Schwestern und Pflegern liebevoll in enger Zusammenarbeit mit unserem Schmerztherapeuten Dr. Pothmann gepflegt und begleitet wurde.

Unser kleiner Ben hat sich nun auf den Weg gemacht –
fort von einer Welt, die ihm zwei Jahre Angst und
Schmerzen gebracht.
Von einer Welt, die nur sechs gute Jahre hielt für ihn
bereit,
bis dann begann die unendliche Leidenszeit.

Alle Fähigkeiten verlierend – Tag für Tag,
was mag ein kleiner Junge wohl denken,
was mit ihm passieren mag?
So kam er zu uns, klein und zart,
ein Menschenkind von besonderer Art.
Sprechen konnte er nicht mehr,
nur große Augen sahen uns an –
doch die sprachen weit mehr,
als mancher von uns es kann.

Sein Vater erzählte uns viel aus seinem Leben,
von besonderen Begebenheiten, die ihm so viel haben
gegeben,
vom Motorradfahren, einer Leidenschaft der beiden,
ließ oft kurz vergessen dieses furchtbare Leiden.

Ein schöner Sommer ließ ihn in der Sternenbrücke
noch den Wind und die Vögel genießen,
die ihn bei uns willkommen hießen.

Spaziergänge in der Karre mit seinem Vater im Wald
zeigten ihm die Liebe, die sie verband für die schwere
Zeit.
Diese Liebe war für Ben sein ganzer Halt,
denn er reagierte sofort, wenn wir sagten:
Papa kommt bald.
Für uns war es berührend mitanzusehen,
wie beide zusammen ihren Weg nun gehen.

Wie lieb haben wir den kleinen Ben gewonnen,
doch sind wir auch dankbar,
dass ihm nun endlich dieses Leiden genommen.

Er wird seinen Weg nun woanders gehen,
bis wir uns vielleicht einmal wiedersehen.

Hab Dank, dass wir dich kennenlernen durften
und ein Stück deines Weges mit dir zusammen gehen
konnten.
Hab Dank für die uns bleibende Erinnerung,
die nun auch ein Stück in unserem Leben ist.

Wie eine zweite Familie

In den nächsten Wochen kamen Familien mit ihren angemeldeten Kindern, um die Pflegeentlastung zu nutzen, was sie bis zu vier Wochen pro Jahr wahrnehmen können, zusätzlich zu einem unbegrenzten Aufenthalt am Lebensende ihres Kindes. Sie sollten bei uns wieder Kraft schöpfen und den Geschwisterkindern wieder mehr Zeit widmen können, während wir das erkrankte Kind pflegten.

Bei dem ersten Aufenthalt bei uns wird das Kind immer zusammen mit den Eltern aufgenommen, damit wir mithilfe der Mutter und des Vaters das Kind gut kennenlernen, um es dann in ihrem Sinne zu pflegen. Viele Kinder können nicht sprechen, hören oder sehen. Mit Unterstützung der Eltern lernen wir, ihr Kind zu verstehen, Dinge zu deuten, Ängste, Vorlieben, Besonderheiten zu erfahren. Und wir lernen die ganze Familie kennen. Wo benötigen sie Hilfe? Wo gibt es Probleme? Gespräche sind nötig, um sinnvoll zu unterstützen.

Wenn die Eltern Vertrauen zu uns gefasst haben, können die Kinder auch allein zu uns kommen. Die Eltern nutzen dann die Zeit, um zum Beispiel mit dem Geschwisterkind Urlaub zu machen. In der Regel kommt aber immer die ganze Familie zu uns.

Ob Neugeborene, Frühgeburten (unser kleinster Gast wog 1200 Gramm) oder Teenager – unser Haus steht jedem Kind, jedem Jugendlichen und seit April 2010 auch jungen Erwachsenen bis zu 27 Jahren mit jeglicher lebensbegrenzenden Erkrankung offen. Es zeigte sich schon nach den ersten Wochen, dass dieser Gedanke richtig war.

Mit einem Hirntumor kam der kleine Christian zu uns. Zwei Jahre Schmerzen, Leid und Angst lagen hinter dem Vierjährigen, als er mit seinen Eltern bei uns eintraf. Sie waren an ihre Grenzen gekommen, psychisch und pflegerisch.

Christian hatte Schmerzen. Die Magensonde musste erneuert werden. Einen ambulanten Kinder-Pflegedienst gab es in seiner Heimatstadt zu diesem Zeitpunkt nicht. In eine Kinderklinik wollten die Eltern nicht mehr. Ein langes Telefongespräch konnte sie dann bewegen, zu uns zu kommen.

Was erwartet sie bei uns? Zunächst begegneten uns die Eltern zurückhaltend, als sie mit Christian von einem Rettungswagen gebracht wurden. Ein kleiner, blasser, schwer kranker und zerbrechlich wirkender Junge wurde vorsichtig bei uns ins Bettchen gelegt. Sofort sahen wir alle: Dieses Kind war am Lebensende.

Er konnte seine Umgebung nur noch bedingt wahrnehmen, reagierte kaum. Seine Mutter und sein Vater waren bis zur Selbstaufgabe mit all ihrer Liebe um ihn, und das bemerkte er sehr wohl. Nur langsam nahmen die Eltern die Hilfsangebote der Schwestern an, ihnen wenigstens einen Teil der Pflege abnehmen zu dürfen. Nach einer guten Woche hatten sie Vertrauen. Sie fingen an, Fahrrad zu fahren, essen zu gehen oder auf der Terrasse lange Gespräche mit unserem Trauerbegleiter oder einem anderen Menschen der Sternenbrücke zu führen.

Was wird sein, wenn …? Gedanken, Ängste, Wünsche, Vorstellungen, Hoffnungen und Möglichkeiten wurden in Ruhe besprochen. Immer wieder. Christian hatte in Kürze Geburtstag. Würde er diesen Tag noch erleben? Es war ein so großer Wunsch des Vaters. Und er hat es geschafft. In seiner Geburtstagsnacht dekorierten die Nachtschwestern liebevoll heimlich sein Zimmer mit Luftballons und Girlanden. Als die Eltern morgens das Zimmer betraten, waren sie gerührt vor Freude. Die Mutter hatte mit unseren »Küchenfeen« in der Elternküche emsig Geburtstagskuchen gebacken.

Es gab eine richtige Geburtstagskaffeetafel. Alle Menschen in der Sternenbrücke sangen zusammen Geburtstags- und Kinderlieder für »unseren« Christian. So manche Stimme versagte, wenn wir Christian ansahen, denn auch wir sind nur Menschen.

Eine Woche später ist Christian sanft und schmerzfrei in den Armen seiner Eltern eingeschlafen. Schwestern und Pfleger waren immer um ihn. Seine Eltern blieben nie isoliert und allein, es sei denn, sie hatten es ausdrücklich gewünscht.

Christian wurde zwei Tage im Abschiedsraum aufgebahrt, und alle haben Abschied genommen: mit einem Lied, einer Geschichte oder einem Gebet. Die Eltern haben entschieden, wann sie Christian in fremde Hände, in die des Bestatters, geben können. Bis zuletzt waren wir an ihrer Seite.

Als die Eltern nach Hause fuhren, sagte mir der Vater: »Ihr alle seid für uns wie eine zweite Familie geworden – alleine hätten wir es nicht geschafft. Danke für dieses Haus und diese Menschen.«

Wir alle sind dankbar, dass wir diese Familie kennenlernen durften. Bis zu Christians Beerdigung standen wir in Kontakt mit den Eltern. Die Anwesenheit bei seiner Beerdigung war ein letzter Gruß von uns.

Es war ein Geschenk von Christian an uns, das allen gezeigt hat: Wir tun das Richtige. Das ist Kinder-Hospizarbeit: Familien in Ruhe und Würde begleiten zu dürfen.

Schon kurz darauf, am 2. Oktober 2003, haben wir unseren sechs Monate alten kleinen Ciprian verloren. Die ganze Familie aus dem damaligen Jugoslawien hat mit über dreißig Personen von ihm Abschied genommen. Rituale, die in Roma-Familien üblich sind, konnten in unserem Abschiedsraum zelebriert werden. Trotz sprachlicher Schwierigkeiten war eine Verständigung möglich, und die Eltern waren dankbar, dass wir ihre Wünsche respektiert haben. Bis zur Beerdigung wurde unser bis dahin kleinster Gast von unserem Trauerbegleiter, dem Pflegepersonal und mir begleitet.

Ein Bogen aus Farben,
an jedem Ende ein Stern,
eine Verbindung von der Erde,
an einen Ort, der so fern.

Getragen von Menschen,
die ein Netz gespannt,
wissend von dem Leid,
das vorher niemand gekannt.

☆ Die jüngsten Gäste

Viele unserer kleinen Gäste kommen direkt von Kinder-Intensivstationen zu uns. Manchmal Säuglinge, die, kaum geboren, nur wenig Lebenszeit geschenkt bekommen.

Alle Mitarbeiter in unserem Haus werden auf unterschiedlichste Weise von den Schicksalen unserer kleinen Gäste berührt. Eine unserer Küchenfeen stand an der Spüle und goss zögerlich Muttermilch aus einer kleinen Flasche hinein. Sie weinte. Ein Säugling war bei uns verstorben. Die Mutter hatte immer ihre Milch abgepumpt und sie in der Küche in den Kühlschrank gestellt. Das Kind konnte nur noch kleine Mengen zu sich nehmen, aber das bis zum letzten Lebenstag. Ganz wichtig für eine Mutter, denn es ist oft nur noch das Einzige, was sie für ihr Kind tun kann.

Eine Flasche hatten wir mit in den Sarg des Babys gelegt, und diese letzte Flasche mit der Muttermilch stand noch im Kühlschrank. Sie auszugießen hatte etwas Endgültiges. Es stand ein kleines Leben dahinter. Unsere Mitarbeiterin trug es schwer in ihrem Herzen.

Eine zunächst ungeplante neue Aufgabe wurde an uns herangetragen: die Aufnahme eines zu früh geborenen Kindes. 1 200 Gramm schwer. Unser jüngster und kleinster Gast.

Mein erster Gedanke galt den Eltern. In welcher Situation befanden sie sich? In freudiger Erwartung wird das Kinderzimmer zu Hause vorbereitet worden sein. In großer Sorge um ihr ungeborenes Kind wird es eine Situation gegeben haben, die sie in die Klinik fahren ließ. Es kam zur vorzeitigen Geburt. Intensivstation. Angst beherrschte sie. Der Kampf um das Leben ihres Kindes. Kein richtiges Kuscheln, kein Stillen. Kein freudiges Nachhausekommen. Kein in die Wiege legen, glücklich das Kind beim Schlafen betrachten, mit dem Kinderwagen spazieren fahren. Nur Angst. Innerhalb weniger Stunden war alles anders. Und dann die Nachricht: »Wir können für Ihr Kind nichts mehr tun.«

Sie verlieren ihr Kind, ohne vielleicht auch nur die Stimme gehört zu haben. Kein Lachen, keine gemeinsamen Erinnerungen. Der Kinderwagen, die Wiege stehen verwaist.

Wir versuchen, wenn möglich, Erinnerungen zu schaffen. Behütet von den Pflegekräften, werden die Eltern angeleitet, ihr Kind zu wickeln, zu pflegen, zu stillen, soweit möglich. Der Kinderwagen wird von zu Hause geholt. Kleine Spaziergänge, vielleicht zehn Minuten lang, gewärmt von Schaffellen, Kirschkernkissen und Wärmflaschen, denn die kleinen Frühgeburten können die Temperatur nicht halten. Kuscheln unter dem Pullover mit dem Vater. Schlaflieder singen. Und Fotos. Immer wieder Bilder in allen Lebenssituationen. Kleine, kurze Erinnerungen. Aber Erinnerungen.

Als dieses kleine Wesen sein Leben verlor, wurde uns deutlich, dass ein Sarg nicht stimmig war. Ich wusste aber, dass es eine andere Möglichkeit gab. So wurde uns ein Weidenkörbchen gebracht. Da man es nicht bemalen kann, nahmen wir bunte, breite Schleifenbänder, die die Eltern beschrieben und dann das Körbchen damit zierten. Ein kleines Kreuz oder auch Schmetterlinge wurden obenauf gesetzt. Gemeinsame

Bilder, eine Spieluhr und eine Flasche mit hineingegeben. Alles bei uns war zu groß für diesen winzig kleinen Gast. Jedoch wurden immer Wege gefunden. Die Eltern hatten die Möglichkeit, ihre Trauer mit Erinnerungen zu füllen, ein Fotoalbum liebevoll anzulegen und eine Kerze vor einem gemeinsamen Bild zu Hause aufzustellen. Sie hatten nun zusammen gelebt – eine kleine Zeit.

Kinder-Hospizarbeit in einer Weise, die neue Wege geht – inzwischen haben wir schon einige ganz kleine Gäste gehabt und uns darauf eingestellt. Durch die Hilfe einer wunderbaren Spende besitzen wir nun ein Wärmebettchen und Wärmestrahler. Unsere Söckchen für die kleinen Füßchen gehen nicht mehr bis zum Oberschenkel, unsere Mützchen müssen keinen Knoten mehr bekommen, damit sie nicht über die Äuglein rutschen. Dafür sorgen strickbegeisterte Frauen, die uns diese wichtigen Dinge herstellen und spenden.

Jeder im Haus ist in seinem Arbeitsbereich vom Tod unserer Kinder berührt. Auch die Reinigungskräfte stellen sich täglich diesen Situationen. Sie müssen in jedes Zimmer gehen, sehen jedes kranke Kind, wischen um jedes Bettchen herum. Wir müssen darauf achtgeben und sie in die Trauerarbeit mit einbeziehen. In der Klinik achtete kaum jemand darauf.

Jedes Kind, das zu uns kommt, hat seine eigene Geschichte, ein eigenes persönliches Schicksal. Jeder, der sein Zimmer betritt, muss dieses Schicksal ein kleines bisschen annehmen.

Ein gemeinsamer Weg
für Groß und Klein,
so wird nie einer alleine sein.
Immer eine Hand an der Seite spüren,
dann können alle miteinander
ein würdevolles Leben führen.

☆ Partnerschaftlich – von Anfang an

Die ersten unsicheren Anrufe betroffener Eltern, die ersten zaghaften Schritte, die ersten Kontakte zu uns sind immer eine neue Herausforderung für uns alle. Mit vielen Eltern musste ich lange, intensive Gespräche führen, um ihnen die Angst zu nehmen, zu uns zu kommen. Die Annahme korrigieren, dass sie erst an den unmittelbar letzten Lebenstagen kommen könnten. Erklären, dass es hilfreich für sie sein würde, schon nach der Diagnosestellung den Weg zu uns zu finden. Entlastungspausen in der langen Zeit der Pflege ihres Kindes zu nutzen, um sie zu Hause weiterhin gut leisten zu können. Bei uns etwas über Möglichkeiten der Unterstützung zu erfahren. Probleme zu besprechen, die sich in der Partnerschaft und bei den Geschwisterkindern durch die veränderte Lebenssituation auftun, und gemeinsame Lösungen zu suchen. In Notsituationen einen Ansprechpartner zu haben.

Besonders wichtig aber ist uns, dass wir das Kind schon früh kennenlernen und dadurch zu vertrauten Personen in einem bekannten Umfeld werden. Wir möchten einen Ort schaffen, an dem das Kind sich wohlfühlt, um dann später, am Lebensende, mit den Eltern nah bei ihm sein zu können.

Heute sind diese Gespräche die Aufgabe der Brücken-schwestern und der Mitarbeiter, die die Anmeldungen der Familien entgegennehmen. Weitere Mitarbeiter, die sich in Voll- und Teilzeit in die Arbeit der Sternenbrücke einbringen, sind: dreißig Gesundheits- und Kinderkrankenpflegerinnen und Krankenpflegekräfte, Kinderärzte (Schmerztherapeuten), Sozialpädagogen, Erzieher, Trauerbegleiter, Mitarbeiter im Büro, ein Koordinator für die ehrenamtlichen Mitarbeiter, die Öffentlichkeitsarbeit, Mitarbeiter in der Küche und im Bereich der Hauswirtschaft. Sie werden unterstützt von den sechzig ehrenamtlichen Mitarbeitern, die uns in allen Bereichen hilfreich zur Seite stehen, den Mitarbeitern der Akademie und des ambulanten Kinder-Hospiz-Pflegedienstes.

Oft waren die Eltern überrascht, wenn sie dann zu uns kamen. Viele erwarteten eine stille, bedrückende Atmosphäre, doch sie erlebten das Gegenteil. Kinder und Eltern spielten in ihren Zimmern, den Gängen oder im Garten. Sie hörten Musik, sangen, lachten. Mithilfe einer guten Schmerztherapie ist das die Lebensqualität, die Kinder dann erfahren.

Der Begriff Kinder-Hospiz wird häufig fehlinterpretiert. In ein Hospiz gehen für gewöhnlich erwachsene Menschen am Lebensende. Wenn Eltern zu uns kommen, berichten sie oft, wie erschüttert ihr Umfeld zunächst darauf reagiert hatte, wenn es erfuhr, dass sie in ein Kinder-Hospiz gingen. Freunde und Verwandte äußerten dann oft: »O nein. Ist es jetzt so weit?«

»Nein, es ist zur Entlastung. Wir müssen ein bisschen durchatmen, einige Tage Kraft sammeln.«

Zu Beginn boten wir sogar »Schnupperwochenenden« an. Wir wollten den Eltern dadurch ermöglichen, sich langsam unserem Haus zu nähern. Viele Familien nutzten dieses Angebot. Einige Kinder wollten gleich bei uns bleiben, was die Eltern immer wieder sprachlos machte.

»Hier ist es so schön. Mutti, hier geht's mir bestimmt gut. Wollen wir nicht bleiben?«, oder: »Hier drinnen scheint sogar die Sonne, wenn es draußen regnet.«

Ein guter Anfang. Allerdings kamen zusehends Familien aus dem gesamten Bundesgebiet zu uns. Erschöpft kamen sie nach vielen Stunden Anreise bei uns an. Die erkrankten Kinder benötigten zwei bis drei Tage, um sich einzugewöhnen, anzukommen. Auch die Eltern und Geschwister brauchten etwas Zeit, bevor die Phase des Kraftschöpfens und Wohlfühlens beginnen konnte. Somit war ein Wochenende zu kurz. Deshalb bieten wir heute nur noch Wochenaufenthalte an.

Weihnachtszauber

Wie richtig sich dieser Platz, den wir mit vereinten Kräften erschaffen hatten, für mich bis heute anfühlt! Wie ich schon nach wenigen Wochen spürte, dass sich die unendlich vielen Gedanken gelohnt hatten. Viele Familien waren in den wenigen Monaten nach der Eröffnung zu uns gekommen, und wir erlebten nun umfangreich die gesamte Lebenssituation der Betroffenen. Jetzt weihnachtete es, und dieses besondere und oft emotionstragende Fest würde zu einer großen Herausforderung für uns alle werden. Für mich waren viele Fragen offen. Weihnachten, das Fest der Liebe, aber auch für Familien mit schwerst erkrankten Kindern das Fest der Isolation, der Einsamkeit und vielleicht der Frage: Wird es das letzte Weihnachtsfest mit unserem Kind sein?

Ich stellte mir die Frage, ob betroffene Eltern unser Haus in dieser Zeit auch annehmen werden? Finden sie den Weg zu uns, oder werden wir über Weihnachten geschlossen haben und nur für den Notfall einen Bereitschaftsdienst einrichten?

Ich wusste es nicht, wollte abwarten und sehen, ob es Anmeldungen geben würde.

Als die Adventszeit begann, wurde unser Haus liebevoll geschmückt. Es war schön zu sehen, wie ehrenamtliche und hauptamtliche Mitarbeiter, Erzieher und Eltern bastelten und backten. Der Duft von frischen Tannenzweigen und Plätzchen suchte seinen Weg durch das ganze Haus.

Viele kleine Lichter und Tannengirlanden, ein dicker Schneemann inmitten einer Winterlandschaft, ein Schlitten mit Päckchen und ein mit Schal und Wollmütze warm bekleideter Teddybär empfingen jeden, der dieses Haus betrat. Der lange Flur mit unzähligen Sternen an der Decke und putzigen Fensterbildern, die uns gespendet wurden, ließen nun keine Zweifel mehr: Weihnachten stand vor der Tür.

Wir schmückten jedes Zimmer und die großen Speiseräume mit großen Tannengirlanden, und in der Halle stand eine Krippe zum Anfassen. Der Kaminraum strahlte Ruhe und Wärme aus. Gern saßen dort die Eltern mit ihren Kindern bei Kerzenschein, spielten und bastelten. Auf jedem Tisch standen Teller mit Keksen und Mandarinen. In allen Zimmern hatten wir Knusperhäuschen zum Knabbern, die auch gespendet waren.

Und dann kamen die ersten Anmeldungen von Familien, die das Weihnachtsfest bei uns verbringen wollten. Es freute mich sehr, aber es forderte mich auch heraus. Wie sollte ein Weihnachtsfest sein, das ihnen entsprechen würde? Wir alle wollten ihnen so gern eine große Freude machen. Sie würden müde und sicher auch nachdenklich oder traurig bei uns ankommen.

Ich wusste aus vielen Gesprächen, dass die Eltern sich den zusätzlichen Aufgaben zu Weihnachten nicht mehr gewachsen fühlten. Der Alltag kostete sie schon jetzt alle Energie. Das Zuhause schmücken, backen, der Gedanke an Geschenke, das Weihnachtsessen, der Tannenbaum – sie hatten kaum mehr Kraft dafür. Aber es war Weihnachten, und die Geschwister sollten es mit dem erkrankten Geschwisterkind doch auch schön haben. Trotz alledem. Viele Eltern erzählen, dass ihre Trauer, besonders in der Weihnachtszeit, oft übermächtig wird und die Angst …

Wir wussten um all diese Gedanken und würden ihnen Raum und Zeit schenken, Freude, Erinnerungen und ein schönes, liebevoll gestaltetes Weihnachtsfest, das sie genießen sollten. Gemeinsam und in Ruhe.

Es waren viele Spender und fleißige Hände, die uns in dieser festlichen Zeit dabei unterstützten. Wir wurden mit so vielen selbst gebastelten Adventskalendern, Süßigkeiten und Weihnachtsgeschenken für die Familien bedacht, dass es uns sprachlos machte.

Die im wahrsten Sinne des Wortes größte Überraschung lieferte uns ein Schokoladenkonzern. Mit einem Lkw traf ein Weihnachtsmann aus zentimeterdicker Schokolade ein. Was für ein Jauchzen und Jubeln gab es im Haus! Der Weihnachtsmann war so groß, dass die Kinder sich sogar darin verstecken konnten. Sie rückten mit Gabeln und Löffeln an, doch schon nach kurzer Zeit merkten sie, dass sie mit normalem Besteck nichts ausrichten konnten. Wir mussten den Weihnachtsmann mit »schwerem Gerät« aufbrechen. Überall gab es dunkle Schokoladenspuren und nichts im Haus, das nach dieser Schokoladenparty nicht klebte – einschließlich der strahlenden Kinder.

Unseren Familien war der schiere Unglaube in die Gesichter geschrieben. Sie konnten nicht fassen, dass so viele Menschen ihnen etwas Gutes tun wollten.

»Wie können wir bei allen Danke sagen, wenn wir doch niemanden kennen?«, fragte mich eine Mutter.

»Ich habe das Gefühl, das Wort ›allein‹ gibt es hier nicht. Dass wir so viel Menschlichkeit erleben dürfen.«

Der vierte Advent kam und mit ihm drei wunderschöne Engel, die Weihnachtsgeschichten und Lieder vortrugen, während unsere Gäste in einer Kaffeestunde Ruhe und Entspannung fanden. Währenddessen bastelte unser achtjähriger Stefan, im Rollstuhl sitzend, mit seiner Mutter an einer goldenen Kette für unseren Weihnachtsbaum. Mühsam klebte er die Goldstreifen zusammen, denn seine Erkrankung schränkte seine Feinmotorik schon sehr ein. Den Wunschzettel hatte er bei uns zusammen mit den Schwestern schon geschrieben und – ganz wichtig – selbst zum Briefkasten gebracht. Ob der Weihnachtsmann ihn in der Sternenbrücke wohl fand am Heiligabend?

Beim Nikolaus hatte es geklappt. Sein Stiefel, der vor der Zimmertür stand, war reichlich gefüllt worden, und eine große Überraschung wartete noch auf ihn. Eine Wunscherfüllung! Eine ICE-Fahrt zu einem Weihnachtsmarkt und vielleicht ein Treffen mit dem Weihnachtsmann, das war Stefans großer Wunsch gewesen. Die Freude darauf berührte uns alle sehr. Stefan zählte die Stunden, und nicht nur seine Mutter war sehr aufgeregt, sondern wir alle mit. Doch wir sorgten uns, ob es nicht zu anstrengend für ihn würde, denn er hatte manchmal Atemprobleme.

Dann kam der große Tag. Eine Kinderkrankenschwester begleitete Stefan und seine Mutter, gut gerüstet mit Medikamenten. Dr. Pothmann war die ganze Zeit über das Handy erreichbar. Dörte Guldbransen von der *Aktion Kindertraum* machte den Ausflug möglich. Sie ist selbst Krankenschwester.

Wie gern wäre ich mitgefahren, um seine großen Augen und den offenen Mund zu sehen, den er immer zeigte, wenn er sich freute. Es war ein unbeschreiblicher Tag für Stefan. Er hat sogar im Rollstuhl mit dem Weihnachtsmann getanzt, der ihm auf dem Weihnachtsmarkt begegnete, berichtete er strahlend hinterher.

»Ich habe ihn gefragt, ob ich bei ihm in die Lehre gehen darf, wenn ich im Himmel bin, um ihm Weihnachten immer zu helfen, und ich darf. Toll, oder?«

Ja, kleiner Stefan, wie gut, dass du diese für dich so wichtige Frage gestellt hast. Den Weihnachtsmann und uns alle hat diese Frage sehr berührt.

Egal, wie schön wir das Umfeld dieser Familien gestalten und welche Wünsche wir erfüllen – diese einzelnen, spontan gesprochenen Sätze lassen mich nie meine Aufgabe vergessen.

Die Anmeldungen für Weihnachten und Silvester wurden immer zahlreicher. Sie kamen fast alle auf einmal. Wir würden voll belegt sein. Der Tannenbaum wurde im Kaminraum geschmückt. Gemeinsam mit allen Familien, den Mitarbeitern aus der Hauswirtschaft und mir. Die Kerzen auf den Adventsgestecken brannten, wir hörten dabei Weihnachtslieder. Auch die erkrankten Kinder halfen mit, so gut sie es noch konnten. Ein wunderschöner Nachmittag, auf den ich mich jedes Jahr sehr freue.

Die Kinder halfen sich gegenseitig, wenn die kleinen Händchen nicht mehr so wollten, und die Erwachsenen unterstützten.

Stefan hängte stolz seine goldene Kette in den Baum. Jetzt konnte er noch einmal kommen – der Weihnachtsmann.

Am Morgen des Heiligabends gab es einen Ausflug zu einem kleinen Wildpark in unserer Nähe. Die Tiere sollten beschert werden. Im Herbst hatten die Kinder schon Eicheln und Kastanien dafür gesammelt. Ein Ritual, das ich von meinem Vater kannte.

Er ist jeden Weihnachtsmorgen mit unserem Sohn in den Hamburger Tierpark Hagenbeck gefahren, um dort die Tiere zu bescheren. Dieses Ritual fand ich so schön, dass ich es in der Sternenbrücke einführte. Die Kinder waren begeistert.

Am Nachmittag des Heiligabends hielt Uwe Sanneck eine kleine Weihnachtsandacht. Zwei Gitarristen spielten, es wurden Weihnachtslieder gesungen. Im Kaminraum saßen alle zusammen, die Eltern, die Geschwister, die Kinder im Bett und im Rollstuhl. Und dann kam er – der Weihnachtsmann.

Beladen mit vielen Paketen, von Spendern für die Kinder abgegeben und von haupt- und ehrenamtlichen Mitarbeitern liebevoll verpackt. Mit viel Zuwendung wurden unsere Familien von dem Weihnachtsmann beschert.

Wie schwer war die Auswahl der Geschenke gefallen, denn einige Kinder konnten wir nur noch mit einer Wolldecke – vielleicht – eine Freude machen, da sie leider kaum noch etwas wahrnehmen konnten. Aber sie waren nicht allein. Bei einem gemütlichen Abendessen mit allen zusammen wurde es immer wieder deutlich: Das ist Weihnachten, wie es sein sollte. Wärme und Geborgenheit spüren, egal in welcher Lebenssituation jemand sich befindet.

Wir konnten es sehen und fühlen. Das Lächeln auf den Gesichtern der Eltern, die oft so viel weinten, die Geschwister, die wieder spielten und tobten, zusammen mit ihren Eltern etwas unternahmen. Es war mehr Zeit für sie da, weil wir die erkrankten Geschwister pflegten und ihre Eltern einmal Pause hatten.

Über Weihnachten ist das Spielangebot der ehrenamtlichen Mitarbeiter und Pädagogen mit Freude angenommen worden. Es wurden Ausflüge gemacht, gespielt, gebastelt und vorgelesen.

Für Silvester wurde alles geschmückt, die Kindergesichter geschminkt und Blei gegossen. Selbst die Schwestern und Pfleger blieben nach ihrem Dienst dort, um diese Familien zu erleben. Zu erleben, wie sie Ruhe, Besinnlichkeit und Freude wiederentdeckten, für die schwere Zeit Kraft schöpften, die kommen würde, und so gemeinsam eine schöne Zeit verbrachten, die irgendwann Erinnerung sein würde.

Viele Familien meldeten sich gleich für das nächste Jahr wieder an. Ich war glücklich, nach dieser großen Herausforderung ein so besinnliches Fest das erste Mal gemeinsam mit den Mitarbeitern bei uns ausgerichtet zu haben.

»Man darf gar nicht sagen, wie schön es hier ist, sonst ist nächstes Mal kein Platz mehr für uns«, sagte mir ein Vater zum Abschied, und ich hatte dabei einen Kloß im Hals.

Dieses schöne Fest war nur möglich geworden durch einen großen Einsatz aller Mitarbeiter im Haus und durch die vielen Spender, die unsere Arbeit unterstützten. Von den Tannenbaumkugeln bis zu einem schönen Weihnachtsessen für die Familien haben sich viele Menschen für die Sternenbrücke engagiert. Ohne sie würde das alles nie so möglich sein.

Gemeinsam – was dieses Wort bedeutet, erfahren wir in solchen Momenten der Dankbarkeit betroffener Familien.

Ich musste an einen Spender denken, der sich am Telefon mit den Worten meldete: »Hier ist die Außenstelle Sternenbrücke. Hallo, Frau Nerge. Wir haben wieder gesammelt.«

Tiefe Dankbarkeit spüre ich dann immer in mir.

Ja, um die Sternenbrücke herum zeigen Menschen mit großem Einsatz, wie gern sie uns helfen. Sie arbeiten uns tatsächlich zu, damit wir im Haus diese sensible Arbeit leisten können. Wie wunderbar es Hand in Hand funktioniert. Hoffentlich wird es immer weiter so sein.

Die Stille der Nacht hat mir Zeit gegeben,
und ich habe nachgedacht.
Das Weihnachtsfest wird nun anders für mich werden,
du im Himmel und ich auf Erden.

Der Stern auf meinem Weihnachtsbaum
hat nun eine andere Bedeutung für mich,
lässt mich in Erinnerung an dich denken,
fast wie ein Traum.

Der kleine Stern am Himmel
macht mein Herz weit und offen
und lässt – vielleicht –
auf ein Wiedersehen hoffen.

Weihnachten ist eine schöne Zeit.
Ihr Sternchen am Himmel, macht euch bereit.
Leuchtet für uns um die Wette,
schafft eine Verbindung zur Erde – wie eine Lichterkette.

Ein Engel aus Stein

Mit jedem Gast, ob groß oder klein, sammelten wir weitere Erfahrungen in dem Umgang mit dieser sensiblen und schweren Zeit der Familien. Erfahrungen, die uns zeigten, welche Hilfe benötigt wurde und welche Hilfe noch gegeben werden sollte. Ich verstand all diese Erkenntnisse als einen Ansporn dazu, niemals stehen zu bleiben, sondern all unsere Erfahrungen als ein kostbares Gut zu betrachten und daran zu wachsen.

Wenn ein Kind leise in der Sternenbrücke geht, hinterlässt es Schmerz, Verzweiflung und unendliche Leere im Herzen der Eltern. Die Zeit des Hoffens, Bangens und der großen Angst vor dem Ende, die Zeit emsigen Tuns und des immer um das Kind Seins lässt sie nach dem Verlust in ein großes Loch der Ruhe fallen. Nur hoffnungslose Trauer umgibt sie.

Unsere Aufgabe besteht darin, ihren Blick auf die andere Seite zu lenken, wenn ihre Trauer sie mitreißt und sie nicht wissen, wie sie mit diesem Schmerz leben sollen. Sie stehen wie am Ufer eines Flusses, auf dessen anderer Seite sie ein Leben in wehmütiger Erinnerung erwartet, mit wachsendem Mut voranzugehen, um wieder Lebensqualität zu erfahren. Doch dort führt noch keine Brücke hinüber. Sie muss erst gebaut werden. Eine Brücke aus Vertrauen zu Menschen an ihrer Seite, die ihre Trauer, Verzweiflung und Tränen aushalten können. Rituale zu Hause gehören dazu, wie zum Beispiel zweimal am Tag zum Grab des Kindes zu gehen, eine Kerze vor dem Bild des Kindes anzuzünden, im Bett des Kindes zu schlafen und vielleicht noch einen Hauch des Körperduftes wahrzunehmen.

Im Kinder-Hospiz haben viele Menschen sie umgeben, die ihnen und ihrem Kind Wärme und Geborgenheit geschenkt haben. Ein geschützter Raum, in dem die Eltern ihren Kummer nicht verstecken mussten, wo Geschwister Fragen und Ängste äußern konnten. Nach dem Verlust ihres Kindes kommen Väter, Mütter und Geschwisterkinder nach Hause zurück in ein Umfeld, das manchmal nur schwer Zugang zu ihnen findet, in dem sie oft Isolation erfahren und in dem das ständige Wiederholen von vergangenen Situationen aus der gemeinsamen Zeit mit ihrem Kind nur schwer ertragen wird.

Der Kontakt zu den Menschen in der Sternenbrücke über den Moment des Verlustes hinaus ist ein Baustein dieser Brücke zurück ins Leben.

Die Trauerbegleiter und ich führten in Gemeinsamkeit mit den Eltern unendlich viele Gespräche über das Erlebte, über das Füllen der entstandenen Leere und erinnerten uns gemeinsam mit ihnen an ihre Kinder. Das Kinder-Hospiz wurde für sie zu einem Ort sehr intensiver Erinnerungen.

Ich wollte, dass diese Erinnerungen einen Platz bekommen. So entstand der Garten der Erinnerungen.

Vor dem Garten steht eine Sandsteinstele mit einem ewigen Licht, das im Andenken an alle verstorbenen Kinder dieser Welt immer brennt. Briefe, Gedichte, Bilder und Zeichnungen von den Familien im Andenken an den verstorbenen jungen Menschen haben einen festen Ort bekommen. Ein aus

Sandstein gestalteter »Briefkasten der Erinnerung« bewahrt sie. Die Symbolik all dieser Dinge war mir sehr wichtig.

Das Herzstück aber ist der Garten der Erinnerung – ein Garten in Herzform, in dem ein spiralförmiger Weg in Blau, der Farbe für die Eltern, und in Gelb, der Farbe für die Kinder, ihren gemeinsamen Lebensweg symbolisiert. Die Lebenswege sind mal näher zusammen, mal weiter auseinander. So wie das Leben von Eltern mit ihren Kindern verläuft. Der gelbe Weg der Kinder ist länger und führt direkt bis an einen Brunnen in der Mitte des Gartens. Auf dem Boden des Brunnens liegt ein Spiegel, in dem sich der Himmel spiegelt, der weitere Weg der Kinder. Die Architektin Alexandra Czerna hat diesen Garten ehrenamtlich zusammen mit mir entworfen.

Mein großer Wunsch für den Garten war ein Engel, der über die Erinnerungen an die Kinder wachen sollte. Häufig, wenn ich aus der Sternenbrücke nach Hause fuhr, sah ich in einem Nachbardorf eine Menge Statuen und Figuren bei einem Steinbildhauer stehen. Zebras, Elefanten, Grabsteine, Kreuze und andere Figuren.

Ich wusste inzwischen, dass es einen Unterschied zwischen einem Steinbildhauer und einem Steinmetz gab. Für die meisten Menschen und auch für mich war das zunächst das Gleiche. Doch der Steinbildhauer hat sein Handwerk studiert und arbeitet figürlich, künstlerisch. Ich wollte den Engel von einem Steinbildhauer gestalten lassen.

Eines Tages hielt ich an und ging zu ihm, um zu erfahren, ob dieser Steinbildhauer auch große Statuen gestalten konnte. Er erzählte mir, dass er von der Sternenbrücke zuvor noch nie etwas gehört hatte, doch dass eine Stunde vorher eine Familie bei ihm gewesen war, die die Beerdigung ihres verstorbenen Familienangehörigen zugunsten der Sternenbrücke ausrichten wollte. Sie wollten anstelle von Kranz- und Blumengebinden um eine Spende für das Kinder-Hospiz bei Freunden und Familie bitten und hatten die Traueranzeige auch so verfasst.

»Und jetzt sitzen Sie vor mir. Das ist jetzt schon etwas Besonderes.«

Ich saß in seiner Steinwerkstatt, erzählte von der Sternenbrücke und schilderte ihm meinen Wunsch. In unzähligen Gesprächen hatten mir die Kinder genau beschrieben, wie ein Engel aussehen müsste.

Er sollte keine ordentlichen Locken haben, denn wenn ein Engel durch den Wind fliegt, dann kann er keine ordentlichen Haare haben. Der Engel sollte auch nicht zu alt sein, denn ein alter Engel kann vielleicht nicht mehr so gut helfen. Die älteren Kinder wollten, dass der Engel auch nett anzuschauen ist, dass er ein bisschen Figur hat, aber keinen Heiligenschein. Einen Heiligenschein verstehen die Kinder nicht, er ist zu abstrakt. Sie wollen einen Engel zum Anfassen. Er sollte richtige Augen haben, nicht so tot und kalt wie die Statuen auf Friedhöfen. Sie machen den Kindern Angst; sie finden diese Augen sogar gruselig. Sie wünschten sich auch, dass der Engel etwas Schönes im Haar haben sollte.

Ich schlug Veilchen vor, der Steinbildhauer Andreas Boldt dachte eher an Margeriten. Und richtige Augen widersprächen eigentlich der Kunst eines Bildhauers.

Viele Kinder sagten, dass der Engel warme Hände haben sollte. Als ich Andreas Boldt das erzählte, unterbrach er mich: »Warme Hände. Aus Stein. Aha.« Er lächelte.

Dann begann er zu zeichnen – und er ist ein hervorragender Zeichner. Ich sagte ihm, dass ich es schön finden würde, wenn der Engel zwei Kinder beschützend in seinen Flügeln halten würde. Ein Mädchen und einen Jungen. Ein Kind sollte ein bisschen skeptisch gucken, das andere zugewandt. Die Kinder sollten zeitgemäß gekleidet sein. Mit ausgebeulten

Hosen, einer Kapuzenjacke oder einem Jogginganzug. Die Hände des Engels sollten sie liebevoll halten, denn das war es, was die Kinder unter »warmen Händen« verstanden.

Später erzählte Andreas Boldt mir, dass er seine Frau und seine beiden Kinder bat, für diese Statue Modell zu stehen, die er für uns fertigte.

Wir saßen stundenlang über den Zeichnungen. Es machte Spaß, mit ihm zu diskutieren. Er ist ein Künstler, er hatte seine Vorstellungen, und ich wusste, wie der Engel aussehen sollte, damit die Kinder ihn akzeptieren würden und er ihrer Fantasie entspräche. Er zeigte mir Bildbände, die wir alle durcharbeiteten. Wir diskutierten immer wieder über die Flügel, dann über das Gesicht und natürlich die Größe. Er durfte nicht zu groß sein. Er musste sich in den Garten der Erinnerung gut integrieren lassen.

Schließlich haben wir uns geeinigt.

»Jetzt«, dachte ich, »wird er einen Stein besorgen und dann – auf geht's.« Mit Hammer und Meißel.

Ich habe tiefen Respekt vor dem, was dann tatsächlich passierte. Ich sollte den Stein aussuchen. Es gibt unendlich viele unterschiedliche Gesteine. Marmor wollte ich nicht – zu glatt, zu kalt. Für ein Badezimmer zweckmäßig, nicht aber für eine Statue, die Liebe und Ruhe ausstrahlen sollte. Ich wollte einen gelblichen warmen Schimmer im Stein haben.

Andreas Boldt schlug mir immer wieder andere Gesteine vor. Schließlich entschied ich mich für einen Obernkirchner Sandstein, und es war eine gute Wahl. Ich spürte, wie das Künstlerherz des Steinbildhauers höher schlug, denn sich in den kreativen Prozess zur Gestaltung einer Statue zu begeben, diese Möglichkeit gibt es nicht so häufig.

Dann kam der Stein. Er war riesig, wog um die fünf Tonnen, und dann stellte der Steinbildhauer fest, dass er einen Metalleinschluss hatte und ungeeignet war. Auch der zweite Stein hatte einen Metalleinschluss, auch diesen musste er zurückbringen lassen. Erst der dritte Stein schien geeignet zu sein.

Der Engel wurde zunächst in Ton modelliert. Das Material bedeckte der Bildhauer immer wieder mit nassen Tüchern, damit es nicht austrocknete. Es war spannend, den Werdegang unseres Engels zu beobachten. Nach meinem Arbeitstag in der Sternenbrücke fuhr ich fast täglich in die Steinwerkstatt, um zuzusehen. An einigen Abenden blieb ich bis Mitternacht, so faszinierte mich diese Arbeit.

Andreas Boldt forderte mich immer wieder auf mitzumachen. Er erklärte, worauf man achten müsse. Wie Haare geformt werden. Ich wollte kleine, lange Rollen als Haarsträhnen aufsetzen und lernte dann, das Material wegzuarbeiten und die Strähnen stehen zu lassen.

Mit Freude sah ich, welche Wirkung es hatte. Wo wurden die Ohren angesetzt? Ich sah auf die Ohren von Andreas Boldt. Wo fangen Ohren an – wo hören sie auf? Wie formt man Augenbrauen in einer weichen Masse? Ohne dass die Augen zu tief sitzen? Viele Gedanken, die ich mir noch nie gemacht hatte.

Ich probierte es aus, doch es wurde ein sehr merkwürdiges Gesicht, und ich erkannte nicht, woran es lag. Alles war da – aber irgendwie falsch. Mit wenigen Handgriffen von Andreas Boldt stimmten die Proportionen. Faszinierend.

Als die Tonstatue in voller Größe fertig durchgetrocknet und wunderschön war, wurde sie gekippt, hingelegt und in Gips eingepackt. Vor mir lag eine große Mumie. Nun musste sie trocknen. Mit schwerem Gerät wurde der Engel nach draußen gebracht.

Als ich an einem der Abende wieder in seiner Werkstatt vorbeifuhr, guckten nur die Beine des Steinbildhauers aus dem Engel unten heraus. Er hatte nun von unten angefangen den Ton Stück für Stück innen aus der Gipsmumie zu entfernen, um eine Negativform zu bekommen. Die Gipsform war nun hohl und hatte innen die Form des Engels.

Dann schnitt er den Gips der Länge nach auf, sodass er zwei Schalen hatte, band sie mit Gurten wieder zusammen und brachte sie mit einem Seilzug in die Senkrechte. Anschließend goss er von oben langsam, damit keine Blasen entstehen, Gips in die Figur. Jetzt hatte er im Inneren der Form die Originalfigur aus Gips.

Nach mehreren Tagen entfernte Andreas Boldt ganz vorsichtig die zwei äußeren Schalen. Da stand er. Mein Engel. Haltbar – aber erst aus Gips. Und wunderschön.

Als Andreas Boldt mich anrief und mir verkündete, dass der richtige und geeignete Stein eingetroffen sei, freute ich mich: »Prima! Dann fangen Sie jetzt am richtigen Stein an?«

»O nein, Frau Nerge, das werde ich nicht tun, solange Sie nicht den ersten Schlag daran getan haben.«

Dieses Ritual war mir bislang unbekannt. Ich stand in meinem Büro, bekleidet mit Kostüm und Pumps, weil ich gerade zu einem Vortrag gehen wollte. Ich wusste aus all meinen Besuchen in seiner Steinwerkstatt, wie man aussieht, wenn man dort nur wenige Minuten verbracht hatte: weiß gepudert.

Doch er ließ sich nicht überreden. »Brauch ist Brauch, Frau Nerge.«

Also stand ich kurze Zeit später auf dem Hof seiner Steinwerkstatt. Andreas Boldt setzte mir eine große Brille auf, drückte mir ein paar Handschuhe und dann Hammer und Meißel in die Hand.

»So, geht los!«, sagte er. »Hauen Sie drauf.«

Ich probierte es und hinterließ nicht einmal einen Kratzer auf dem riesigen Stein.

Ich musste los, spürte schmerzhaft meine Schulter und hatte keine Idee, wie es mir gelingen sollte, aus diesem Stein ein Stück herauszuschlagen. Andreas Boldt zeigte mir, wie ich den Meißel ansetzen musste, und schließlich gelang es mir tatsächlich, unter großer Kraftanstrengung ein kleines Stück herauszuhauen. Dann eilte ich zu meinem Vortrag. Als ich den nächsten Abend wieder vorbeischaute, hatte Andreas Boldt schon angefangen, den Stein zu bearbeiten. »Hier drinnen ist Ihr Engel«, sagte er und klopfte auf den riesigen Stein: »Meine Aufgabe ist es jetzt, alles drumherum wegzuhauen, was nicht zum Engel gehört.«

Erst tat er das mit großen, groben Schlägen, und dann wurde seine Arbeit immer feiner. An einem Abend konnte ich sehen, wie oben aus dem Stein schon der Kopf und die Engelshaare sichtbar waren und unten noch ein großer Steinklotz stand. Dann sah ich den Jungen und das Mädchen herausgucken, und noch immer war unten nur der große Stein.

Ich fotografierte meinen Engel jeden Tag und dokumentierte sorgfältig die Entstehung. Ich spürte, wie mich diese Tätigkeit, so etwas aus Stein zu erschaffen, von Tag zu Tag mehr faszinierte. Eines Abends stand um den Gipsengel herum ein großes Holzgestell mit vielen Querverstrebungen. Ein Punktiergerät. Überall waren kleine Spitzen befestigt. Der Gipsengel war über und über mit kleinen roten Punkten markiert. Er sah aus, als hätte er Windpocken. Dieses Gerät half, punktgenau die Form des Gipsengels auf den Steinengel zu übertragen. Die höchste Stelle war die Nase, die nun von Tag zu Tag deutlicher zu sehen war, dann kamen die Ohren, das Haar.

Der Steinbildhauer hatte Bedenken, dem Engel so leichte Flügel zu geben, wie ich es so gern wollte, denn er befürchtete, sie könnten brechen, wenn Kinder hinaufkletterten.

Es musste sehr vieles bedacht werden.

Ich plante inzwischen die Eröffnung des Gartens, als er mich anrief. »Frau Nerge, es gibt ein Problem. Können Sie herkommen?«

Ich musste mich setzen, als er das sagte. Er war auf einen weiteren Metalleinschluss mitten im Gesicht des Engels gestoßen. Eine schwarze Linie verlief quer über das Gesicht. Andreas Boldt musste den gesamten Kopf ein Stück nach hinten versetzen. Material hatte er Gott sei Dank genug. Nur die Zeit lief uns langsam davon.

Viele Fragen gab es über die Figur zu diskutieren, immer wieder. Drei Monate dauerte die Gestaltung des Engels, und dann mussten noch die Form des Sockels und die Beschriftung erarbeitet werden.

Den Spruch, den ich mir für die Beschriftung ausgesucht hatte, ist von Jean Paul: »Die Erinnerung ist das einzige Paradies, aus dem wir nicht vertrieben werden können.«

Andreas Boldt hatte mich zwischenzeitlich in der Sternenbrücke besucht. Er schaute sich den angelegten Garten an, und ich erzählte ihm dabei sehr viel über das Haus, über die Eltern und über die Kinder.

Nun lernte er das Haus in seiner inhaltlichen Arbeit immer besser zu verstehen, und als wir in die Endphase gingen und der Termindruck immer stärker wurde, arbeitete er Tag und Nacht, denn inzwischen war dieser Engel auch für ihn zu einer Herzensangelegenheit geworden.

Dann kam der große Tag. Der Stein musste zu uns transportiert werden. Ich hatte große Sorge, dass irgendetwas passieren könnte. Wenn der Engel umkippen oder ein Flügel beschädigt würde – undenkbar. Ich fuhr in meinem Wagen hinterher und bangte bei jeder Kurve, die der Transporter passieren musste.

Andreas Boldt fuhr selbst, begleitet von seinem Mitarbeiter, der die ganze Zeit auch in der Werkstatt dabei war. Er war Steinmetz und sorgte nun mit dafür, dass unser Engel fachgerecht aufgestellt wurde.

In der Sternenbrücke standen alle am Zaun des Gartens und erwarteten uns schon. Ein Raunen ging durch die Anwesenden, als die Tür des Transporters aufging.

Viel hatte ich schon von dem Engel in der Sternenbrücke erzählt und Bilder aus der Entstehung gezeigt. Eine Spenderin hatte diesen lang gehegten Wunsch wahr gemacht. Auch sie war an diesem Tag bei uns.

An einem schweren Haken und mit einem Seilzug wurde der Engel vorsichtig an seinen Platz im Garten der Erinnerung gehoben. Er hatte alles gut überstanden und war vollkommen unbeschädigt angekommen. Nachdem Andreas Boldt ihn zentimetergenau ausgerichtet hatte, sah er mich an. Ich war so berührt von diesem Engel und dem Moment, dass mir Tränen über die Wangen liefen.

Der Steinbildhauer kam lachend und sichtbar erleichtert zu mir, nahm mich in den Arm und sagte: »Ich bin übrigens Andreas.«

Es war ein berührender Moment, als Andreas Boldt am 30. September 2005 zur Eröffnung des Gartens der Erinnerung den wunderschönen Engel aus Sandstein mit mir enthüllte. Er war fortan ein Teil der Sternenbrücke.

Vierundzwanzig Lampen wurden an diesem Nachmittag von den Familien für ihre verstorbenen Kinder aufgestellt. Die Kerzen wurden entzündet. Ein Bild jedes Kindes wurde mit einer Sonnenblume vor der Lampe niedergelegt. Jede Lampe hat die Form eines Pilzes. In ihrem Glas ist der Name des Kindes eingraviert.

Ein sehr sensibler Tag für alle Mitarbeiter in unserem Haus und für die Eltern, die bisher Gäste in der Sternenbrücke waren. Die Pflegekraft, die das Kind am Lebensende betreut hat, war an der Seite der Familie, um sie zu unterstützen. Annegrethe Stoltenberg hielt eine Andacht und sprach ein Gebet. Der bekannte Chor der *Alsterspatzen* sang zwei wunderschöne Lieder. Eines davon war der *Abendsegen* von Engelbert Humperdinck aus *Hänsel und Gretel*. Ein Lied, das ich sehr im Herzen trage:

»Abends wenn ich schlafen geh', vierzehn Englein um mich steh'n …«

In Hamburg wurde gerade das Musical *Mamma Mia* aufgeführt, und drei Sängerinnen aus dem Ensemble sangen, sichtlich bewegt, in Begleitung eines Pianisten das Lied *I have a dream*.

Ich saß auf der Terrasse mit den Eltern und beobachtete, wie sie nach einer gemeinsamen Kaffeestunde immer wieder in den kleinen Garten gingen, um still der Kinder zu gedenken.

Meine Hoffnung, der Erinnerungsgarten möge den Eltern helfen, auf dem Weg ihrer Trauer eine Gedenkstätte aufsuchen zu können, an dem Ort, wo ihr Kind seinen letzten Lebensweg gegangen ist, erfüllte sich.

Ich ging an diesem Abend wiederholt in den Abschiedsraum, in dem ein kleines Mädchen aufgebahrt war. Die Eltern hatten an den Feierlichkeiten teilgenommen. Zunächst wollten wir die Einweihung des Erinnerungsgartens durch den Tod des kleinen Mädchens verschieben, aber die Eltern baten darum, es nicht zu tun, da gerade das eine besondere Bedeutung für sie hatte. Sie hatten den Wunsch, noch an diesem Tag eine Lampe aufzustellen und ihr Licht anzuzünden. Wir haben dieses Ritual still in diesen besonderen Tag mit eingebunden.

Kurz darauf verloren wir noch zwei weitere Kinder. Zusammen mit den Eltern, ihre verstorbenen Kinder auf dem Arm, wurden nachts noch zwei Lampen entzündet. Sie legten die Hand ihrer Kinder auf die Lampe und erzählten ihnen, dass dieses Licht ihnen immer ein Ort sein würde, an dem sie ihnen ganz nahe sein würden. Eine Mutter legte die Arme um unseren Engel mit den Worten: »Passt du jetzt auf meine kleine Tochter auf?«

Wenn wir ein neues Licht aufstellen, brennen alle Kerzen im Erinnerungsgarten. Das neue Licht wird in ihrer Mitte aufgenommen. Wenn die Eltern es wünschen, ist das verstorbene Kind beim Stellen der Lampe dabei, ein Gebet wird gesprochen. Eine kleine Andacht gehalten.

Ein Lied wird gesungen:

> *Das wünsch' ich sehr,*
> *dass immer einer bei dir wär',*
> *der lacht und spricht:*
> *Fürchte dich nicht.*

Schon die ersten Wochen zeigten mir, wie dankbar die Familien dieses Ritual annahmen. Oft brennen abends einzelne Lampen und zeigen, dass jemand aus der Familie da war. Die Familien und Angehörigen haben jederzeit Zutritt in den Erinnerungsgarten. Eine Schneekugel, ein bemalter Stein, ein Bild oder frische Blumen liegen bei dem roten stillen Licht. Die Eltern rufen an, mit der Bitte zum Geburtstag oder Todestag des Kindes die Kerze zu entzünden, wenn sie selbst zu weit weg wohnen.

Die Steinwerkstatt

Die kreativen Diskussionen und Auseinandersetzungen mit dem Steinbildhauer beschäftigten mich auch noch nach der Fertigstellung des Engels. Er hatte nun seinen Platz im Garten gefunden und wurde schnell zu einem Teil der Sternenbrücke.

Ich hatte unglaublich viel gelernt. Das Arbeiten an Steinen übt bis heute eine Faszination auf mich aus. Etwas mit den eigenen Händen entstehen zu lassen, dieses Erlebnis wollte ich in Zukunft auch gern den Eltern anbieten.

In unserem Garten stand ein altes Häuschen, das wir eigentlich abreißen lassen wollten, doch immer konkreter hatte ich die Idee, daraus eine Steinwerkstatt für unsere Eltern zu machen.

»Könntest du dir vorstellen, diese Arbeit unseren Familien anzubieten?«, fragte ich Andreas Boldt.

Das Thema Tod war ihm nicht fremd. Er fertigte schon immer auch Grabsteine an. Nur der Tod von Kindern war etwas, das ihn immer sehr berührte, wie er sagte.

Steine spielen eine eigentlich positive Rolle in unserem Leben. Wir fassen sie an, tragen sie als Schmuck, sammeln sie am Strand, bauen unsere Häuser daraus. Nur der Stein am

Ende unseres Lebensweges findet keine Beachtung. Wir blenden diesen Gedanken aus. Warum ist das so, dass sich niemand damit beschäftigt, was später auf der eigenen Ruhestätte steht? Wir haben alles oder doch zumindest vieles in unserem Leben geregelt. Eine Hausrats-, eine Haftpflicht- oder Lebensversicherung, die Pflege im Alter. Wir haben über die Beerdigung, den Nachlass, oft auch über die Ruhestätte bestimmt. Aber über den Stein, der auf unserem Grab steht, macht sich kaum jemand Gedanken. Warum?

Weil uns ein ungutes Gefühl beschleicht? Wie schwer ist es für Angehörige, sich darum zu kümmern. Auch, weil es vielleicht nie ein Gespräch darüber gegeben hat.

Ich erlebe bei unseren Familien aber, wie viele Gedanken, wie viel Liebe und Erinnerungen in die Überlegung zu diesem Stein investiert werden. Wie wichtig er ist. Und doch fällt es so furchtbar schwer, sich nach dem Verlust darum zu kümmern.

»Wäre die Arbeit mit Steinen für unsere Familien nicht etwas, was ihnen helfen könnte?«, fragte ich Andreas Boldt. »Sie würden, wie ich, in der Werkstatt lernen, wie man einen Stein bearbeiten und gestalten kann, dass Steine nicht tot sind, wenn darin Erinnerungen einen Raum bekommen. Die Eltern würden lernen, das Lieblingstier ihres Kindes zu gestalten, lernen, wie Buchstaben in einen Stein gebracht werden, zum Beispiel als Namensschild. Sie würden mit Steinen umgehen lernen und etwas nur für sich tun, aber in der Nähe ihres Kindes. Sie lernen dich kennen, und du wirst für sie zu einer ganz vertrauten Person. Sie müssen am Lebensende ihres Kindes nicht zu einer fremden Person, die ihnen hilft, den Erinnerungsstein für ihr Kind zu gestalten, sondern bleiben in vertrauten Händen. Auf dem Weg dorthin werden sie sich viel damit auseinandersetzen, und es wird dann nicht so schwer, wenn es so weit ist, den Erinnerungsstein für ihr Kind mit dir zu besprechen und zu gestalten.«

Er wollte darüber nachdenken, ob er zeitlich eine Regelmäßigkeit anbieten könnte. In den folgenden Wochen sprachen wir immer häufiger darüber. Zu meiner großen Freude sagte er nach einiger Zeit zu. Er sah auch eine Möglichkeit darin, den Eltern zu helfen.

Peer Gent und ich machten uns daran, das alte, halb ausgebrannte Gartenhaus zu renovieren und in eine Steinwerkstatt umbauen zu lassen. Die Eltern nehmen seitdem die Steinwerkstatt mit großer Freude einmal die Woche an.

In den Jahren entstanden dort wunderbare Figuren aus Speckstein. Engel, Vogeltränken, Comicfiguren, kleine Statuen, Leuchttürme, Feuerwehren, Esel oder das Kuscheltier des Kindes.

Nach dem Verlust ihres Kindes gestalten sie den Erinnerungsstein mit dem Steinbildhauer gemeinsam in seiner eigenen Werkstatt.

Besondere Rituale für einen besonderen Tag

Jedes Jahr begehen wir im September den Erinnerungstag. Alle Familien, die bei uns ihr Kind verloren haben, werden hierzu eingeladen. Der Garten der Erinnerung ist an diesem Tag besonders geschmückt. Ein langes Band mit Herzen umschlingt ihn. Erlebtes und Erinnerungen bekommen Raum, Gespräche können geführt oder sich einfach nur still im Arm gehalten werden.

Wir begehen den Tag mit einer Andacht, bei der die Namen aller in der Sternenbrücke verstorbenen jungen Menschen von unseren Trauerbegleitern und mir benannt werden. Wir sind ihnen in diesen Momenten sehr nahe. Sie sind in ihrer Aufenthaltszeit auch ein Teil unseres Lebens geworden, und so teilen wir diese stille Gedenkfeier mit großer Anteilnahme. Am Ende gehen alle Angehörigen zu den Lampen ihrer Kinder, entzünden sie und legen die Sonnenblume oder die Rose nieder, die wir ihnen reichen.

Es ist der Tag, an dem der Briefkasten der Erinnerungen geöffnet wird. Gemeinsam mit den Geschwisterkindern hole ich alle Briefe, Zeichnungen und Gedichte heraus. Wir legen sie in eine Kupferschale in unserem Teich, und gemeinsam entzünden wir sie. Es waren die Gedanken der Geschwister, die zu diesem Ritual inspirierten:

»Der Rauch geht zum Himmel, und dort werden es wieder Buchstaben. Die Sternenkinder können dann dort oben die Worte lesen.«

Während ein leises Lied im Hintergrund gesungen wird, verbrennen die liebevollen Zeilen.

Gemeinsam mit den Eltern basteln die Geschwister kleine Papierboote mit dem Namen des Geschwisterkindes, stellen ein Teelicht hinein und geben die Schiffchen ins Wasser. Sie fahren um die Schale mit den Briefen.

Viele besondere Rituale werden an diesem Tag gelebt. Ein gemeinsames, liebevoll zubereitetes Mittagessen in einem großen Zelt vor dem Haus und ein Kaffeetrinken geben viel Zeit für Gespräche, da alle Mitarbeiter daran teilhaben. Erinnerungen bekommen Raum, Tränen, aber auch das bessere Kennenlernen der Eltern und Geschwister untereinander. Viele Freundschaften sind so entstanden, getragen vom gemeinsamen Leid, und damit eine Hilfe für ihr weiteres Leben.

Für uns alle ein sehr bewegender Tag, aber auch ein Tag, der uns mit Freude die Familien in die Arme schließen lässt, die wir selten sehen, weil sie zu weit entfernt wohnen. Ein Tag, an dem wir erleben dürfen, wie sie ihren Weg der Trauer gehen und bewältigen. Häufig durften wir schon einen neuen kleinen Erdenbürger begrüßen, der uns gesund entgegenlachte.

Freude und Leid sind bei uns oft nahe beieinander.

Nicht eine einzige Geschichte der Familien werden wir je vergessen. Wir können uns an jeden einzelnen Abschied erinnern, denn jeder Abschied unterscheidet sich von allen anderen, da jedes Kind seinen eigenen Weg gegangen ist. Jeder Weg so individuell wie das Kind und seine Familie.

Ende März 2011 haben wir das hundertste Kind in unserem Haus verloren. Jedes Einzelne hat uns gezeigt, wie kostbar das Leben ist, wie sehr es darum gekämpft hat.

Wir sollten nie vergessen, dass wir das Wertvollste schon besitzen: unser Leben.

Erinnerungen
Sie tun so weh – wenn ich vor deinem leeren Bettchen
steh.

Meine Arme scheinen überflüssig zu sein,
denn du schmiegst dich nie wieder hinein.
Überall erblicke ich Dinge aus deinem Leben,
die dir sonst so viel Freude gegeben.
Deine Brottasche für den Kindergarten,
nie wieder werde ich sie füllen.
Warum?, möchte ich in die Welt hinausbrüllen.
Mein Kopf ist so voll – und doch so leer.
Wo nehme ich nur die Kraft für mein eigenes Leben
jetzt her?

Wo kann ich ruhig in Gedanken bei dir sein,
ohne vor Schmerz immer und immer wieder zu schrei'n?
Eine Kerze zünde ich an am Tag – für die Nacht.
Als Symbol für das Licht, das du mir zu Lebzeiten
gebracht.

Stumm stehe ich vor dem Engel, schaue traurig zu
ihm hinauf.

Passt du jetzt auf meine kleine Tochter auf?
Wachst du über die Erinnerungen? Kannst du sie tragen?
Bis ich wehmütig – irgendwann – einen Schritt
ohne sie in mein Leben kann wagen?

☆ Sich frei bewegen dürfen

Zurzeit begleiten wir 390 Familien. Allein 900 Familienangehörige haben wir bei ihren Aufenthalten betreut. Bis Ende Juni 2011 wurden einhundertzwei Kinder von unseren Mitarbeitern am Lebensende begleitet. Es sind Kinder und junge Erwachsene mit Muskelerkrankungen, die zu uns kommen, Kinder mit neurodegenerativen Erkrankungen, schwerstmehrfachbehinderte Kinder der Pflegestufe 3, krebskranke Kinder, viele Kinder, die beatmet werden, und immer wieder stoffwechselkranke Kinder. Viele von ihnen haben wir während der acht Jahre seit der Eröffnung schon durch mehrere Aufenthalte sehr gut kennengelernt.

Eine besondere Begleitung erfuhren wir in unserem neu eingerichteten MPS-Raum. MPS steht für eine Stoffwechselerkrankung. Mukopolysaccharidose. Eine spezielle Form davon nennt man Sanfilippo. Betroffene Kinder sind bei Geburt zunächst unauffällig. Schon oft im Vorschulalter stellen sich aber Störungen in der Entwicklung ein. Die Kinder werden hyperaktiv und extrem unruhig.

Im Gegensatz zu den übrigen Mukopolysaccharidosen sind andere Organe, außer dem Gehirn, weniger betroffen. Für die Eltern dieser hyperaktiven Kinder ist es ein unendlich schwerer Weg. Sie müssen irgendwann ihr Kind immer an der Hand haben, es immer schützen, auch vor sich selbst, denn die Kinder nehmen Gefahren nicht mehr wahr und reagieren nicht.

Es gibt Kinder, die stundenlang in Bewegung sind. Die Eltern müssen mit ihnen gehen und laufen, sie sogar manchmal im Laufen füttern und ihnen etwas zu trinken geben.

Eine Mutter, die zu uns kam, war am Ende ihrer Kräfte. Unsere haupt- und ehrenamtlichen Mitarbeiter wechselten sich stündlich ab, um eine ständige Betreuung des Kindes zu gewährleisten. Fragen nach Medikamenten, um die Kinder etwas zu beruhigen, stehen bei uns nicht im Raum. Wir haben Verständnis für die Eltern, wenn sie es nicht möchten. Sie wissen, dass ihr Kind in absehbarer Zeit all seine Fähigkeiten verlieren wird, und wollen ihm die Möglichkeit geben, sich so lange wie möglich zu bewegen.

In einigen Einrichtungen werden die Kinder nicht aufgenommen, da sie sehr pflegeintensiv sind. Wir haben uns entschieden, für diese Familien da zu sein, weil wir sehen, dass gerade diese Familien so viel Unterstützung wie möglich benötigen.

Eines dieser Kinder hieß Phillip. Er kam viele Jahre mit seiner Mutter und seinen Brüdern zu uns. Sie waren eine Familie, die uns zutiefst beeindruckte. Wir haben den Verlauf von Phillips Erkrankung sehr bewusst wahrgenommen. Aus einem hyperaktiven Kind wurde langsam ein ruhigerer Jugendlicher, der immer mehr Fähigkeiten verlor.

Er kam zusammen mit Dieter, der an der gleichen Erkrankung litt. Die Mütter hatten sich zu Hause in der Schule kennengelernt und kamen all die Jahre zusammen zu uns. Sie unterstützten sich privat, halfen sich, wo immer sie konnten.

Wo immer Phillip und Dieter hinwollten, konnten sie es

nur in Begleitung. Nur Wege gehen, die gefahrlos waren. Nie konnten sie selbst entscheiden, immer hatten sie einen Menschen an ihrer Seite, der die Entscheidungen abnahm, den Weg bestimmte.

Darüber musste ich sehr viel nachdenken. Immer auf andere angewiesen: Wie schwer muss das sein? Nehmen die jungen Menschen ihre Situation noch wahr und können sie sich nur nicht oder nur noch bedingt äußern?

Diese beiden Jugendlichen waren Schlüsselkinder für mich, denn ich dachte darüber nach, wie man ihnen die Möglichkeit geben könnte, sich einmal selbst frei zu bewegen.

Würde es die Kinder vielleicht überfordern? Wie würde ihr Geist die plötzliche Bewegungsfreiheit aufnehmen? Orientierungslos? Mit Angst? Oder würde es ihnen ein Stück Lebensqualität zurückgeben?

Niemand konnte mir diese Frage beantworten, also versuchte ich, einen Raum für sie zu schaffen, in dem sie sich gefahrlos bewegen könnten. Ich wollte keine kahlen Wände, an dem keine Bilder hingen, weil die Gefahr, dass sie herunterfallen könnten, zu groß wäre. Das würde nicht in das Konzept unseres Hauses passen.

Ich hängte leichte Bilder auf, und die Rahmenecken sind mit Silikon gepolstert. Die Knäufe der Schränke sind versenkt, damit sie sich nicht daran stoßen können. Alles in dem Raum ist weich, und doch gibt es viele Möglichkeiten der Beschäftigung. Alles ist nach ihren Bedürfnissen ausgewählt. Die Tür zu dem Raum ließ ich teilen, wie man es in alten Bauernhäusern vorfindet. Sie kann unten geschlossen werden und oben offen bleiben. So haben wir die Kinder gut unter Beobachtung, müssen sie aber nicht an die Hand nehmen, um sie zu lenken und zu leiten.

Die Kinder sollten sich in diesem Raum ohne Begleitung bewegen können und doch vor Gefahren geschützt sein.

Wir mussten genau hinschauen und beobachten. Verunsichert die Kinder diese plötzliche Bewegungsfreiheit, oder erfreuen sie sich daran? Eine neue Idee. Funktioniert sie?

Leider konnte Phillip diesen Raum nicht mehr so nutzen, wie wir es ihm gewünscht hätten, denn es ging ihm mit einem Mal schlechter. Seine Mutter rief uns an und schilderte den schlechten Gesundheitszustand ihres Sohnes. Wir boten ihr sofort an, zu uns zu kommen.

Als Phillip mit seiner Mutter bei uns anreiste, sahen wir, dass es ihm, wie von der Mutter am Telefon beschrieben, deutlich schlechter ging. Er saß am Tag auf der Kuschelinsel in unserem MPS-Raum, aber er bewegte sich nur noch wenig. Wenn, dann auf dem Boden. Da selbst der Teppich dort Spuren auf seinen Knien hinterließ, legte das Pflegepersonal den ganzen Boden mit weichen Matten aus. Nach wenigen Tagen lag Phillip nur noch in diesem Raum. Eingekuschelt in Decken und im Arm seiner Mutter.

In einer Ethikratsitzung besprachen wir gemeinsam mit der Mutter noch einmal, wie Phillips weiterer Weg sein könnte. Mit unserer Kinderärztin, der pflegenden Schwester und dem externen Oberarzt einer Kinderintensivstation als neutralem Ratgeber saßen wir lange im Gespräch zusammen. Dieses Miteinander gab der Mutter Ruhe und Sicherheit. Sie kehrte anschließend zu ihrem Sohn zurück und legte sich zu ihm.

Nun wurde der MPS-Raum auf ganz andere Weise von Phillip genutzt. All unsere Mitarbeiter kannten ihn über die Jahre sehr gut und haben der Mutter den größten Respekt entgegengebracht für das, was sie so liebevoll für ihre Kinder tat. Als ich am späten Abend zu ihnen ging, bot sich mir ein zutiefst rührendes Bild.

Phillip lag in der Mitte, und um ihn herum saßen viele Mitarbeiter aus der Pflege. Viele von ihnen hatten ursprünglich frei und waren von zu Hause gekommen, um sich von ihm zu verabschieden.

Ein Ritual bei uns, wenn es einem unserer Kinder schlechter ging. Dafür gibt es eine Telefonkette – ein Wunsch der Mitarbeiter. So hat jeder aus dem Haus die Möglichkeit, das Kind noch einmal zu sehen.

Ich kam gerade aus der Vorstandssitzung der Stiftung, und Isabella Vértes-Schütter war bei mir. Wir setzten uns beide zu der Mutter, Phillip und den Mitarbeitern. Ruhe war eingekehrt.

»Phillip macht sich auf den Weg.«

Wir sprachen leise mit ihm, erzählten ihm etwas, streichelten ihn, nahmen seine Mutter in den Arm.

Phillip ging es immer schlechter, und doch spürten wir, wie sehr ihm wohl seine Brüder fehlten. Er konnte seinen Weg wohl nicht gehen, ohne sie noch einmal gesehen zu haben. Wir überlegten, wie sie so schnell wie möglich zu uns kommen könnten. Die Mutter wollte sie erst am frühen Morgen anrufen, damit sie nicht nachts losfahren würden. Sie lebten recht weit weg. Den langen Weg durch die Nacht in dem aufgewühlten Zustand wollte die Mutter nicht riskieren. Ich überlegte, ob ich sie holen oder ob wir ein Taxi bestellen sollten. Es war eine außergewöhnliche Situation.

Er schaffte es, auf seine Geschwister zu warten. Am späten Morgen kamen seine Brüder. Eine halbe Stunde, nachdem sie eingetroffen waren, ist er über den Regenbogen gegangen.

Es war für uns alle gut, dass wir Phillip so gut kennenlernen durften. Wir wussten, wie wir ihn in seinen letzten Stunden unterstützen konnten und was wichtig für ihn und seine Familie war. Das Vertrauen seiner Mutter in unsere Arbeit war ein Geschenk, wie von allen Eltern. In diesen Momenten erkennen wir besonders, wie wichtig das Miteinander in diesem Haus ist.

Im Nachhinein war für mich sehr besonders zu sehen, dass dieser Raum, den ich für MPS-Kinder geschaffen hatte, nun auf ganz eigene Weise genutzt wurde. Umgeben von all den Armen, mit seiner Mutter, die nahe bei ihm war, passte Phillip diesen Raum seinen Bedürfnissen an.

Ich muss ihn gehen – diesen leidvollen Weg.
Über jeden Stein und jeden Steg.
Muss Täler durchschreiten und über Berge sehen.
Muss sie erklimmen und immer weitergehen.
Sorgenvoll hab ich mein Kind an der Hand
und schaue erstaunt an den Wegesrand:
Dort stehen Menschen, die schützen und tragen.
Menschen, die ich vorher nicht gekannt,
stützen uns mit ihrer helfenden Hand.

Wir kennen den Weg

Unsere Mitarbeiter und auch ich werden immer wieder gefragt, wie wir diese Arbeit aushalten. Wir Kinderkrankenschwestern und -pfleger müssen unsere Aufgabe dafür verinnerlichen. Auf der Station einer Klinik ist es der Auftrag zu heilen, alles dafür zu tun. Wenn das Kind dann stirbt, bleibt das Gefühl zurück: »Wir haben es nicht geschafft.«

Bei den Kindern, die in unser Haus kommen, kennen wir den Weg. Der Ansatz ist nicht die Heilung. Wir wissen, dieses Kind wird irgendwann sterben. Unsere Ziele sind also andere: Schmerztherapie, Trauerbegleitung, Lebensqualität, das Halten und Mittragen von schweren Situationen.

Die Klarheit ist für uns ganz entscheidend in unserer Arbeit. Keine Therapien mehr, keine neuen Diagnostiken, es sei denn, sie dienen der Schmerzlinderung. Wir erhalten mit Krankengymnastik, Physio- und Ergotherapie die größtmögliche Bewegungsfähigkeit, beugen anderen Symptomen und Begleiterscheinungen vor oder halten den Krankheitsverlauf etwas auf. Die Musiktherapie unterstützt beispielsweise das Wohlbefinden und damit die Entspannung.

Jedes Kind, dem es über die Jahre immer schlechter geht, berührt mein Herz sehr, auch wenn ich den Verlauf von Anfang an gewusst habe. Aber nur wenn wir das akzeptieren, können wir unsere Arbeit so leisten, dass sie trägt. Ein Kennenlernen, ein Sicheinfühlen in das, was die Familien zusammenhält und was ihre Bedürfnisse sind, gehört zu den ganz wesentlichen Dingen unserer täglichen Arbeit.

Manchmal kommen die Familien mit den Kindern erst in der Sterbephase zu uns. Wir haben nur wenig Zeit, sie wirklich kennenzulernen, dennoch versuchen wir, uns in ihre Situation hineinzufinden, ihre Sorgen und Ängste wahrzunehmen und sie aufmerksam, sensibel und würdevoll zu begleiten.

Andere Familien sind zur Pflegeentlastung bei uns. Manchmal verschlechtert sich während des Aufenthalts der Zustand ihres Kindes. Der Verlust kommt unvorbereitet. »Ich wusste ja, dass mein Kind irgendwann diesen Weg gehen muss. Aber doch nicht jetzt! So plötzlich.« Das ist ein Satz, den ich oft gehört habe.

Eine Vorbereitung auf den Verlust eines Kindes ist nur bedingt möglich. Wie sich ein »Nie mehr« anfühlt, darauf kann sich niemand vorbereiten. Es ist ein Schmerz, der mit nichts zu vergleichen ist und die Eltern ein Leben lang begleitet. Er liegt wie ein schwerer Schatten über ihrem Leben, so die Aussage der Eltern selbst.

Viele Eltern haben nach dem Verlust ihres Kindes das Bedürfnis, anderen Eltern auf ihrem Weg beizustehen. Häufig haben sie sich während ihrer Aufenthalte bei uns kennengelernt und angefreundet. Durch die eigene Erfahrung helfen sie sich untereinander. Wer kann besser verstehen als sie?

Aufbruch zu neuen Ufern

Auf dem Weg der oft langen Begleitung äußerten viele Eltern immer wieder den Wunsch, dass die Sternenbrücke ihr Kind doch auch bei ihnen zu Hause pflegen möge. Wir sind ihnen vertraut. Kennen ihre Sorgen, Ängste und Nöte durch viele Gespräche während ihrer Aufenthalte. Sie wissen, dass die Pflegekräfte qualifiziert, liebevoll und würdevoll pflegen. Zudem haben Gespräche mit den schon vorhandenen Hamburger Pflegediensten gezeigt, dass ein zusätzlicher Pflegedienst für Kinder dringend erforderlich ist. Die Kapazitäten sind an ihre Grenzen gekommen.

Aus diesem Grund hat die Sternenbrücke im August 2011 einen ambulanten Kinder-Hospiz-Pflegedienst eingerichtet, der ausschließlich Eltern mit lebensbegrenzend erkrankten Kindern in Hamburg und einem Umkreis von etwa fünfzig Kilometern zu Hause entlastet. Ein Pilotprojekt.

Immer wieder habe ich mich bei der Planung des ambulanten Pflegedienstes an meine Zeit als ehrenamtliche Kinderkrankenschwester erinnert. Ich kenne die unendlich belastenden Situationen, nicht nur in der Häuslichkeit, sondern auch auf der sozialrechtlichen Seite. Eine Sozialpädagogin wird deshalb das Pflegeteam unterstützen und, so wie ich damals, bei den Anträgen für Heilmittel, Pflegestunden, Kranken-gymnastik und anderen Dingen den Eltern zur Seite stehen.

Vielen Eltern fällt es schwer, fremde Hilfe in Anspruch zu nehmen. Sie versuchen bis zur Erschöpfung, die Pflege ihres Kindes selbst zu leisten. Die Vorstellung, ständig fremde Menschen um sich zu haben, manchmal vierundzwanzig Stunden am Tag, bereitet ihnen Sorgen. Privatsphäre ist dann kaum möglich.

Eine sehr sensible Situation auch für die Pflegekräfte. Sie werden zu einem »Mitglied« der Familie, und nur ein hoch-professioneller Umgang macht diese enge Zusammenarbeit möglich, ohne dass es zu Spannungen kommt. In einer Vier-undzwanzig-Stunden-Pflege lösen sich drei Pflegekräfte un-unterbrochen ab. Ein stetiges Kommen und Gehen ändert den Alltag der Familien, und doch haben sie nicht mehr die Wahl, wenn der Verlauf der Erkrankung ihres Kindes sie an die Grenzen bringt. Die Vorstellung, dass es vertraute Men-schen aus der Sternenbrücke sind, die sie begleiten, ist für viele Eltern eine große Erleichterung.

Gerade an Festtagen wird deutlich: Was ist, wenn das Kind Hilfe braucht? In den Arztpraxen sind häufig nur ein-geschränkte Sprechzeiten. Urlaubsvertretungen, die ihre Kin-der nicht kennen, müssen um Rat gefragt werden. Apothe-ken haben nur Notdienste.

Viele dieser Situationen haben die Eltern schon erlebt, und somit sind die Feiertage oft von Sorge geprägt. Auch die Angst, in Notfällen alleine Entscheidungen treffen zu müs-sen, und die Furcht, etwas falsch zu machen, sind in der Ster-nenbrücke immer wieder Gesprächsthemen.

Die Eltern fragen sich: »Wenn es unserem Kind akut schlechter geht – holen wir den Notarzt? Fahren wir ins Kran-kenhaus? Rufen wir in der Sternenbrücke an?«

Wir spüren täglich, wie wichtig es ist, auch in diesen Situationen zur Seite zu stehen. Helfen Entscheidungen zu treffen. Lassen die Familien mit ihren Ängsten und Nöten nicht alleine.

Somit wurden wir zum ersten ambulanten Kinder-Hospiz-Pflegedienst bundesweit, der zusätzlich eine stationäre Einrichtung im Hintergrund hat. Wir können den Familien dadurch lückenlos die umfassende Unterstützung gewährleisten, die dringend benötigt wird, und da sein, wann immer sie Hilfe brauchen.

All unser Wissen über den Umgang in dieser sensiblen Zeit gilt es weiterzugeben und außerdem unsere Arbeit weiterzuentwickeln, die wir nun seit acht Jahren leisten. Dieses gilt sowohl für den ambulanten Kinder-Hospiz-Pflegedienst als auch für unsere Pflegekräfte im Haus.

Aus diesem Grund bieten wir ein umfangreiches Fort- und Weiterbildungsprogramm für Ärzte, Gesundheits- und (Kinder-)Krankenpflegekräfte sowie Mitarbeiter und Fachkräfte aus dem psychologischen Bereich an. Auch die Schulung ehrenamtlicher Mitarbeiter im Kinder-Hospiz, die Zusammenarbeit mit Krankenpflegeschulen sowie Seminare für betroffene Eltern und Angehörige finden bei uns statt. Dort steht beispielsweise die Frage im Mittelpunkt: Welche Hilfe gibt es für die Pflege meines Kindes, wenn es älter und schwerer wird?

Mein Anliegen ist es, durch das breite Angebot der Akademie und die bestmögliche Vernetzung aller Beteiligten das gegenseitige Verständnis für die besondere Situationen im jeweiligen Arbeitsbereich zu fördern und so die Bedeutung junger lebensbegrenzend erkrankter Menschen und ihre Familien zu verbessern. Spezielle Schmerztherapie bei Kindern, die Kinder-Palliative-Care und die Weiterbildung zur Pain Nurse sind drei große Weiterbildungen aus diesem Bereich.

Auch Lehrer werden bei uns geschult, und nach wie vor werden wir in die Schulen gebeten, um von unserem Projekt zu berichten. Immer mehr Lehrkräfte treten mit Fragen an uns heran: Wie gehe ich mit einem erkrankten Kind in meiner Klasse um? Wie mit der Klasse? Wie mit dem betroffenen Geschwisterkind, das durch den ständigen Monitoralarm des erkrankten Bruders oder der Schwester Schlafdefizite hat und nicht mehr folgen kann, das ständig Leistungsprobleme hat?

Wir dürfen bei all unserem Einsatz für Kinder, Jugendliche, junge Erwachsene und betroffene Eltern nie vergessen, auch an die Mitarbeiter in der Pflege zu denken. Wie stabilisiere ich? Wie gehe ich mit ihnen um, damit sie diese Arbeit leisten können? Was benötigen sie, um täglich mit Trauer und auch Tod umgehen zu können, ohne irgendwann zu sagen: »Ich liebe meinen Beruf, aber ich halte ihn nicht mehr aus.« Zu selten ist das in den Kliniken und Pflegeeinrichtungen ein Thema. Man geht davon aus, dass Sterbebegleitung mit zum Berufsbild gehört. Doch in dieser Weise kann es nicht dazugehören. Die wichtigste Regel im Umgang mit schwer erkrankten Menschen ist es, die Zeit und die Möglichkeit zu einer intensiven Gesprächsführung zu haben, die auch Wünschen und Gedanken des Sterbenden Raum gibt. Den Mitarbeitern ist es wichtig, auch in Pflegeeinrichtungen und Kliniken würdevoll mit Menschen umzugehen, Trauerstunden einen Raum geben zu können. Das ist eine Reflexion meiner Seminare mit Pflegenden. Diese Zeit wird nur leider selten gegeben.

Die Sternenbrücke finanziert sich hauptsächlich aus Spenden. 1,7 Millionen Euro müssen jedes Jahr gesammelt werden, um unsere Arbeit aufrechtzuerhalten. Die Akademie soll uns auch darin unterstützen. Um das benötigte Spendenaufkommen zu erreichen, braucht es sehr viele Menschen, die sich ununterbrochen einsetzen. Viele ehrenamtliche Mitarbeiter sind dafür unterwegs, und auch die hauptamtlichen Mitarbeiter sind immer wieder ehrenamtlich im Einsatz. Sie stehen an unserem Stand auf Veranstaltungen und informieren über unsere Arbeit.

Peer Gent und ich halten Vorträge. Auf Kongressen, externen Fachweiterbildungen und vor Selbsthilfegruppen, Hospizgruppen und auf Veranstaltungen zugunsten der Sternenbrücke und vielem mehr. Am Abend und auch an den Wochenenden. Bundesweit.

Seit vier Jahren haben auch Pflegeschüler ihren Außeneinsatz bei uns. Vielleicht gelingt es uns so, den palliativen Gedanken hinaus aus den Kinder-Hospizen und noch mehr hinein in die Kliniken zu tragen. Auch dort sterben Menschen, und auch ihnen muss Zeit, Raum und würdevolle Zuwendung zuteilwerden.

Zeit – sie müssen wir den Menschen an ihrem Lebensende geben und den Menschen, die sie pflegen. Alles, was wir am Lebensende nicht getan haben, ist für immer verloren und kann nie nachgeholt werden. Da zu sein mit allen Sinnen, der Familie die Möglichkeit des angemessenen Abschiedes zu geben, zu halten, zuzuhören und ihre Wünsche zu erfüllen, auf Basis einer guten Schmerztherapie. Leider wird das in unserer Gesellschaft sehr verdrängt, obwohl der Verlust eines lieben Menschen erheblichen Einfluss auf unser Leben nehmen kann. Durch das Verdrängen des Todes aus unserem Alltag wird es uns nicht gelingen, ihn ungeschehen zu machen.

Aber wir haben in der Hand, wie dieser Weg aussehen sollte. Erkennen, dass Trauer etwas ganz Menschliches ist und Trauernde nur eines wünschen: Verständnis und Zeit. Wissend, dass Menschen oft Angst vor dem Sterben haben. Angst davor, Schmerzen zu haben, und davor, hilflos und abhängig von anderen Menschen zu sein, das gewohnte Umfeld vielleicht zu verlieren. Und die Ungewissheit dessen, was da vielleicht kommt – das Einzige in unserem Leben, was wir nicht planen können.

Damit ehrlich, sensibel und verständnisvoll umzugehen macht uns zu dem, was wir sind: Menschen, mit Stärken, Schwächen und Ängsten. Warum also gehen wir nicht einfach offen damit um?

Als mein Vater starb, wollte ich gern erreichen, dass der Schützenverein, dem er so lange angehörte, seinen Sarg trägt. Es hätte ihm gefallen. Sie durften es nicht, aus versicherungstechnischen Gründen, wie mir gesagt wurde, dafür wäre der Bestatter zuständig. Viel später habe ich herausgefunden, dass das gar nicht stimmte. Bis heute bedaure ich, dass ich meinem Vater in seinem Sinne diesen Wunsch nicht erfüllen konnte.

Das sind Dinge, die ein Mensch durch sein Leben trägt. Wenn am Ende eines Lebens alles für den Sterbenden getan wurde und der Abschied einen würdevollen Abschluss gefunden hat, dann wird es uns besser gelingen, den Tod zu akzeptieren. Die Trauer um einen verstorbenen Menschen ist zutiefst schmerzlich. Der Gedanke, am Ende alles für ihn getan zu haben, erleichtert diese Trauer ein wenig. Der Gedanke, was wir noch alles hätten tun sollen oder können und nicht getan haben, nimmt allen Raum ein und hindert uns an der eigentlichen Trauer. Und das kann uns krank machen.

Begleitung für junge Erwachsene

Durch die moderne Medizin werden die lebensbegrenzend erkrankten Kinder inzwischen älter. Ihre Lebenserwartung ist höher. Ab achtzehn Jahren würden bei der Pflege dieser jungen Erwachsenen die Erwachsenen-Hospize zuständig sein, die die Pflegeentlastung für die Eltern aber zurzeit nicht anbieten. Immer wieder erlebten wir, dass Familien, die seit Jahren zu uns kommen, sich die Frage stellten: »Was ist, wenn unser Kind das achtzehnte Lebensjahr erreicht hat? Können wir dann nicht mehr zu euch kommen?«

Wir kennen das Kind, die Geschwisterkinder und die Eltern seit Jahren. Wir haben eine Beziehung zu ihnen aufgebaut. Wir sehen es als unsere Aufgabe an, sie weiterhin zu begleiten. Für diese Familien haben wir im letzten Jahr unser Haus erweitert und drei neue Appartements und weitere Räume angebaut. Wir nehmen jetzt junge Erwachsene bis zum 27. Lebensjahr auf. In der Regel werden es unsere ehemaligen Kinder sein, die dieses Alter erreichen. Das hat vieles verändert. Kinder, die wir lange kennen, kommen nicht mehr nur noch mit ihren Eltern. Jetzt kommen sie mit ihrem Freund oder mit einer Freundin. Dadurch haben sich auch die Themen verändert.

Eine junge Erwachsene, die kürzlich bei uns war, möchte jetzt gern heiraten. Es ist wunderbar, dass sie das erleben kann. Sie geht ihren Weg, so lange sie ihn gehen kann, dabei wollen wir sie unterstützen. Sie kommt nicht mehr mit ihren Eltern zu uns, sondern mit ihrem Freund.

Nun kommen vielleicht auch junge Mütter oder erkrankte Väter zu uns, die mit vierundzwanzig Jahren vielleicht schon selbst ein Kind haben. Bei ihnen stehen wir vor einer ganz neuen Aufgabe. Wir begleiten Kinder, die ihren Vater verlieren oder ihre Mutter.

Wir stehen vor einer neuen Thematik in unserem Haus. Besondere Schulungen sind hierfür nötig, da zum Beispiel die Gesprächsführung eine andere ist. Wir überlegten, ob für die jungen Erwachsenen ein separates Haus entstehen sollte. Neben dem Kinder-Hospiz. Wir entschieden uns dagegen. Wir wollten sie integrieren. Der Anbau mit den drei neuen Appartements ist ein Teil des Kinder-Hospizes. Die Jugendlichen sind in ihrem vertrauten Umfeld, haben aber trotzdem einen eigenen Bereich und fühlen sich sehr wohl, wie sie berichten.

☆ Viele liebevolle Hände

Als hauptsächlich spendenfinanziertes Projekt stehen wir nie auf sicheren Füßen. Wir leben täglich von der unendlichen Kreativität der Menschen, die uns unterstützen. Wenn ich daran denke, mit welcher Energie Organisationen, Vereine, Unternehmen oder Privatleute uns immer wieder helfen, dann kann unsere Dankbarkeit dafür nicht groß genug sein.

Unzählige Schulen und Vereine veranstalten Flohmärkte, Garagenverkäufe, Bücherstuben oder Sportwettkämpfe für uns. Quadfreunde fuhren letztes Jahr im Engelskostüm mit ihren eindrucksvollen Fahrzeugen durch eine norddeutsche Kleinstadt und sammelten Spenden.

Zwanzig Harley-Davidson-Fahrer meldeten sich bei uns, um uns zu besuchen. Die Harleyfahrer wollten unseren Kindern eine Freude machen. Wir hörten die Motorräder schon, als sie noch kilometerweit entfernt waren. Die Kinder waren begeistert. Die Biker fuhren mit ihnen langsam auf unserem Grundstück herum, und die Kinder haben gestrahlt.

Einige der Harleyfahrer kommen jetzt jedes Jahr zu uns in die Sternenbrücke. Sie haben Freundschaften zu einigen Kindern geschlossen und besuchen sie. Es ist rührend mit anzusehen, wie große, kräftige Männer in voller Lederausstattung unsere kleinen, zarten Kinder unendlich vorsichtig auf die großen Maschinen heben, mitgebrachte Kinderhelme aufsetzen, größte Vorsicht walten lassen, ganz langsam losfahren und dann alle, egal ob groß oder klein, nur noch lachen und Freude haben. Dann die beobachtenden Eltern zu sehen, wie sie es genießen, ihre Kinder so zu erleben. Erinnerungen, die bleiben. Aber auch die Eltern mussten auf die Maschinen. Und die Mitarbeiter. Das wollten die Kinder. Was für einen Spaß es ihnen machte!

Golf- und Fußballturniere finden zugunsten der Sternenbrücke statt. Der HSV ermöglicht mit einer originellen Idee, unser Haus mit Sachspenden zu unterstützen, indem an vielen Plätzen in Hamburg zur Weihnachtszeit Weihnachtsbäume mit Wunschzetteln stehen. Fußballbegeisterte nehmen sich einen Wunschzettel, kaufen einen verzeichneten Wunsch und geben ihn im Stadion ab. Die Geschenke werden zu Weihnachten an die Sternenbrücke übergeben.

Kirchen sammeln Kollekten für uns, zum Beispiel bei Hochzeiten und in der letzten Zeit auch bei Taufen. Das ist für mich eine besondere Freude. Der Gedanke, dass bei einer Taufe für Kinder gesammelt wird, die schwer krank sind, zeigt immer mehr, dass die Menschen diese sensible Arbeit immer bewusster wahrnehmen. Viele der Taufeltern sagten mir, dass sie so glücklich sind über ihr gesundes Kind, aber nicht vergessen wollen, dass es Eltern gibt, die diese Freude nicht erfahren und unendliches Leid tragen müssen. Ihnen wollen sie helfen.

Ab und zu werden wir auch in Testamenten bedacht.

Häufig findet die Veranstaltung »Nachthimmel zugunsten der Sternenbrücke« statt. Dabei können die Bürger nach Einbruch der Dunkelheit vom Turm des Hamburger Wahrzeichens, der Kirche St. Michaelis, den traumhaften Blick über die Stadt genießen. Die an diesem Abend eingenommenen Eintrittsgelder kommen der Sternenbrücke zugute.

Ein Heimatverein veranstaltete nach stundenlangem Spargelschälen einen Spargelverkauf in einem Einkaufszentrum zugunsten der Sternenbrücke.

Eine Supermarktkette hat eine Pfandbon-Aktion ins Leben gerufen. Die Bons werden nicht von den Kunden eingelöst, sondern gesammelt, und die Beträge direkt an uns weitergegeben.

Seit Jahren schneidet die Friseurinnung an einem Tag im Jahr im Hamburger Stadtpark gegen Spenden die Haare der Bürger.

In dem kleinen Ort Bleckede wurde ein Live-Dance-Event mit Tänzern aus ganz Deutschland veranstaltet, die eine tanzende Menschenkette bildeten. Die Veranstaltung wurde in einem Internetradiosender live übertragen. Gleichzeitig wurde über den Ort und über den Sender zu Spenden aufgerufen – diese Aktion landete sogar im *Guinnessbuch der Rekorde*.

Die Fantasie und der Einsatz der Menschen sind großartig. Ein jeder von ihnen möchte etwas für die Kinder und Eltern tun, und das geschieht auf die unterschiedlichste Weise, mit ganz eigenen Gedanken und oft aus einer tiefen Überzeugung heraus. Von ganzem Herzen wünsche ich mir weiter viele Menschen, um die Sternenbrücke zu unterstützen, denn diese Aktionen finden oft nur einmalig statt.

Eines Tages rief ein sehr alter Mann aus Süddeutschland bei uns an und kündigte seinen Besuch für den nächsten Morgen an. Sein bayerischer Akzent war sehr schwer zu verstehen. Er wollte uns aus einem Bergbach, an dem er wohnte, ein ganz besonderes Wasser bringen. Das Gebirgswasser sollte eine heilende Wirkung haben. Er war in seinem hohen Alter nicht mehr gut zu Fuß, und doch wollte er die lange Reise aus den Bergen zu uns in den Norden auf sich nehmen. Das Wasser würde die Kinder nicht wieder gesund machen, sagte er, aber es könne lindern.

Ich versuchte ihn zu überreden, nicht diese lange Reise auf sich zu nehmen und uns das Wasser vielleicht lieber per Post zu schicken, aber er war von seinem Vorhaben nicht abzubringen. Das Wasser musste unbeschadet bei uns ankommen. Er kündigte sich für den Sonntag an.

Nur das diensthabende Pflegepersonal war da, um ihn zu empfangen. Er war stundenlang im Nachtzug nach Hamburg gefahren und kam in den frühen Morgenstunden bei uns an. Die Schwestern waren von mir informiert und riefen mich nach seinem Besuch an. Der Mann soll beeindruckend gewesen sein. Er hatte einen langen weißen Bart und ein sehr gütiges und weises Gesicht. Er trug ein kariertes Hemd, derbe Lederhosen und war eine Erscheinung, die den Eltern, die gerade bei uns waren, und den Kinderkrankenschwestern in Erinnerung bleiben wird. Er erzählte von seinen Enkelkindern, von denen er viele hat, und wie es ihnen durch das Gebirgswasser im Krankheitsfall oft schnell besser ging.

Er brachte einen Liter in einer Flasche mit und sagte den Schwestern, dass er sich sehr freuen würde, wenn wir es benutzen würden. Wir sagten ihm, dass viele Kinder bei uns künstlich ernährt werden und nicht trinken können, doch er versicherte uns, dass das Wasser auch in kleinen Mengen eine Wirkung hat. Schon Tropfen würden helfen.

Danach ging der Mann wieder. Er ging zurück zum S-Bahnhof und trat die lange Reise zurück in die Berge an. Wir stellten das Wasser auf den Tisch im Speiseraum und legten einen Brief mit der Geschichte des Mannes dazu. Einige Eltern und Kinder tranken ein paar Schlucke davon, und den Rest des Wassers verteilten wir um unser Haus.

Der Besuch dieses Mannes mag, gemessen an den Schicksalen der Familien, nur eine kleine Geschichte am Rande sein, doch auch diese Geschichten haben unser Haus zu dem gemacht, was es heute ist. Ein Haus, das von unendlich vielen Händen liebevoll und sorgsam getragen wird. Menschen, die von ganzem Herzen diesen Familien helfen möchten.

Die Sternenbrücke benötigt ununterbrochen diese Unterstützung, um weiter diese sensible Arbeit leisten zu können.

Mein größter Wunsch

Jedes Mal, wenn Naturkatastrophen die Welt erschüttern, befällt uns noch mehr die Sorge um die Spenden, die sich dann verändern. Es wäre mein größter Wunsch, dass die Finanzierung dieses besonderen Hauses über die Banken abgeschlossen ist, bevor ich in den Ruhestand gehe.

Das Haus muss es weiterhin geben. All unsere haupt- und ehrenamtlichen Mitarbeiter geben der Sternenbrücke jeden Tag Raum, leben die Idee so, wie ich es mir immer gewünscht und erhofft hatte. Sie sind es, die unser Konzept in wunderbarer Weise täglich umsetzen. Dafür bin ich jedem Einzelnen aus tiefstem Herzen dankbar. Ohne sie alle wäre alles nur ein Wunsch geblieben.

Ich glaube, es ist vieles erreichbar, wenn man zu seinen Ideen steht. Ich hatte das große Glück, dass mir zur richtigen Zeit immer die richtigen Menschen begegnet sind. Menschen, die bereit waren, Ideen zu tragen. Menschen, die eine enorme Tiefe haben, Nächstenliebe leben und die ich zutiefst achte.

Jeder hat seine Stärken und Schwächen, und jeder muss mit ihnen umgehen. Die Schwächen sind es oft, die uns liebenswert machen, aber unsere Stärken sind es, die etwas bewegen können. Sie sinnvoll zu nutzen, sich auch für andere einzusetzen, die unsere Hilfe brauchen, lassen ein Haus wie die Sternenbrücke entstehen.

Ob ich nicht stolz auf meine Arbeit wäre und warum ich das alles getan habe, hat man mich oft gefragt. Ich kann nur sagen, ich sehe mich nicht als etwas Besonderes. Ich habe das alles nur aus der Notwendigkeit heraus getan. Ich bin kein Mensch, der nur über große Probleme spricht, sondern versucht Lösungen zu finden.

Als Annegrethe Stoltenberg bei der Eröffnung des Hauses sagte, dass auf der Sternenbrücke ein Segen liegt, hat sie damit einen Satz ins Leben gerufen, der sich bis heute bei uns trägt. Er bestärkt uns jeden Tag aufs Neue und trägt uns weiter.

Das Haus ist ein Haus für Familien mit lebensbegrenzend erkrankten Kindern; in meinen Augen sollten sie ein Anrecht auf würdevolle und professionelle Unterstützung haben. Wenn ein Kind keine Möglichkeit auf ein langes Leben hat, dann sollte zumindest die Möglichkeit auf liebevolle Begleitung gegeben sein, um diesen Weg gehen zu können.

Von Isabella Vértes-Schütter bekamen wir zur Eröffnung einen Stein, auf dem stand: »Man sieht nur mit dem Herzen gut.«

Wir tun es jeden Tag – wir sehen hin.

Das Kinder-Hospiz Sternenbrücke ist ein Ort zum Leben, an dem der Tod sein darf. Denn wir können ihn leider nicht verhindern, aber wir können den Weg dahin so gehen, dass er als das gesehen werden kann, was er ist: ein Teil des Lebens, der jeden Tag würdevoll gelebt werden sollte.

 Die Sternenbrücke steht in Hamburg –
aber im Herzen kann sie überall sein.

Danksagung

Viele Menschen haben mich in meinem Wunsch zu helfen begleitet und unterstützt.

In Liebe und großer Dankbarkeit denke ich hierbei zuallererst an meine Familie, ihre tatkräftige Mithilfe, ihre Zuneigung und ihr liebevolles Verständnis.

Mein besonderer Dank gilt auch Isabella Vértes-Schütter, die unaufhörlich mit aller Kraft an unserer Seite steht, Peer Gent, der meiner Vision damals gefolgt ist und sich mit mir nun schon seit zwölf Jahren dieser besonderen Herausforderung stellt, Tatjana Schrum für ihre Unterstützung in meinen täglichen Aufgaben und ihre unermüdliche Hilfe bei diesem Buch sowie unserem Kuratorium, das uns stetig beratend begleitet. Von ganzem Herzen möchte ich mich auch bei allen haupt- und ehrenamtlichen Mitarbeitern für ihr immerwährendes und unerschöpfliches Engagement in der Sternenbrücke bedanken.

Sie alle sind es, die diesen Wunsch von mir täglich mit Leben füllen. Die nie auf die Uhr sehen, wenn ihre Unterstützung nötig ist. Alle Situationen mit auffangen und tragen, wann immer eine Familie unsere Hilfe braucht. Tag und Nacht. Sie alle sind es, die die Sternenbrücke zu dem machen, was sie ist:

ein Haus der Mitmenschlichkeit.

Die Arbeit des Kinder-Hospiz Sternenbrücke
ist nur möglich, weil es Menschen gibt,
die an unserer Seite stehen.
Damit wir »unsere« Familien auch weiterhin
auf ihrem so schwierigen Weg begleiten können,
freuen wir uns über jede Unterstützung.

Für Fragen stehen wir Ihnen gern zur Verfügung

Kinder-Hospiz Sternenbrücke
Sandmoorweg 62
22559 Hamburg
Tel.: 040 – 81 99 12 0
Fax: 040 – 81 99 12 50
info@sternenbruecke.de
www.sternenbruecke.de

Spendenkonto der Stiftung Kinder-Hospiz Sternenbrücke

Hamburger Sparkasse
Konto-Nummer: 1001 228863 • Bankleitzahl: 200 505 50
IBAN: DE 77 2005 0550 1001 228 863 •
BIC: HASPDEHHXXX